文明寻思录

我们这个时代的企业家精神和商业文明

第一辑

秦朔◎著

GUANGXI NORMAL UNIVERSITY PRESS
广西师范大学出版社
·桂林·

WENMING XUNSILU
WOMEN ZHEGE SHIDAI DE QIYEJIA JINGSHEN HE SHANGYE WENMING

图书在版编目（CIP）数据

文明寻思录. 第一辑，我们这个时代的企业家精神和商业文明 / 秦朔著. —桂林：广西师范大学出版社，2017.1
ISBN 978-7-5495-9313-2

Ⅰ. ①文… Ⅱ. ①秦… Ⅲ. ①商业文化－中国－文集②企业家－企业精神－中国－文集 Ⅳ. ①F72-53 ②F279.23-53

中国版本图书馆 CIP 数据核字（2016）第 303359 号

广西师范大学出版社出版发行
（广西桂林市中华路 22 号 邮政编码：541001
网址：http://www.bbtpress.com）
出版人：张艺兵
全国新华书店经销
杭州钱江彩色印务有限公司印刷
（杭州市滨江区白马湖路 6 号 邮政编码：310052）
开本：880 mm × 1 230 mm 1/32
印张：10.25 字数：280 千字
2017 年 1 月第 1 版 2017 年 1 月第 1 次印刷
定价：42.00 元

代序 | PREFACE

用希望连接生命与生命

一

2015年6月7日，因为同学吴晓波的一篇文章，我的名字在朋友圈被刷屏了。由于前一天晚上熬夜，我上午起得很晚。一开手机，里面跳出了数十条提醒微信和短信，我这才意识到，一个总在指挥报道别人的人也被别人疯转了一回。

事前我没有看过晓波的文章。他后来告诉我，那天上午他在讲课，也没想到这一篇文章会被到处转。

那时我已经决定告别传统媒体生涯，但我

没有晓波早早下海、驰骋市场化道路所练就的超然和洒脱。我怕争议，怕成为口舌是非的来源。坦白地说，“看门狗”的身份也高抬了我。很多人比我更具看家护院、守卫正义的勇气和坚韧。

6月7日，一位朋友给我发短信：“对于害怕飞翔的，笼子是归宿；对于渴望飞翔的，蓝天才是故乡。”其实，虽然起跳了，也有很多平台希望我跳过去，但究竟到哪里，我并没有真想清楚。我也怯懦过，也想有个安稳的鸟巢，远没有达到自由飞翔的高度。

想创业不难，说出来也不难，但真伏下身从头去做，还是有很多不适应。往往有冲动少行动，有方向缺计划。过去老说不喜欢天天开会。但现在真的天天坐在家中，事事从零做起，屋里只有夫人可以叫两声，不像在办公室想叫谁就叫谁，我还真有点不习惯。做小了觉得对不住“江湖地位”，做大了又“前怕狼后怕虎”，这个担心那个不放心，我也经历了思想的波折与精神的阵痛。辞职不是心血来潮，但没想到真辞了，很痛。

二

25年办报办刊，我一直还算顺利，没掉下来。我是个平面媒体人。因为曾在第一财经电视主持过节目，我这张中规中矩没特色的脸也被很多市民熟识。在上海这座有着浓厚投资文化的城市，我走到很多地方，都会有人招呼我。白岩松说：“一条狗只要经常上央视都会出名。”这是真的。

为什么要辞职创业？本质上，源于内心深处的悸动和不安。

作为一个60后，我基本经历了改革开放后的全过程。无论传奇辉煌还是困难挑战，无论向上提升的力量还是向下沉沦的景象，这波澜壮阔的时代都一直我有一颗永不磨灭的好奇心。我想把我所感知到的时代温度和脉动好好记录，哪怕只是个人视角。

而每当想到自己天天忙忙碌碌，会里来会里去，内心就会问：将来向马克思交卷时，你是准备拿一串职衔，还是准备拿一些精神产品？陈忠实在写《白鹿原》时说过："要写一部死后可以放在棺材里当枕头用的大书。"管理未必是我最擅长的，而阅读、观察、交流、思考、写作、传播，却是我不倦的偏好。既如此，何不放下一些东西开启真正想要的人生呢？

我萌发了从商业文明角度切入，做一些更为长远的研究与著述的想法，特别是当我看到中国经济规模越来越大，宏观负债越来越高，财富积累不断上升，企业家精神未见提升，新的需求蓬勃而起，旧的供给无法出清，长期积存的结构问题、低效问题、治理问题不断涌现的时候。我隐约觉得，我们正处在一个失衡年代。尽管"经济不平衡"已开始校正，但整个社会心理的失衡还在加剧。

2015年六七月间，中国资本市场演绎了一场令人瞠目结舌的大变局。从"乱花渐欲迷人眼"的集体高烧，到"高天滚滚寒流急"的凄凄惨惨，变化和导致变化的因素如此复杂，政府和市场的关系如此纠结，以至于我们已经很难把故事说得清清楚楚，把脉络理得明明白白。

从4月14日到6月3日，我在《第一财经日报》头版先后写过5篇文章，主题全是提示风险。6月我不再负责报纸内容，此时的市场让我觉得更加畸形。从2015年初到6月2日，创业板涨了170%，中小板涨了120%，上证综指涨了51%，深证成指涨了58%。这还是在2014年A股牛冠全球的基础上发生的。2014年底上证综指冲过3200点，市场上有不少提示风险的声音，而4500点后，看好冲到6000点、8000点的声音却越来越大。

资本市场从来都是人性的放大器。在中国，它还是制度性、结构性问题的放大器。如果以为抓住一批"害群之马"就会市场大吉，这等于又放弃了一次反思机会。索罗斯曾说："要面对现实，体认错误是其中最重要、也最困难的一步……但实际上，只要能体认'不完美的理解'是人类的常态，就不会觉得认错有什么好丢脸的。"

我们与其四处找"罪魁祸首"，不如回归本源深刻自省。在我看来，中国资本市场虽然规模很大，却仍有不少"蒙昧与野蛮"。我们有交易处理能力堪称世界第一的计算机系统，但整个市场的进入与退出、监督与管理，往往自相矛盾，让人无从预期。我们有数千万的散户，买菜会挑挑拣拣，为几毛钱还价，买股却常靠消息就去博傻。

我曾经想把公司和公号都叫"文明+"，希望一切都能更加文明。"文明"一直无法注册，但没有文明的支撑，任何成就都是暂时的，都不会持久，正如天津滨海新区的那座危险品仓库，爆炸之前没有谁觉得会有隐患。

三

如果说股市让我看到太多无奈的眼神，"瑞海"让我意识到太多潜在的风险，那么在另一些场景，我看到的是希望、梦想和奋斗的力量。

每天凌晨3点，71岁的王正华会准时醒来。1981年，37岁的他辞官下海。34年过去了，他生命中又多了两个"儿子"：一个是春秋旅游，一个是春秋航空。

王正华起床后就工作，而工作的入口是手机。他点进"企业驾驶舱"，可以清楚地看到前一天春秋航空的各种数据，收入、成本、利润、上座率等，核算出从每个座位到每个航班、每条航线、每个区域以及整个公司的数据，还能看到今天和昨天、上周、上个月的各种对比。王正华说："到夜里一两点，没航班飞了，数据就齐了。我3点钟开始看，边看边了解，然后提出一些改进的意见。"

王正华是春秋航空董事长，不是CEO，从公司成立就不是。"一线工作一直是我们的CEO张秀智在管，但有了'企业驾驶舱'后，我对公司一些情况的了解比她还多。她不像我，早上可以花一个小时看手机。”

开发出“企业驾驶舱”的是春秋航空的信息技术部。2015年9月28日，为了录制电视节目，王正华陪我走进一间办公室，指着一个20多岁的女孩子说，“企业驾驶船”就是她带着五六个人开发的。在一次内部演讲会上，这个叫鲍尔珍的90后喊出了一句口号：“年轻人不狂妄，怎么能改变世界！”

办公室一角，是几张折叠起来的行军床，上面搭着被子。

看着40后的王正华和90后的鲍尔珍，我觉得有一种精神跨越了时间，有一种技术贯通了代际，把他们连在一起。今天最重要的矿藏不是油田，而是人与新技术结合起来的创造力。

而这样的场景，我相信每天都在中国的各个角落和中国人所到达的每个地方出现。从20后的褚时健、30后的冯根生到80后、90后的创业者，中国的企业家精神薪火相传、绵延不绝。

四

过去的100多天，从平台到平地，从一到零，再从零到一。我来晚了，可我还是来了。

今天，蓝天已是我的新故乡。

不再有纠结，不再有名利心。很幸运能和年轻的团队一起，开始职业生涯的第三个阶段，和正向的态度连接，和价值的创造连接，和朋友连接，和未来连接。我深深意识到，一定要和年轻人在一起，和鲜活的未来在一起，而不是沉溺于过去，无论它有多辉煌还是多迷茫。沉溺在过去，永远没有向前跨出一步有意义。年轻更是一种精神状态，我愿拿47年的经历、经验和资源做“对价”，去换年轻人的活力和想象力。

在精神波动的时候，我偶然看到过一个故事。传说当年成吉思汗西征，途径天山深处，风雪弥漫，寸步难行。他指着山那头激励将士，说翻过去就是水草肥美的草原，然后策马前行。当将士一鼓作气翻过山岭，看到莽莽草原，繁花织锦，流水淙淙，艳阳高照，他们大叫："那拉提！那拉提！"——意思是"阳光照耀的地方"。

我不崇尚成吉思汗，但我喜欢那拉提的故事。当人以为自己强大的时候，他并非没有卑微的弱点，只不过弱点被藏在了某个地方。同样，当人陷入卑微的时候，他其实也比他以为的卑微要强大得多，只要他心怀希望。如果不是一个人，而是一个众志成城的团队都能用希望燃着自己，暖着别人，用希望、责任和爱与一切连接，纵有千难万险，千辛万苦，也能逢凶化吉，苦尽甘来。人如此，家如此，公司如此，民族亦如此。

"秦朔朋友圈"（Chin@ Moments）是移动互联网上的一个新媒体和服务品牌，"用希望连接生命与生命"是我们的愿景。我祈愿在这个新平台上延续自己的精神生命力，更希望尽最大努力让各种朋友连接起来，通过连接创新价值，让知识流动，让信心流动，让沮丧的开朗，让封闭的开放，让美好的更美好，让坚强的更坚强。让希望把我们连接起来吧！让希望的连接把我们生命中最美好的一面激发出来。天音袅袅，海声浩浩，人生最大的力量，就是希望的力量。

100多天，我克服了很多，收获的更多。10月13日凌晨4点多，我醒了，心如此平静，像刚刚经历过一场风暴终于停歇下来的海面。

我知道自己终于走出了过去，走向了未来。未来是未知，更是新希望的摇篮。

目　录 | CONTENTS

失衡时代的忧思

迈向未来的路上

迎接新商业文明时代

我们需要怎样的企业家精神

企业家精神到底是什么？

牺　牲

2015年10月16日晚，在“秦朔朋友圈”上线庆祝会上，我请老中青三代8位企业家共同探讨什么是企业家精神。当晚有两个说法最触动我。一个是万得资讯董事长陆风所说，“天天有操不完的心就是企业家精神。”一个是喜马拉雅FM的联席CEO陈小雨所说，“企业家精神就是牺牲——我创业后所有的生活只有一件事，就是工作。”

差不多晚上12点，我连续收到了小雨发来的三条微信：“刚在院子里散步，想了想您今天讨论的主题。我旁观了自己每天的真实状态：整天琢磨最多的就是怎么能让用户更爽，怎么满足用户需求。我觉得能活出来的创业者，最具共性的就是这点。所以如果我们算是企业家，那企业家精神中第一条应该是：为人民服务。”“这种为人民服务的精神，不是因为道德水平高、天生具有自我献身的觉悟，而是被残酷的市场竞争逼出来的。不竭尽全力替用户着想、为他们服务，就没有发展和壮大的机会。""按这个动因深挖下去,企业家精神中还必然存在着比多数人更强烈的对成功、对自我价值实现的执着。为了这份执着,承受比普通人更多的压力和辛苦,这应该是创业者的真实写照。另外,我见证了证大从小到大的历程(注:陈小雨创业前担任戴志康创办的证大集团的投资总监)。在戴总身上,我注意到当企业家逐步成长、掌控的资源和财富达到相当的能级后,他的心态发生了变化:从原发的纯粹个人价值奋斗,到逐渐拥有更多的社会责任、理想和抱负。"

我想:这可能就是企业家的精神状态吧。心中一旦种下了那颗种子,它就会一直生长,哪怕深夜散步,思绪还在脑海里萦绕不散。

欲 望

没有企业家的经济,就像《王子复仇记》的舞台上少了哈姆雷特。如同一部马力强劲的汽车需要性能优良的发动机,一个优秀的企业家必然拥有强劲的、从内心源源不断涌出的驱动力。

1997年前后,我在《南风窗》发表了一组独家策划,总题为"文化就是力量",报道了一些最具文化竞争力的企业,包括华为、平安和万科。20年过去了,这三家企业依然是同业中的佼佼者,而作为创始人的任正非、马明哲和王石依然是企业的领导人。他们用自身的精神带动了整个组织文化的形成。这种力量犹如不熄的篝火,风越吹反而越旺。

乔治·吉尔德在《企业之魂》开篇写道:"精神和信仰才是企业家的生活方式。"任正非非常推崇克劳塞维茨的《战争论》的观点:战争打到一塌糊涂的时候,高级将领的作用,就是要在茫茫黑暗中,用自己发出的微光,带领你的队伍前进。就像高尔基笔下的英雄丹柯一样,企业家要把心拿出来燃烧,照亮后人前进的路。1988年创办华为以来,任正非几乎隔一两年就有一些惊动企业界的文章发表:《华为的冬天》,《让听得见炮声的人来决策》……他很少谈具体业务问题。他谈得最多的都是思想观念、文化和队伍。

2009年3月，为了写博士论文，我给几百位中国企业家发了相关的调查问卷。后来某一天，我收到一封写了好几百字的邮件，是马明哲写的。他认为企业家状态的核心有三个要素：欲望（激情）、正向思维和动手能力。

马明哲写道："企业家取得一时的成功，可能是靠运气。取得长时期持续的成功，他们的内心往往有非常强烈的欲望。一个成功的企业家内心深处，一定有某种强烈程度超过常人的极大热情在支配、驱使着他。企业家创业面临的挑战和压力是巨大的，有时会是孤独、无助的，只有当他的欲望大大超过了对压力和挑战的恐惧，他才会有持续的动力，才会有源源不断的创造力。"

所有创业者、企业家都会面对挑战和压力。2008年的金融危机，让平安集团收购比利时富通集团的努力化为泡影，平安集团损失惨重。我不知道马明哲是怎么走出危机的。在我看来，不是上市成功，而是走出危机的历程，才是平安历史上最值得汲取的财富。那段日子，马明哲从每天晚上吃三片安眠药，减少到吃两片、一片，慢慢才不再服药。后来我问他，他淡然地说都过去了，"我去普陀山，大法师告诉我，人生的路就像海滩上的脚印，看起来很深，但只要你的脚抬起来、往前走了，海水很快就把过去的脚印冲没了"。

价　值

由于工作上的便利，我有机会接触很多企业家。也有看走眼的时候——由于自己不愿意去了解他们，"错过"了深入研究的机会。其中最突出的例子，是京东的刘强东和融创的孙宏斌。

大概10年前，有一次我去参加国美的论坛。送我去机场的朋友说，其实京东的3C产品卖得很便宜，比国美还便宜。我第一次听到京东这个名字,但我觉得其规模和苏宁、国美比差太多了,有点不以为意。2012年8月京东进军大家电,和苏宁、国美爆发了一场“口水战”。刘强东的名言是:“如果苏宁敢把价格降到1元,京东就敢降到0元。”当时他们打得不亦乐乎。我觉得这不符合规律:烧钱能持续多久?所以当听苏宁一位朋友说“大炮打蚊子,我们不玩”时,觉得讲得真好,认为刘强东说不定就是吴晓波的下一个“大败局”的案例。京东的多次活动邀请我我都没参加,直到今天也没去过。和刘强东认识也只是因为在2015年“哈佛论坛”上碰到,问候了两句,没有任何交流。

不久前,我偶然看到刘强东关于京东战略的一个演讲。他说:“创造价值才能获得回报,这是所有商业模式的基础。”“我们的一切都是基于每项业务能够带来什么样的独特价值。如果不能超越市场上的已有价值,或者没有带来额外的独有价值,战略一定是行不通的。”他讲了京东商城是如何降低供应链成本,提升效率,从而在售价、综合运营费用率、存货周转率、SKU数量等方面远远超过竞争对手的。他全部以数字说话,非常有说服力。我意识到,从研究的角度看,我真的错过了京东和刘强东。

孙宏斌也是这样。因为受王石影响,我对多元化、“大跃进”等经营手法一直抵触。所以当年孙宏斌创办的“顺驰”如一匹黑马崛起、扬言要超万科时,我和王石都认为他肯定出问题。果然!这再次印证了“管理跟不上业务拓展,现金流跟不上规模扩张,必出问题”的道理。我内心颇为得意,觉得自己有预见性。

2015年初,《第一财经日报》某天的报题会上,有地产记者梳理去年楼市,说孙宏斌的融创是上海楼市销售额冠军。我大吃一惊:“怎么可能?我怎么觉得融创老是受挫呢?”记者说:“现在还有哪个房地产老板能像孙宏斌一样用脚去丈量市场的呢?融创进入的城市不多,主要在一线,但在每个城市孙宏斌都经常徒步暴走,熟悉地块。孙宏斌在房地产老板中外语水平数一数二,几乎每天都浏览《华尔街日报》和《纽约时报》,可以说又土又洋。从2009年到2014年,融创的资产增加了9倍,销售额增加了5倍。”记者说：“大家只知道宋卫平反悔和融绿分手，却不知道融创收下了绿城上海(除了黄浦湾)的资产。因为佳兆业集团出不了年报，融创、万科、恒大都收购不了，可是大家只说融创失利。融创成功收购了中渝置业和天朗的地产业务，但大家却视而不见。”

那天我想了很久。上海消费者是全国最精明的。在上海，我脑子里的地产标杆是万科、中海、保利、华润、绿地。融创能超过它们，我完全没想到。孙宏斌这个全中国地产圈最著名的“失败者”，其实早已从黑马变成了“大白马”。

有很多“成功”不过是在重复过去。对企业家来说，它们只增加财富，而并不创造新价值。中国有很多富豪，但真正的企业家要少得多。而许多挫折恰恰是有价值的，因为企业家在尝试和探索新的路径，比如孙宏斌一直坚持不懈地探索收购。他进杭州、深圳，现在又到了南京，也许都不如愿。so what? 可能再试几次，上帝就会为他开一扇门。

企业家是开创一个新生意并承担风险的人。约瑟夫·熊彼特曾说企业家要对“做新的事情或用新的方式做已在的事情”(the doing of new things or the doing of things that are already being done in a new way)负责任。而在本质上，企业家不是一种身份，而是一种职能和状态。美国《企业家》月刊在目录页固定登载的《美国企业家的信条》中有这样的表述：“我宁愿向生活挑战，而不愿过着有保证的生活，宁愿要达到目的的激动而不要乌托邦的毫无生气的平静。”(I prefer the challenges of life to the guaranteed existence; the thrill of fulfillment to the stale calm of Utopia.)熊彼特说，企业家有征服的意志，战斗的冲动，创造的欢乐。他们要“建立一种新的生产函数”，把一种关于生产要素和生产条件的“新组合”引入生产体系，“只要他们实际上在从事‘新的综合’，他们就是企业家。而一旦他们功成名就，他们就不再是企业家了”。

刘强东、孙宏斌，他们在尝试中煎熬的时候，也许更像企业家。

限于篇幅，我只讨论了牺牲、欲望和创造新价值这三个方面的企业家精神。按照彼得·德鲁克在《创新与企业家精神》中的说法,任何有勇气面对决策的人,都能够通过学习成为企业家,并表现出企业家精神。这里暗含了“人人都是企业家”的思想。社会有分工,不可能都去商界。但即使不在商界,你也可以拥有企业家的精神状态。

反思中国富豪十大错

想了好久，要不要写这篇痛陈中国富豪问题的批评与劝谏之文。

先说三遍，富豪不等于企业家！

再说三遍，中国今天的富豪远远多于企业家！

中国富豪的财富真多！2015年10月15日，胡润在陆家嘴发布“2015百富榜”，邀我“站台”，从学术角度做些分析。2015年中国有1877位富豪的财富超过20亿元，总财富13.6万亿元，超过印度或俄罗斯整个国家的GDP。对比美国，中国大陆财富超十亿美金的富豪有596位，第一次超越美国。中国成为全世界制造富豪最多的国家。拜股市上涨和IPO所赐，大陆的百亿级富豪从2014年的176位增加到2015年的333位，增速令人咋舌。

胡润给了我很多资料。他发榜的第二天，“秦朔朋友圈”上线。我开始连轴转，无暇写文章。我也担心，写富豪的问题肯定会“伤人”，也很容易被持反对民营化、打压民企观点的人所利用。2015年12月6日早晨，我在深圳南山的一个酒店醒来，思绪踏浪而来，澎湃不息。我想，该写了，不写不行了。

"君子之爱人也,以德;细人之爱人也,以姑息。"姑息不是中道,直言是为了中国富豪明天更好。

我写的中国富豪十大错,全部以事实为依据,排序不分大小,欢迎对号入座或者引以为戒。

第一错:没有社会成本意识,对环境极不负责。

富豪向来觉得自己牛,赚钱都是自己能耐。见过不少房地产富豪,拿江景、海景、湖景、山景这些自然景观做文章,可是盖的房子鬼头鬼脑或呆头呆脑,严重影响城市美观。一个"作品"形成,却成为公共视线污染,就是在制造"负外部性"。你以为只是你自己的事?当你把污染排到江河湖海,消耗的是我们的今天和未来。

弘毅投资的一个原料药企业,在内蒙古离黄河只有十几里的地方,把污水直接排进"污水池"——就是在沙漠挖个大坑直排,等着自然蒸发或沉淀。当地百姓饱受其苦。《第一财经日报》曝光后,这个原料药企业找我沟通,说主要是"政府承诺盖污水处理厂,给我们几个企业共用,但政府盖不起来,而我们已经上了设备要投产,政府许可我们临时处理"。弘毅算是很不错的投资公司了——"士不可不弘毅,任重而道远",对这种事也处之泰然,视之漠然,只要不曝光就万事大吉,遑论其他?

我的一个老乡曾任《光明日报》总编室主任。他在浙江湖州挂职时,有一次很心痛地对我说:"我老家濮阳那边要引进浙江民企投资,由我牵线,也是产业转移。这边的老板说污染的费用要那边出,那边又出不了。最后这边说,就往地下注吧。直接钻孔,向地下300米排污!"

我在2009年写的一篇文章里说道:"在各地都以GDP为纲和地方政府的竞争性体制下,对数量型增长指标的关心远远超过对结构问题、社会成本的关注。2007年,中国的GDP占世界的6%,但消耗的煤炭总量占世界的48%,石油占9%,钢材占34%,电解铝占32%,水泥占54%。中国进口的铁矿石达3.83亿吨,占全球海运总量的一半。中国的钢产量已经是世界第二到第十位的产量总和。目前，全国每年的废水排放超过环境容量80%以上，二氧化硫排放超过环境容量60%以上。2007年中国已经成为世界二氧化碳排放第一大国，以人均二氧化碳排放量计算也是发展中国家平均水平的1.7倍。”这些数据有些旧，但所反映的基本情况和趋势并没有逆转。所以别老觉得自己厉害，看看消耗了多少资源才创造出了这些带血的GDP，致病的GDP，高消耗、高污染、低价值难循环的GDP！

第二错：没有对中小投资者负责的意识，坑害投资者。

富豪财富的计算是市值法（利润×市盈率；如未上市，就模拟已上市公司的平均市盈率）。市值决定财富，所以市值管理和资本运作很重要。

“种田不如做工，做工不如经商，经商不如贷款，贷款不如不还，不还不如不管。”这是牟其中20年前对我说的话，意思是一产不如二产，二产不如三产，三产不如办银行，办银行不如去上市，去上市不如搞投行。

中国富豪这方面的悟性是超强的。可惜他们的资本运作，往往都是把泡沫当故事讲，把故事当真事讲。在充满寻租干预的奇葩市场上，这种运作方式偏偏又能畅通一时。苦的就是中小投资者。郎咸平就是看准这一点，站在中小投资者一方替他们发声，所以当年第一财经的《财经郎闲评》节目红火一时。

我有一个金融EMBA同学，是一家证券公司投行部门的总经理，这几年为30个民营老板做了IPO、定增、发债，等等。他说很多老板都邀他加入公司，给的条件极其优厚，他也动过心，但最后还是决定不去。“主要是两个问题。一是平常看到他们动不动就发脾气，呵斥员工包括高管。我现在是客，他对我客客气气。去当兵就不是这么回事了。更重要的是，他们的资本运作太不按规矩。昨天我帮他弄一个TMT概念增发，弄进来不少钱，转头他就投了房地产；房地产要烂了，又要我做方案回购进上市公司。我去那里直接操盘，不是把自己放在火上烤吗？”

2015年6月3日我写了《给牛市泼点水利大于弊》的文章,文中用了九鼎投资一位合伙人在5月中旬一次公开演讲中说的话。当前最主要的赚钱模式不是做买方而是做卖方。用泡沫做卖方有两个主要方式:一是上市公司或者新三板挂牌公司"现在最佳的方式是要拼命融资,说得不好听就是圈钱,通过高价卖股票融资后把企业做实。上市公司目前不融资,他的董事长可以说就不合格"。第二,"就是那些没有上市、没有挂牌的企业要快速证券化,原来融资只能10倍市盈率,泡沫时代可以卖到30倍、50倍甚至100倍市盈率"。

在第一财经工作了11年,我见的资本游戏太多。中小投资者如果不小心,难逃"人为刀俎,我为鱼肉"的命运。富豪们把自己的财富建立在鱼肉中小投资者所铸就的财富大厦上,就那么心安理得,以为是天生我才必有用?!

第三错:没有专心致志做产品、踏踏实实走长路的意识,喜欢的是赚钱越多越好,甚至不惜投机取巧去赚钱。

世界上唯一不变的就是变化。企业善于应变不是错。但是中国富豪的一个特征是不喜欢"立长志",而喜欢"常立志",在把握赚钱机会上嗅觉一流,在坚持初心上却放任自流。所以,多元化成为他们的企业战略偏好,隔三岔五改变主业也不稀奇。这导致中国的好产品少,能通达世界、赢得尊重的好产品就更少。因为好产品是磨出来的,呕心沥血熬出来的。"好",是时间的艺术。

前段时间在香港,一个广州的商业地产商对我说:"我们也越过红线,改过容积率,在空地盖停车场再改成商业。但最近碰到一个北方开发商,我们才真算开了眼界。这哥们相信'捂地才无敌',死活不开发,等着土地升值。这样下去政府要收回土地的,而且最近几年越管越严。他就灵机一动,找了几个朋友谋划,用公司名义向他们借钱,故意违约不还,这几个朋友到法院申请冻结他的公司财产,土地就给冻结了。一个官司打了N年,地捂住了。"

中国的富豪真聪明！可是如果把聪明都用在这些地方，蝇营狗苟，偷鸡摸狗，怎么可能有中国好制造？

我没有和刘强东交流过，但在看《创京东》这本书时，我对他的几段话非常赞同。他说：

到国外看了这么多企业，你会真正理解每个企业的追求可能不一样。欧洲的企业，让人惊奇的都是几百年传承，家族做了8代、10代，现在的老板是第五代或第八代传人。英国有家很著名的面包店已经是第12代了，还是每天烤几百箱面包出来。卖完了，就算还有很多人排队，对不起，我不卖了。人家每年还带家人出去度假几个月。以它的知名度，销量、规模完全可以翻10倍以上，烤更多面包，赚更多钱。我去纽约，有家很有名的日本料理餐厅，有几个月也歇着。不是不要赚钱，而是要休息。

而中国人都愿意抓住每个赚钱的机会，如果说今天我能赚10个面包钱，绝对不会只卖9个。卖9个他睡不着觉，他就会想：今天本来可以卖10个，为什么今天只做了9个呢？他明天就会做11个面包。……

而中国的企业，现在主流的成功还是以赚更多钱作为一个重要标准。在中国，只要你公司赚钱了，足够有钱，即使过去被无数人看不起、不屑的人，也变成一个英雄。比如有的人弄各种假的保健品，狂打电视广告，赚了几百亿之后，现在大家一提他，每个人觉得他就是教父、成功企业家。只要有钱，你就是成功。

……

我更希望有一天中国的企业家做企业还是以追求幸福为目的，但追求幸福不能建立在懒惰的基础上，而要建立在创新、努力的基础上。我觉得美国树立了比较好的体系，既能激励你，又不会让你太懒惰，从而让每个人过得有尊严和幸福。

明眼人都看得出，刘强东“挤对”的这个中国富豪是史玉柱。不过坦率地讲，我觉得史玉柱算好的。第一，讲诚信。盖巨人大厦集资借的钱,全部还清,重新站起来。第二,我问过他,他说脑白金里的主要成分是褪黑素,确实有助于老年人睡眠,不是瞎编故事。他从民生银行贷巨款炒股赚钱,只要手续合规、准时还钱,吴小辉(注:吴小辉是安邦保险集团董事长,安邦是民生银行股东)都说他不急,我们急什么呢?史玉柱今天的定位不是企业家,就让他好好赚钱做富豪吧。

但是,刘强东式的感受,我也有。看到20世纪90年代的知识英雄变成今天的资本豪强和电视屏幕上的成功教父,我心里也是五味杂陈,不舒服。

第四错:没有“官商之间淡如水”的边界意识,习惯于“不找市场找市长”,扭曲资源配置,导致不公平竞争。

这些年我参加过多次政治学习,每次学习都有一个环节,就是通过视频看落马官员的“忏悔”。我发现几乎所有戴着镣铐的官员都后悔“错交了几个老板朋友”。

尽最大努力消除官商勾结、寻租牟利,是中国建设现代、文明、法治化的市场经济,避免“拉美陷阱”、“菲律宾式腐败”必过的大关,其中限制官员滥用权力的制度建设是根本。但是,也不能不说,正是一些富豪的行为加剧了官商勾结、寻租牟利,使得我们的营商环境,在一段时间里不仅不公平而且加速劣质化。从20世纪末走私大王赖昌星的“不怕领导讲原则,就怕领导没爱好”,到2014年8月出逃的郭文贵,通过“搞掂”乃至“要挟”官员以实现特殊利益安排,曾是一些富豪的常规打法。用各种方式为官员及其亲属“埋单”、当官员的“白手套”,一边提供私人飞机和色情对象,一边用隐秘设备偷偷摄录,在富豪中也不鲜见。至于像刘汉那样通过与权力结盟,以司法手段置商界对头于死地的案例,其所践踏的不仅是商道,还有社会的基本正义。

我听胡润说,过去大家怕上富豪榜,现在基本接受了,有的人还希望上榜。看看吧!郭文贵在“2014胡润百富榜”上以155亿元的个人资产,从2013年的第323名飙升至第74位,但同年他就东窗事发。胡润,你要不要编个“出逃榜”?

由于官商勾结,从项目到产品,很多招标都是表面一套背后一套,统统“潜规则”。我经常觉得“背反”:中国富豪一边呼唤市场化少干预,一边习惯性地“不找市场找市长”。他们和各种领导的合影以及领导本人的书法,都被放在办公室醒目位置。

倒下一批腐败官员不可怕,可怕的是:因为官员的干预,普惠政策变成特惠政策,公平竞争原则荡然无存;原来没有自生能力的企业,通过多元化的补贴一直苟活。总有一天,当补贴型企业的产能纷纷释放,我们将面临的是大过剩。今天中国经济的困难之一就在这里。

习主席说:“‘官’‘商’交往要有道:相敬如宾,而不要勾肩搭背、不分彼此,要划出公私分明的界限。”富豪和政府官员应该是各守本位、保持距离的关系(arms-length relationship),是从合谋型、寻租型、补贴型的官员依赖到“有界限、有规则、知分寸”的政经互动的关系。拜托富豪们少打一些官员个人的算盘,让他们太平一点吧!

第五错:没有健康的纳税意识,还口口声声承担社会责任,丧失了社会与企业间的基本契约精神。

企业和社会之间没有高下之分,而是分工不同。企业是商业组织、盈利组织。企业缴税后政府才能将税收用于民生支出,比如教育医疗。企业纳税天经地义,甚至可以说,纳税是每个企业的天职。这是社会与企业间“默示的一种契约关系”。

资本主义精神的完美代表富兰克林说:“在这个世界上,只有两件事是逃不掉的,那就是税收和死亡。”在美国,林肯于1862年建立的IRS(联邦税务局),被称为“最能让人闻风丧胆的部门”。

而我碰到的不少亿万富翁,谈到税收,最常见的态度是,“中国的税负太高了,雄踞世界前列”(依据是福布斯全球税收痛苦和改革指数),“必须减税,企业才能活下去”,“税务局还要我们提前缴税,太离谱了”,等等。

有一次我问一位百亿级身家的富豪一年交多少个人所得税。他笑笑:“那倒不多。我月薪1万元,交不了多少。”我说:“我们报社一半以上的人都交的比你多啊!”还有一个房地产富豪,建了好几个珍宝馆,犀牛角、象牙、字画等艺术品大量添置,全由公司购买以充当成本。这些宝物在他办公室放一两天证明是企业资产,然后就挂回家了。这种以富豪私人消费充当企业成本、达到节税目的的花样,足可以编一本书。

我无意指责富豪的避税节税行为,毕竟税负是决定投资意愿的重要因素,而投资是全球竞争的结果。我也认为,中国企业的综合税负水平特别是“五险一金”标准过高。财政部原部长项怀诚有一次看《第一财经日报》的报道,专门写信给我说:“中国的税制应当是简税制、宽税基、低税率、严征管、重惩罚。贵报漏了‘低税率’三个字。我觉得这是很重要的原则,是我的理念。我本人一直倡导低税率,反对过高的税负。”但是,中国在资本利得方面,既无遗产税,极少房产税,二级市场炒股收益也免税,富豪还可以通过种种方式“消费成本化”,动不动就能从政府那里得到“非经常性损益”,而他们的个人所得税标准竟然比一般白领还低,这不是太吊诡了吗?他们还好意思说承担社会责任?

其实,中国富豪企业的实际税负水平并没有他们经常渲染的那么高。全国工商联编制的“2015中国民营企业500强”数据显示,2014年民营企业500强纳税总额占全国税收的比重为4.81%(第一名是了不起的华为的337亿元),比我想象的要少不少。中国富豪说美国什么什么好的很多,却鲜有人赞同美国税制。有的富豪想移民,一了解美国的“全球缴税体系”,就望而生畏了。

我尊敬的企业家,是像印度软件企业Infosys创始人之一穆尔蒂(Narayana Murthy)这样的人。他在1981年与另外6名年轻软件工程师变卖了包括妻子首饰在内的家当,集资1万卢比(相当于1000美元)白手创业。“这个公司未来要变成什么?营收最高?最赚钱?还是市值最高?”他决定,“我们要变成最受人尊敬的公司”,其标志是要有最好的公司治理,“与这块土地共同成长,最后跟整个社会取得和谐共处”。他认为公司治理与钱无关,“即使我们没有钱,刚创业时就遵守公司治理原则”。

当年印度从国外进口软件要交纳150%的税。很多印度软件公司故意把软件包拆成软件光盘及操作手册,因为操作手册不用缴税。他们还把手册定价在整个软件包售价的90%,这样只需要缴纳本来150%进口关税的10%。而穆尔蒂决定,还是卖整套的软件包,因为要遵守公司治理的原则。穆尔蒂在公司电话账单中的每一笔私人电话费都切割出来自付,他开普通的三菱Lancer,端盘子和员工一起在食堂吃饭,却把个人财富中的60%放进Infosys基金,因为他的信条是“金钱的真正力量在于施予”。他梦想印度实行“有人情味的资本主义”,不仅有“资本主义的脑”还要有“社会主义的心”。

因为印度经济还远远不如中国,所以不少中国富豪谈到印度都会笑。但在我心目中,穆尔蒂的言行大大提升了印度企业家的形象。而中国,隔一段就发生一次匪夷所思的产品事故、安全事故、坑蒙拐骗、金融诈骗。中国富豪的形象能有多好?

第六错:没有包容性发展意识,处理不好自己与利益相关者的关系。

中国的很多富豪出身草根,一路在夹缝中忍辱负重,拼力挣扎,可以说是自强不息。或许是他们伤痕累累的历程扭曲了心智,在厚德载物方面的修为相对欠缺。我的一个体会是,他们一旦出头,“媳妇熬成婆”,气就粗了,话就大了,有些不一定真懂的地方也敢于“以其昏昏使人昭昭”了。

比如,富豪动不动就嘲笑国有企业没有企业家。真心说,我也认为传统的国企模式没有未来。但企业家精神(entrepreneurship)是一种精神特征,不是身份特征和身家特征。我们不要再说国企没有企业家。充分竞争的国企、能够自主决策自担风险的国企、不断创新提升效率的国企,必定生发出企业家精神,否则我们就不会有蜚声世界的高铁、核电、国家电网、中国建筑、航天科技,不会有华润、中粮、招商局、青啤这样国际化的集团,不会有宝钢、中集这样高效的企业。我们也不要简单地说,国企领导都是"A4干部",没有长远打算。从中国汽车工业的奠基人饶斌、石油工业的奠基人康世恩开始,国有企业的领导人实际上是性价比超高的"事业家",没有什么物质激励仍然创新进取。我交往的国企领导不多,但从20世纪90年代的孙文杰到今天的宁高宁,每有所听,都收获满满,并不亚于最出名的那些民企富豪。

富豪还喜欢嘲笑职业经理人(特别是外企的)。他们说职业经理人"只会跳槽不会跳楼",只会做PPT,对过程负责,却不对结果负责。2015年我参加"亚布力年会"时,听郁亮也说过一次。他说很多大企业家对职业经理人都有点不屑一顾,觉得职业经理人缺乏承担,缺乏责任的担当,基本上是包赢不包输,输了跟自己没关系,最多拍屁股走人就是了。

毫无疑问,Founder Manager(创始经理人)是最具企业家精神的,但只有一代。个人终有一死,公司则可长存。当然如果公司创始人固执己见,也会把企业搞糟。"血缘资本主义"能解决产权激励问题,但二代、三代能够连续成功经营的案例并不多。从长周期来看,整个商业世界的驱动,更多是依靠大量的职业经理人的奋斗。从通用汽车的斯隆到通用电气的韦尔奇,从英特尔的格鲁夫到IBM的郭士纳,多少职业经理人身上洋溢着伟大的企业家精神!

1909年,泰罗在《科学管理原则》中证明,"合理的、以事实为依据的管理能够提高生产力"。彼得·德鲁克指出,由于泰罗的出现,我们的生产效率以每年3%~4%的复利增长,这是现代世界繁荣的基础。1977年,钱德勒出版《看得见的手——美国企业的管理革命》(*The Visible Hand: The Managerial Revolution in American Business*)。他认为"现代工商企业在协调经济活动和分配资源方面已取代了亚当·斯密的所说的市场力量的无形的手。现代工商企业已成为美国经济中最强大的机构,经理人员则已成为最有影响力的经济决策者集团”。

在“赋能分享”(empowerment)已经成为新经济条件下最重要的组织原则的背景下,还有那么多富豪不信任职业经理人,奚落职业经理人。这种人如果能够把企业做好,太阳真可以申请从西边升起了。

这些问题甚至都不用“掉书袋”来证明。在我25年的媒体职业生涯中,我见过太多充满企业家精神的职业经理人了,比如我以前的领导黎瑞刚。中国有很多行业目前还不能民营化,但已经市场化。而只要按照市场规律办事,这些行业就能开出灿烂的创造力之花。

富豪在厚德载物方面的欠缺,也使得我们从整个生态和产业链的角度,看到了太多“渠道霸权”、“超期限占款”、“压榨供应商”、“以大欺小”和“三角债”的现象。我在深圳参加了一个管理学论坛,碰到奋达科技的董事长肖奋。他们是做无线音频的,创新能力很强,供给国内智能手机厂商。他对我说:“他们都说搞生态,其实是搞帝国,要我的核心技术,我不给,转头就找另外的供应商压我。幸好我坚持自主,否则也被吞噬了。”

“滚滚长江东逝水。”富豪再富也是阶段性的。要生生不息,就要有包容性意识,真正构建共存共荣而不是一家通吃的大生态。否则,即使现在再牛,也撑不久的。

第七错:没有谦卑意识,当“企业皇帝”。

我在做博士论文时,高度肯定了中国企业家的驱动力之旺盛。中国富豪大都有强烈的事业心和雄心壮志,有内在的强烈欲望,这是企业发展的驱动力、原动力。我和当时罗兰贝格咨询公司大中华区的CEO常博逸认真交流了一次。他提出了一个说法,中国所有的优秀企业都有一个“王”(king),但“王”不是“皇帝”(emperor);“王”是精神性的领袖,“皇帝”是至高无上的层级,二者是不一样的。

从任正非、柳传志、张瑞敏到马云、刘强东、雷军,他们都是企业的精神之王,同时,他们在职务上也是企业最高或曾经最高的。但职位并不是最重要的。任正非在华为任总裁,其实是个虚名,他也不管具体业务,但影响力摆在那里。

中国有一部分富豪正在异化。他们不满足当精神领袖,要当"皇帝",要万人迷、万人从。我去过这样的企业,参加过一些他们的会议,往往有一种恍若隔世的感觉。比如,企业内部报纸的标题或内容都是"主席如何如何"、"教授如何如何"、"博士如何如何",4开报纸头条的字号赶得上对开报纸《人民日报》头条的字号。我有几位上海的熟人跳槽到某巨型民企集团,有的说最不能适应的就是年底工作大会,在威武雄壮的歌声中齐齐站立等待董事长出现,每个人都分外严肃,哪怕内心想笑,最多也是脸上抽搐几下。还有一位则自我否定:拿着这么高的薪水,就是帮着弄弄媒体关系,好像也没有创造很大价值,于是就辞职了。

我们正在进入一个以创造能力代替复制能力的新经济时代。过去那种钢筋水泥时代造就的强人富豪——唯我独尊、别人就是好好执行的富豪,很快就会落伍。不让年轻人说话,不让周边的利益相关者说话,听不到消费者的真实声音,这种企业一旦没有成本优势,就会迅速退潮。

即使是从政治上看,在企业内部强化emperor的气氛、流程、仪式,也是非常愚蠢的。你真的以为企业就是封闭的、个人的?

富豪要努力做知识王,做学习型组织的倡导者,赋予员工更多的探索权,让他们在探索中真正找到自己。富豪要成为企业价值和文化的引领者,因为一切都会枯竭,而文化生生不息。

第八错:没有"诚信高于金钱利益"的底线意识,用"苍狼式"和"厚黑学"的打法污染商业空气。

"天下熙熙皆为利来,天下攘攘皆为利往。"企业赚钱,只要取之有道,天经地义。这个"道",在我看来,就是"诚信"二字。诚信是商业活动的伦理底线。"人而无信,不知其可也。"企业如果无信,向利益相关者隐瞒重要信息或散播失真信息，严格一点说，就是欺骗。

中国富豪对诚信的理解水准如何？最新的案例是亚冠决赛中，广州恒大不顾赞助商东风日产的意愿，违约更换球员胸前广告。这叫不叫失信？本是一个小学生都会回答的问题，但我们的成人世界竟然没有结论。

新华社北京2015年11月23日的体育专电，记者王镜宇的文章《恒大失信　冠军褪色》，指出恒大的行为让人看到了他们“重利轻义”的一面。人们参与、欣赏足球和体育的重要意义之一，就是对规则意识的培养和尊重。而广州恒大对于赞助商的出尔反尔、一意孤行，恰恰是对规则的严重破坏。文章最后说：“对于成功的渴望和期盼以及对商业利益的追逐不能演变成对诚信、规则甚至法律的无视和背叛。在全面依法治国的大背景下，体育产业和体育市场的繁荣离不开商业诚信和契约精神。这次广州恒大为我们提供了一个令人难忘的反面教材。”

而新华社广州2015年11月23日的另一条体育专电，记者王浩明的文章又说：“针对东风日产乘用车公司和东风日产汽车销售有限公司发表的声明，恒大表示：一直在积极协商解决此事；本来也会发公开声明，但最终还是保持了极度克制，不参与到可能的炒作中。”恒大俨然又是顾全大局的形象。

我们不知道新华社这两位记者的报道，哪个代表新华社的意见？从我的经验看，发自北京的评论意见更代表新华社。

开放的互联网众声喧嚣，企业“网宣”乱花迷人，或自诩或“黑”人，天天都在有滋有味地上演活剧，仿佛吹牛和“黑”友商也是竞争力。孔子说：“君子成人之美，不成人之恶。小人反是。”而现实中我们却经常看到“反是”的图景。我在一个微信群里就看到这样痛定思痛的话：“天天说假话的公司产品，我是不会买的。大家都知道那是谎言，他还不承认自己说谎，他的产品会有真的吗？这年头不说假话的企业家，请列举一二。”“在信息爆炸的年代，谎言是瞒不过的。任正非就说华为拍照和苹果比差两年左右。你再看看别的手机厂商,恨不得说苹果抄袭他们的。”

吹牛成为企业传播的常规武器。刚刚创业不久的90后也开始有样学样——融资额可以夸大,用户数可以造假。余佳文“拿1个亿给员工分红”的谎言金句的出现,实在不足为奇。谢谢周鸿祎教育了他!佳文同学,当未来你真的拿出1个亿给员工分了红,你才能弥补今天失去的东西。

互联网赢家通吃的文化,使得互联网公司间的战斗包括公关战不断白热化。我和中国主要互联网公司的创始人多多少少都有些私交,也会在微信中私聊,我发现他们对此也非常无奈,因为谁更狠、更勇敢、打击对手更精准、自我表扬更有创意,换言之就是谁脸皮更厚、黑功夫更厉害,用户往往就会倒向谁,至少短期效果很明显。我不知道该怎样评价这一现象,但从价值偏好上,我很厌恶!

我喜欢明基集团李焜耀的观点。差不多十年前,他在那篇著名的《苍狼终将消失 最后生存下来的只有人类》的反思文章中提到,台湾现在的产业主流价值已被严重扭曲。人们看到都是成功以后的故事,进而去赞扬甚至效法这些苍狼式、游牧式的经营模式。但大家不知道或者刻意忽略的是,在这些成功故事背后,用了多少社会资源,以及不尽合理、不一定合法、不见得合情的手段。如果大肆称道这样的成功,而不去揭露其背后的完整面貌并探讨这种营运模式的利弊影响,这对社会是不公平的。

李焜耀的话,拿到今天的大陆商界,不也很适合吗?

第九错:没有超越于金钱目标之上的精神原动力,辜负社会对于企业公民的合理期望。

我承认,中国富豪的诸多过错和畸形,与我们所处的特定时代、转型环境、转轨生态、法治保障水平都高度相关。脱离这些背景去谈富豪的各种不足,并不公允。根据我所做的“中国企业家的驱动力研究”的

300个样本调查(2009年),对企业影响最大的外部因素是"法治公正,保证合同能够履行"、"产权明晰并受到保障"、"社会稳定程度高"、"政府不随意干预和管制企业范围的事情"。这说明法治环境、产权制度、社会稳定等因素对企业家影响很大。

深圳雅昌公司的董事长万捷说过,不要太苛求企业家。他们是一个心理高危群体,一直有压力,而且压力再大都没地方可说。他建议:"能不能把企业家变成英雄?像香港那样,缴税多的企业家,解决就业多的企业家,政府可以给他授勋,让他精神上能有回报,能得到全社会的尊重";"市长能不能为企业家开个Party,请企业家听音乐,让国内一流的博物馆和艺术馆专门给企业家开设专场,面向企业家开设心理健康中心";"实际上是要政府出来引导社会,让全社会知道,企业家不只拥有财富,他们更是创造财富的一群人,是为创造财富付出巨大代价包括心理代价的一群人,所以需要理解,需要尊重"。

我赞同万捷的提议。我也认为,如果当代中国企业家都是些没有信仰与理想的蝇营狗苟之徒,不可能在三十多年里劈波斩浪建功立业。从总体上看,当代中国富豪的"企业家含量"还远远不够,中国富豪对于价值伦理层面的思考还比较粗浅。这导致他们缺乏深刻的使命感和持久性的动力,也导致他们在创建伟大公司方面的动力远远赶不上快速获得财富和社会声名的满足。而在我们的社会必须沿着创新型方向超越既往的今天,要有一些人站出来,对那些目空一切、看不到知识文化作用的富豪们,大声说"不"!我们不是不要富豪,我们需要的是具备企业家精神的新富豪。

中国富豪要扪心自问、有所反思。他们习惯一掷千金地烧香拜佛,可是观音佛祖会保佑那些今天赌博、明天忽悠、后天压制媒体正常监督职能的富豪吗?我确实是在挑战一种我心里不喜欢、看不惯却又深知非常强大的富豪文化,但我相信一点:富豪们的妻子和孩子会站在我的一边。我不想举涉及富豪生活隐私的任何例子,不是顾及他们的颜面,是我祈祷每个富豪的家庭都平平安安。

如果富豪没有超越金钱目标之上的精神原动力，又怎么能指望社会对他们应该扮演的企业公民角色有所期望?

第十错：缺乏敬天敬地的自我约束意识，财富骄人，狂妄自大，给外界带来“文化负能量”。

我已经写过很多关于企业家精神的文章。这里我想再次引用我喜欢的两段话，通俗地说明什么是企业家精神。

一句是德鲁克说的。有人问他：“如果要你用一句话描述一下企业家的特性，你会说什么?”他说：“企业家就是那些愿意过不舒服的日子，或者说不愿意过舒服日子的人。”

另一句是稻盛和夫说的。他说：“如果你真想经营好你的企业，那么一定要尽可能地让员工们感到幸福，尽量为社会做贡献，具备这种光明正大的大义名分非常重要……经营者自己必须率先垂范，拼命工作，认真经营，精益求精，持之以恒。”我相信，所有具备企业家精神的人，都不是为财富在工作。他们辛辛苦苦、兢兢业业是为了造福消费者，是为了让世界因为他们的存在而有所不同。

多年来，我看过不少这样的中国富豪：某个项目挣了几十亿，就说“李嘉诚的财富现在看也不算多”；出入社会场所，保镖森严地做“隔离防护”；对市长兴趣远超对市场兴趣，以当“地下组织部长”而得意；不读书少思考，却对身边的知识分子颐指气使；连一篇完整的讲话也写不出，连回归分析是什么也不懂，却完成了博士论文成了某某教授；带着劳力士手表，和下属开会却总是迟到，而下属晚一分一秒就要重罚；整日宣传“对社会公益的贡献”，心里想的却是如何通过优惠政策捞回来；自以为是者有之，贪天之功者有之，掠夺性开发者有之。我不能说这都是“罪”，我非常谨慎地说这是“错”。但是，正如20世纪思想家汉娜·阿伦特发明的那个词语，我觉得中国很多富豪身上都有“平庸的恶”(banality of evil)。的确不是罪，不是“极端的恶”(radical evil)，但因为他们不是小人物,对内有号召力,对外有影响力,所以他们身上“平庸的恶”的无形危害其实非常大。

到了既要问财富多少,也要问是非问题的时候了。我们中国的经济需要新动力。在我看来,新动力就是好人赚钱,行善赚钱,知识赚钱,创新赚钱,专业赚钱,而不真、不善、不美、弃知、反智的人,不应该再大赚其钱。Do good, then do well!(作善而后善做!),这才是我向往的中国商业模式的基本型。

“好人赚钱时代”正在到来

我看到也坚信,“好人赚钱时代”正在向中国走来。

中国正在建设清洁的新政商关系,中国年轻的消费者越来越成熟,“一诚胜百巧”的工匠精神打造的好产品备受市场欢迎,大量的新一代职场青年不会再接受金字塔式的强压管理,中国的新商业文明正在掀开众创共享的新篇章。这将是一个smart growth(精明增长)的年代,一个ethical development(合乎道德的发展)的年代,一个green(绿色)时代,一个把一切都更有效地连接起来的超级internet(互联网)时代。

“好人赚钱时代”,也就是新常态条件下,汇聚创业创新力量,众志成城打造中国经济的新黄金时代;是在五千年文明基础上,融天下精华和先进技术,不断创新超越的中华新商业文明时代。

中国存在很大的贫富差异。这不奇怪,因为“伟大的不平等比普遍的贫穷好得多”,而“商业是消除贫穷最好的工具”,所以我们要依靠企业家精神牵引文明、努力创造财富。同时,中国的富豪必须意识到:“像印度、中国这样的国家,如果要你的财富更被广泛接受,你就要懂得与贫穷共处,确保自己的行为合宜。你要与整个社会和谐相处,就必须使整个社会能从你的财富中有所获益。”(纳拉亚纳·穆尔蒂语)

中国富豪,你考虑过这样深层次的问题吗?

和中国富豪一起努力

在这篇文章的最后,我想讲两个亲身经历的小故事。

我有一次在重庆,听一个富豪倾诉创业之艰:四处被刁难,一边忙正常经营,一边要到处“救火”。久而久之,他的妻子受不了了,天天发牢骚。为什么已经有钱了还要这么辛苦地过日子?他对我说:“我们经常要到成都出差,在高速公路上,她还经常发牢骚。我想想自己实在太苦,有好几次手紧抓着车门的把手,想跳出去算了。”他们夫妻后来信了基督教。

还有一次,一个摄影师给我拍照,他是一个拍过很多商界富豪的摄影师。我问:“你拍了那么多富豪,最大的体会是什么?”他说:“我想拍出他们清澈的眼睛,可是拍不到。”每一双眼睛都是充血的,混沌的,游移不定的。摄影师说:“还是做个普通人好。”

我写的这一组长篇评述,不是一次深思熟虑的行动,只是一次酣畅淋漓的诉说。我知道它会让很多人感到不快甚至愤怒,想就此了断与我的社会交往。那么我为什么要写?因为我想让你们的手从那个车门的把手上移开,我想让你们的眼睛能够清澈起来。而做到这些,只有依靠文明的力量,依靠坦率的提醒和我们共同的超越。

中国富豪们,我知道这些年的你们,历经风雨,有苦有泪。我希望你们不忘初心中那些美好的东西。如果我们一起让这个世界更美好,我们看到的世界才会真的好。

在商业、财富与文明、文化之间,我会首先选择文明、文化。我热爱商业,赞美企业家精神,并且不会再向我认为不文明的商业做出妥协。

而你呢?文明就在你身边,你完全可以借助你的力量,让自己、让整个企业、让所有利益相关者,点点滴滴地更文明起来。

悲情不是中国富豪的宿命

没有想到,《反思中国富豪十大错》的1.3万字长文引起那么大反响。我一直相信"文章本天成"。假如一篇文章有影响,那不是作者的功劳,只是他碰巧在一个恰当的时点触动了社会心理。在这种心理如滔滔江河般奔涌而出前,她似乎只是被寄存在时空角落的一件普通物品,被作者集体遗忘。又或许,她像是一年年越结越厚的冰山,作者们习以为常,不曾想过去钻探。

反思中国富豪十大错之后

"我们需要的书,应该是一把能够劈开我们心中冰海的利斧。"天才小说家卡夫卡如是说。

我远无利斧之功,只是个恪守中道的读书人。我也没想到《反思中国富豪十大错》发出时,刚好出现了徐明离世、郭广昌失联这样的突发事件。而在互联网舆论场中,不相关的一旦变成相关,就会风助火燃,欲休不得。其实,我只是认真说出所思所想,一吐为快,浇心中块垒,和徐明、郭广昌这样的个案毫无关联。

既然已经无法置身世外桃源,索性就把这方面的思考和盘托出。可能浅陋,也可能偏颇,但我之所写,句句都是心里话,不虚饰,不造作。王阳明说,此心光明,夫复何言!

我想我说清楚了,但好像又没有说清楚。我批评富豪的错,但我并不愿意他们的企业受到影响,因为这些企业同样是中国经济的脊梁。拿郭广昌来说,从我们有限的来往看,他是一个相信中国未来的企业家,复星对外投资的目的也是希望将国际品牌的中国业务部分做大,因为中国将是未来全球最大市场。他到底有没有问题、有多少问题,我相信法律的裁决。

可能朋友们会问:你到底是什么态度啊?

我想到2008年采访柳传志(注:文章为《雨打风吹,依然此柳——柳传志的价值与启示》)时他说的两段话:

我是个企业家,企业家要实实在在说话。我不是说现在的政策、市场环境都好得不得了,不用改了。要改!比如说,我认为解决贫富差距问题的方法,不是把先富的兄弟"拉低",而是要让穷的兄弟挣更多的钱,帮助更多的农村人口解决就业问题,变成城镇人口,进而拉动消费,形成正向循环。还有激励机制的问题,如果国有企业的管理层没有好的激励机制的话,对企业发展是不利的。而现在社会上过于关注他们的收入,高一些,网上就骂,而不去考虑他们的责任和管理的资产的价值。

(历史上企业家)政策风险的产生是因为我们国家的政策法律,比如税法、海关法、外汇政策等,是在不断地演变、完善。(对同样的行为)人的眼光、角度、好恶的不同就导致了截然不同的结论。即使我们极其小心地、战战兢兢地处理各种敏感问题,也照样有可能导致锒铛入狱的结果。如果再有人死盯住你不放,不断从工作中找出各种上纲上线的毛病,那么企业的领导人只有两条路:要么辞职,要么就任何事情都不要做，和企业一起坐以待毙。

那次见面，我和柳传志深入交谈。柳传志说他的底线是：坚决不做邪恶的事，坚决不官商勾结，坚决诚信。所以创业之初，他就下决心不走“一靠批文，二靠拿平价外汇，三靠走私”的路子，到20世纪90年代房地产大为兴旺、“炒地诱惑”袭来，他又坚持“不赚不长本事的钱”。柳传志和联想走的是正道——一条让人无畏无愧地走的康庄大道。

柳传志还对我说，不久前在一次企业家的聚会上，几位民企领袖对人力资源和社会保障部的一名官员提对《劳动合同法》的意见，语气中颇有微词和嘲讽。他前面已经发过言，最后又主动要求再发言。他先是平衡两边的立场：“《劳动合同法》的立意是好的，方向是对的，同时也希望政府在具体操作中听取企业的意见。”等到官员离场而去，他脸色一沉：“大家有意见就好好提，但你不要觉得自己就怎么怎么了不起。你别不把政府和官员当回事。要是以后还这么开会，我先表态，我不参加。”全场肃然，继而称是。

今天回想7年前的情景和文章，如果中国的富豪能够早点像柳传志所说的，“你不要觉得自己就怎么怎么了不起”，可能我就不需要写反思录了。

20世纪40年代，管理学大师德鲁克在《公司的概念》一书中提到，美国商业社会的特征，不仅由大公司的组织形式、大规模生产的技术决定，还将由第三点因素决定，那就是：大公司在多大程度上实现了我们的社会信仰和希望。

回望中国改革开放37年，有很多中国企业家的名字进入了“实现了我们的社会信仰和希望”的名单中，柳传志是其中之一。

不要那么悲情，我的民企朋友们！如果你努力为社会创造价值，努力实现我们的社会信仰和希望，你会走在行使庄严权利的道路上。

据统计，“2014胡润百富榜”前100位中国富豪中，有2015年“两会”代表、委员36人（全国人大代表15人，全国政协委员21人）；2015年10

月新出炉的“2015胡润百富榜”,中国十大富豪(因第十名并列,实际为11人)中,4个是全国人大代表,5个是全国政协委员。“两不是”的马云,在2013年10月31日参加总理座谈会时说:“民营企业家希望得到政府更多的信任。”李克强总理当场表态:“今天把你请来座谈,就代表着我们的信任。对民营企业家,政府不仅信任,还要依靠!”

中国富豪十大错应当反思,但中国富豪中有牢狱之灾的,按比例来说其实很低,所以不要动不动就渲染“富豪都在去监狱路上”的悲情。这与事实不符,也误读了广大民企富豪们。

悲情不是中国富豪的宿命,开启中国经济新的以创新为灵魂的大场面,才是你的责任和使命。

“政商二分”只能假设,中国“双经济人”体制的现实

如果说悲情不是中国富豪的宿命,那就意味着,中国必须建立起一种新政商关系,使政商之间既良性互动,又各归其位,使我们的每个官员和每个商人都能活出尊严、活出价值,轻装上阵、大步向前,彼此尊重又和而不同,而不是在一种说不清、道不明的关系中纠结到死,一阵是共谋共荣,一阵是一损俱损,一阵是形同兄弟,一阵是各怀鬼胎,走到最后,贪钱再多的官员也难找安枕,财富再多的富豪也心有余悸。

在我看来,中国要真正建立新政商关系,从宏观思维上必须跳出非此即彼、政商二分的分析框架。

所谓政商二分,就是在政商间确立一个清晰的分界,“上帝的归上帝,恺撒的归恺撒”。能体现这一点的著名格言就是:“哪里没有财产权,哪里就没有正义”(哈耶克);“风能进,雨能进,国王不能进”(老威廉·皮特)。而被引用最多的章程是1215年《大宪章》在国王和贵族间划定的原则,最通俗的说法就是“政府管得越少越好”。

从学术上我也认同上述原则。但25年媒体工作的经验,使我越来

越觉得，“政商二分”是基于对“完美环境”的假定而来。按照这种假设，政府只负责制订公平的游戏规则，当好裁判，是谓“政府善治”；企业按现代企业制度要求，不断创新，提高管理水平与核心能力，是谓“企业良治”；包括消费者在内的社会成员和中介服务组织，自主负责，有效协调，是谓“社会自治”。三治兴，则国家兴。

然而，无论历史还是现实，没有任何地方可以完全实现上述假设。按照这种非此即彼的政商关系框架，我们无法找到解决问题的根本出路，甚至会有无望之感。

首先，从历史上看，在封建专制、集权的大一统背景下，商人没有真正独立的地位，只能依靠和攀附政治权力，从而换取权力认可的生存空间和营商自由（freedom of entrepreneurial entry）。乾隆年间的大盐商江春说过一句话：“奴才纵有金山银山，只需皇上一声口谕，便可名正言顺地拿过来，无须屈身说是赏借。”在这样的制度下，你挣得再多，最终也可能不是自己的。

其次，20世纪50年代开始全面实行计划经济管制模式，各种权力习惯于对微观主体的自主经营进行“关怀”、“指导”和命令式干预。

最后，至今没有完全建立起要素价格由市场决定的新机制，“双轨制”（double-track system）事实上依然存在。比如，今天不少央企和国企的一个盈利模式就是从银行贷到廉价资金，再高息贷出去。这就是“信用双轨制”。中国从计划经济向商品经济、市场经济转型，从管制经济向自由经济转型，从权力经济、人治经济向法治经济转型，一方面激发了无限创造力，同时也结构性地产生了“权力搅买卖”、“权力干预市场”的牟利空间，滋生出种种腐败。

中国富豪的生产速度罕有其匹，但相当部分富豪做的都是和权力相关的暴利生意。无穷的审批造就无数的利益，本应简单透明廉价的公共服务变成了“设租”和“钓鱼”。20世纪90年代我在珠三角跑过很多民企，官员隐性参股民企，几乎是一种通行规则。吕不韦曾说：“劳作立身,其利十倍;珠玉无价,其利百倍;谋国之利,万世不竭。”在他看来,做政治生意才是大生意,最好的生意。当然他自己最后也死在权力纷争里头。

权力无限制介入,必然导致价格歧视、信息歧视(获得信息速度不等),导致某些行业的行政性垄断,也导致类似“走私”、“假冒伪劣”等问题。我们的市场,还很不完善。企业是为创造利润而生。它们既然眼前放着批文、指标、关系、特殊优惠这些机会,为什么不抓呢?

权力过大导致腐败。这句话谁都知道。但情况究竟有多严重,其实只有当事者清楚。有一个台湾企业老板说:“我根本不找中间人。那样麻烦!我就问清楚大领导住在哪里,直接去。”不少官员,口袋一瘪,就能想出N种生财办法。权力经纪人、权力“白手套”就是这么出来的。前年我在广州坐飞机,晚点好几个钟头,刚好碰到一个下海官员,做房地产,说刚去北京“公关”,真算开眼。“我们到他那个楼道,右边从一楼到顶楼全是他的,里面堆满了文物字画古董,不少是各地特权部门从文博部门那里拿来的。他说他就干三件事:提拔人,‘捞人’,搞批文。”

中国政府反腐力度很大。看历届领导的讲话,对贪腐的危害看的是很清楚的。朱镕基当年打击走私时说:“这次我到汕头海关视察,了解到搞走私的‘大飞’装5个发动机,时速可达50节,我们的船追不上,我说,你用穿甲弹呀,再不行就调驱逐舰去开炮嘛!咱们几百万解放军还干不了这个事情啊!我们要进一步加大打击力度。”他不仅对走私恨之入骨,对身边的问题也一针见血,比如15年前他说:“北京出租车司机每天要向公司交150元钱的车份儿。照这样下来,公司两三年就可以把买车子的钱收回来了,但司机还要继续交下去。出租汽车公司还老是给他们摊派,叫他们装这个装那个,卖给他的东西又贵得要命。而且,所有这些交给出租汽车公司的钱只打一张‘白条子’,这意味着出租汽车公司根本不交税。说得难听一点,出租汽车公司那帮人简直就是‘把头’，是上海在新中国成立前戴墨镜、穿香云纱的那种人。偷税、漏税，这里面有多少钱呀！”（朱镕基《朱镕基讲话实录》，人民出版社2011年出版）

如果这样去观察和思考，你会觉得政商关系的清洁，其难犹如攀登珠穆朗玛峰；你会觉得：这样的环境，怎么可能产生企业家？但事实上，中国经济是过去几十年的全球奇迹，中国出现了很多企业家，而且他们身上发展出远比西方企业家更丰富的企业家才能。

我的看法是，中国过去37年的经济发展，是因为有两个“经济人”在一起发力：一个是企业，一个是政府（政府是进行GDP增长考核的特殊企业）。这种“1＋1大于2”的发展合力，比起他们的一些“特惠合谋”造成的资源扭曲和福利伤害，要大得多。用“政商二分”的框架很难理解“双经济人”体制的合理性。

曼瑟·奥尔森在《权力与繁荣》中提出了“强化市场型政府”（market-augmenting government）的概念。这种政府与市场是一体的：市场繁荣，政府日子好过；市场萧条，政府难挨。所以政府有十足动力利用权力保护或推进市场繁荣。

从我的观察来看，除了保护产权以激发动力，除了推动法治建设以保证交易的可预期，中国的“双经济人”体制在三个方面强力支持了经济发展。

一是创造了经济发展的自由空间，让创业者、企业家有了用武之地。当年国家无力包揽就业安置，集体企业组织就业的容量也有限，于是个体经济被允许“在一定范围内”存在。1987年中共“十三大”有限度地肯定了私营经济的地位：“私营经济一定程度的发展，有利于促进生产，活跃市场，扩大就业，更好地满足人民多方面的生活需求，是公有制经济必要的和有益的补充。”随后，1988年4月12日第七届全国人民代表大会通过的《中华人民共和国宪法修正案》规定：“国家允许私营经济在法律规定的范围内存在和发展。”1997年举行的中共“十五大”提出：

“非公有制经济是我国社会主义市场经济的重要组成部分。”宪法也随之做了相应修正。这是很不容易的,因为中国传统的意识形态是“私营者,必谋私损人”、“为富者,多为富不仁”等。在这个不断演化的过程中,中国的创业者、企业家抓住了机遇,创造了价值。

二是给官员提供了更好地实现自我的空间。我多年来和很多官员接触过,无论是地方官还是在上海证券交易所、中国外汇交易中心工作的职业精英,大量官员的激励来自于开拓创新所带来的成就感,例如创造了世界最先进的系统,基础设施赶上了发达国家的水平,等等。听他们讲话,我经常觉得有一种“士大夫”的情怀向我袭来。现在大家提到招商引资就皱眉,且不说国外也在招商引资(我到芝加哥的一个城市,听他们有滋有味讲如何把Cosco和宜家吸引到这里),如果没有地方官员的竞争性努力,中国经济绝不可能有今天这样的体量和活力。

三是从硬件(如道路)到软件(如经济立法)到人力资本方面,做了大量的投资,取得了巨大成就,为未来奠定了强有力的基础。

在我看来,正是在“双经济人”的体制下,在“摸着石头过河”的试错性演化过程中,在与外部世界相融合的开放条件下,中国基本完成了有利于经济发展的制度变迁。

制度变迁的方向是,逐步建立一套可信赖、可持久的规则,鼓励财富的创造,让创造性的知识自由流动,尊重和保护创造者的权利,推动企业家才能的发挥,吸引更多的人才去生产他人所需要的商品和服务。这种在制度方面逐渐呈现出来的变化,就是“中国奇迹”的根源,亦是对中国其他一切现代化建设的最有力支撑。

相比起官商勾结、权力寻租,中国的“双经济人”体制是一个我们理解历史的更大图景。中国官员在发展经济的过程中的贡献,不应该被否定,更不应该因为他们存在的某些问题,就对他们“污名化”(stigmatization),遮蔽他们的其余特征。久而久之,这种“标签”会成为官员群体的对应物,甚至使他们丧失职业荣誉感。

中国的“双经济人”体制正在面临历史性的改革。改革是一种超越，而不是完全否定过去。中国经济靠要素驱动已经没有出路了，必须靠创新驱动。换言之，就算官员今天还能拿出廉价要素给富豪，富豪靠过去那三板斧能创造出市场价值吗？而移动互联网上的“双创一代”，靠用户而生，不是靠权力和关系而生，就算你给他权力，能带来点击吗？

因此，中国经济结构的转型与升级，内在地提出了变革“双经济人”体制的新要求。这是中国有可能建立起新政商关系的最重要理由。中国经济的新飞跃，不再靠权力，而是靠创新，靠知识，靠聪明才智，靠满足新需求。此时对于创业者和官员来说，他们的角色、定位和关系，自然会变得更清洁、更清新。

“双经济人”体制的下一步，就是“让市场在资源配置中起决定性作用和更好地发挥政府作用”。如果这样看待我们走过的道路和展望中国经济的未来，悲情还会是中国富豪的宿命吗？

当然，这种可能还是有的。但那一定是老富豪、不思变革的传统富豪。而未来，不在他们那里。

呼吁新政商关系

在我看来，新政商关系和旧政商关系的区别如下。

在旧政商关系下，“寻租富豪＋特惠政策环境＋设租官员”的模式虽然也能带来GDP增长，但不可持续，同时会给社会带来严重“负外部性”。

新政商关系是“创新企业家＋公平竞争和统一市场＋清廉有为新官员”的模式。在这种政商关系下，官员主要致力于营造公平环境、做好公共服务，企业则在市场上努力创新，不断创造消费者剩余。

在旧政商关系时代的“双经济人”体制下，政府这个“经济人”往往会异化，一些官员更异化为“抽成”的“经纪人”，变为“生意人”，政经不分,政商不分。在新政商关系时代,官员将抽身让位,让市场更充分地发挥作用,政府不再直接干预微观经济,而是在以下三个方面发挥保驾护航、拾遗补缺、维护公正的职能:第一,在“先于市场”方面,保护产权,力行法治,崇尚规则与契约精神,简政放权。政府之作用,就是“让市场发挥决定性作用”。第二,在市场发挥作用的过程中,依法强化市场监督,维护消费者权益。让市场发挥决定性作用,指的是资源配置方式,而不是某个企业可以为所欲为。第三,在市场失灵的那些方面以及涉及重大民生问题的领域(如物价、住房、医疗、教育、就业等),通过有效的宏观调控,进行纠偏。

我希望中国早日进入新政商关系时代。和传统的“双经济人”体制相比,新政商时代的官员身上的铜臭味会减少,干预属性、管制色彩会减弱,而公共属性、服务属性、书卷气、健康气息会增强。

今天的官员没有以前自由了。这是历史的进步。2000年,我在美国当访问学者,攻读MPA(公共管理硕士)。我的一位老师是洛杉矶伯班克市的消防局局长,他每次和我们吃饭都固定在一两个餐馆。我们问他为什么不去别的地方。他回答说,他们的消费卡是限定场所的,消费的每张单据都要入库,最后体现在预算支出里,向市民公开。“八项规定”后,中国的官员一开始也不习惯,但到今天,喜欢大吃大喝的官员少多了。

在新政商关系下,我希望中国富豪能按照企业家的标准,重塑自己的形象和企业的气质。富豪之所以在人们心目中有不良联想,责任主要不在“仇富文化”,而在自身过错。

我希望中国富豪向企业家方向进行自我超越,而不是走官商勾结、套利型的老路。希望你们不要当tenderpreneur(窃贼),而要当entrepreneur(企业家)。

“Tenderpreneur”是南非《星报》(*The Star*)造的一个词。它指政治上的“关系通”(politically well-connected)和善于利用政府招标体系(government tendering system)致富的人。

南非共产党总书记布莱德·恩齐曼迪两年多前曾呼吁,政府的招标裁决过程应该透明,要推动entrepreneur挫败tenderpreneur,后者只是窃贼。所窃为何? 公共权力。官员将公共资源输送给特定人群(包括自己的利益代表),令其财产增加、权力扩张,而国民福祉受损,这就是所谓"窃盗统治"(Kleptocracy)。

"窃盗统治"是窃贼型富豪的乐园,但却是公共的灾难。"窃盗统治"和腐败类似于一道不可见的随机性税收,增加交易成本,让真正的企业家失去长期投资信心。

按照魏德曼的研究,世上没有"好的腐败"(good corruption),只有"坏的腐败"(bad corruption)和"更坏的腐败"(worse corruption)之别。"坏的腐败"是"发展性腐败"(developmental corruption),虽然官员将公共权力转给关系密切者,但国家经济还有足够资源和条件向前发展,生金蛋的鹅并未被杀死,腐败仍可控;而"更坏的腐败"是所谓"退化性腐败"(degenerative corruption),"窃盗统治"贪得无厌,人民毫无机会发展,腐败所得流出一国后,再不回来作为发展本国经济的资本。

魏德曼曾说,他对中国的反腐败之战更有信心,"原因并不是这场战役能大幅减少腐败现象,而是因为它成功防止中国腐败问题严重恶化",也就是防止走向"退化性腐败"。魏德曼也指出,如果腐败不加以控制,它会拖累经济增长率,尤其是在总体经济增长放缓的情况下。

腐败将窒息中国活力,置中国未来于死地。所以,中国新一代领导人的态度很明确,就是坚定不移地反腐败,永不停步,从而将中国经济引入创业者经济、企业家经济、法治化经济,真正实现长治久安。

中国新经济需要新型企业家,而不是旧富豪

中国经济结构的转型与升级,内生性地提出了变革"双经济人"体

制的要求,这是中国有可能建立起新政商关系的最重要理由。

中国经济这一新的超越的大背景,可以用习近平总书记在中央财经领导小组第七次会议中的一段讲话来注解。他说:“主导国家发展命运的决定性因素是社会生产力发展和劳动生产率提高……全球科技创新呈现出新的发展态势和特征,新技术替代旧技术、智能型技术替代劳动密集型技术趋势明显。只有不断推进科技创新,不断解放和发展社会生产力,不断提高劳动生产率,才能形成新的增长动力源泉。”

新兴中国正在崛起。中国有13.7亿人口的市场,而美国、日本、欧元区加起来才7.8亿人口。这么大的市场,需求是无限的,缺的只是创意和创业、创新的决心与韧性。与房地产、重化工相关的旧经济正在调整,与健康医疗、信息科技、文化娱乐、教育旅游等相关的新经济刚刚开始。

高盛在《“新常态”下的“新中国”经济投资》中提出,持有“新兴中国”,交易“传统中国”。高盛挑出了671家中国企业作为“新兴中国”的样本,涉及卫星光缆、电子商务、教育服务、新能源等30个领域。在这些领域,不再按照传统的采购经理人指数(PMI)、工业增加值等数据来衡量其价值。一组由高盛追踪的20只“新兴中国股”在2015年上半年取得了23%的收益,创了2010年来的新高。

类似的是,摩根士丹利资本国际的中国指数(MSCIChinaIndex)中,非必选消费品、医疗保健和IT板块作为新经济代表,2015年第三季度营收分别同比增长22%、15%和20%,而能源、材料和工业板块作为“旧经济”代表,营收分别同比下降了32%、1%和16%。

中国国家统计局发言人盛来运表示,从具体行业数据来看,新旧行业的发展鸿沟正在加大,传统过剩产业面临越来越大的发展压力,而新兴产业却以超预期的速度在飞速发展。比如,以高铁、核电为代表的中国高端装备不仅在巴西、泰国等发展中国家落地,更与美国、英国等发达国家展开越来越密集的合作。中国的无人机、机器人等高精技术发展迅猛,“中国制造”变为“中国智造”的新浪潮正在掀起。

人类在数字技术、网络技术上的前进速度,使得基于人与人、物与物、人与物之间的智能互联,把整个世界带向全新旅程。也许几年后,我们再也找不到“非智能化”的物体了。物理世界和数字世界的深度融合,将创造全新的消费体验,极大地促进人的全面发展。

华为公司提出,未来的趋势已经非常明显,就是跨学科融合创造无限可能,全连接网络驱动新工业革命,产业升级构建新商业文明,数字青年引领世界未来。中国增长的新动力,不再是无限供给的劳动力与资本的结合,而是无限计算力与创意的结合。

在这样的时间点,传统富豪的思维、商业模式、经营惯性必须彻底转变。今天最流行的组织原则是赋能,如何赋予员工创造的可能性、分享的可能性更为重要。

天使投资人戴维·罗斯说:“任何为了在20世纪取得成功而诞生的公司,都注定在21世纪毁灭。”兴起于21世纪的这种根本性的、山呼海啸的力量,以人为本、随需立供、灵活响应的力量,必将催生适合这个时代的新富豪,而他们知识致富、创造力致富的速度可能很快,也更加清洁。

旧时代正在瓦解之中,旧富豪如果不觉醒,也会被淘汰。

用企业家精神共启新时代

德鲁克指出,任何有勇气面对决策的人,都能够通过学习成为一名企业家,并表现出企业家精神。

在他看来,德国教育家洪堡就是教育领域企业家精神的代表。在医疗领域,很多案例也能体现出企业家精神。18世纪末,现代医院首度在爱丁堡和维也纳出现。19世纪,各类社区医院在美国出现。20世纪初,大型专业化医疗中心出现。第二次世界大战后,又出现了医疗保健中心和专业化治疗中心。所有这些,都和开创者与创新者相关。中国的官员能不能也从企业家精神中得到营养,以更加积极有为的态度投入到新时代的征程?在打虎灭蝇、严肃风纪、回归纯洁性之后,我们如何更好地、更有效地激励他们?

中国富豪,不要让悲情束缚你的心灵。人类是永不安宁的生物,并一直在努力改进环境,参与冒险和竞赛,充满激情、活力地投身行动。尼尔·弗格森在《文明社会史论》中指出,人类只有在活动和努力中才能充分实现自我。人的努力是社会和文明的基础,是人类幸福的基础。他认为罗马的覆灭是由于国民滋生“阴柔气”,即丧失积极参与公共事务的热情所造成的。弗格森说,为了获得幸福,人们必须有所作为,而不是无所事事。人们积极行动,一个民族才会向前发展、富有进取心、创造力和勤劳;反之,民族将衰落以致灭亡。

2015年亚洲博鳌论坛期间,我与诺贝尔经济学奖得主埃德蒙·费尔普斯有过交流。他预言中国将开启从贸易商向创新者、从商业经济向现代经济的转轨。他说现代经济的核心是创新,现代价值观是“参与创造、探索和迎接挑战的愿望”。这一价值观点燃了草根经济活力,从而支撑起广泛的自主创新活动。

中国大转型所提出的变革要求,与处于哪种所有制无关。但是,与你的价值观与人生态度有关。

新黄金时代正在开启,但“江山代有才人出”。你不换思维,没有人有时间和耐心帮你换。

最后,我想引用我非常喜欢的一句话,与中国富豪们以及所有人共勉:

如果我们祈愿结束辛劳,或者祈愿求得安逸,那我们就误解了人类的天性。(弗格森,《文明社会史论》)

我的朋友王石，以及善与大意的代价

宝万之争已演变为2015年中国的超级财经事件，而“秦朔朋友圈”一直失语，很不寻常。

不少朋友让我发表意见，说现在写王石阅读量很容易达到“100000＋”。也有几个朋友劝我不要写，至少现在不要写。他们说宝万之争不是简单事件，很可能旷日持久，在信息不对称情况下贸然动用个人影响力“站队”，未必是理性选择。“况且你和王石那么熟，难保客观性。不写，大不了读者说你漏题；写，说不定读者读出你夹杂私谊。何必呢？”

我选择了沉默。虽然我知道，万科一些管理层也希望我写点什么。

当然我也在做准备。我找到了上海财经大学的优秀校友、新华信托前任董事长赵暖，希望他帮我从专业角度做中立性分析。赵暖在“上财”的校友微信群里组织了讨论，并亲自指导东方新华智库的高级研究员做研究，为“秦朔朋友圈”撰写报告。

我慢慢形成了自己的看法。可是，还是不打算写。

12月20号中午，我和吴晓波等朋友一起吃饭，晚上在万达索菲特酒店聚会。席间我说"准备等'宝万之争'尘埃落定后再写"。吴晓波说,什么都定了,还有什么价值呢?

冥冥之中,我在万达索菲特写王石的这一天,王石也在酒店里。可是,为了保证写作的纯粹性,我没有和王石联系。

这好像是"秦朔朋友圈"上线后,我第一次在没有做好心理准备,也没有查什么资料,就动笔了。不过也许是好事,因为全是真实的记忆和真切的心意。无论我说什么,相信王石都能理解。

凡有王石《道路与梦想》这本书的人,可以翻到最后,看看我写的《跋:这个人和这个时代》。那本书是2005年初,王石到《第一财经日报》我的办公室,我动员他写的。我参与了编辑,把书推荐给"蓝狮子"和中信出版社。书成后,王石希望北京大学的周其仁教授写序,也是我打电话给其仁老师约的。

20世纪90年代入行做新闻,我在房地产方面最早接触的企业家是广州珠江实业的辜学海、深圳万科的王石和香港中海的孙文杰。现在想想是多么幸运的事!与辜学海只是采访关系,与孙文杰去中国建筑总公司当总经理后只见过一次,与王石则一直保持着紧密联系。他是对我的商业价值观有正面影响的榜样和老师,是能够一起畅谈政经大事和家国情怀的朋友,更是我的兄长,感觉像家人一样。

前几年每次在上海见面,一般晚饭后他和在广州的王太通电话,都会说"我和秦朔在一起"。我没见过王太,只听王石说过她喜欢《南风窗》。王太在美国不幸遭遇车祸,在广州动了几次手术,王石非常操心。他和我一起坐车,看我不系安全带,就会立即让我扣上,因为王太就是没有系安全带才出事的。

自打早年万科股改、王石放弃股权后,他就注定此生上不了富豪榜。但是,曾是中国首富的碧桂园杨国强,见到王石也是喊王大哥,而且是发自内心的尊重。那是好几年前的一个大年初一,杨国强通过我约王石吃饭,探讨管理和用人问题。下午,王石就去四川登山了。王石，不是通过个人财富，而是通过万科这个中国新兴企业的杰出样板，通过他的思想、对现代价值观的坚持，在中国房地产业赢得了“他说第二，无人称首”的大哥大地位。

2013年9月，我参加联合国的一个可持续发展论坛，事先和王石联系，刚好他在纽约。他约我到中央公园附近的文华酒店餐叙，外面一窗灯火，桌上几碟西餐。这是他去哈佛读书后我们第一次相见。那也是我第一次见到田朴珺。她用流利的英文点菜，讲她在纽约电影学院背古典英文的莎士比亚作品的艰难。而最触动我的一件事，是她说到学校报到时，因为在北京处理公司紧急事务迟了两天，接待她的美国人撇着嘴说：“知道这些中国人想什么。”意思是中国学生都想留在美国，所以总会要些手段。田朴珺怒了。她为这事找律师，1000美元一小时，写了律师函，要对方道歉，甚至想起诉学校。事情最后以田朴珺的胜利告终。

我是从不问企业家个人隐私的媒体人，哪怕再熟，也不问。但那天晚上要离开时，田朴珺去洗手间补妆，我忍不住用手搂住王石，问了一句：“是不是很幸福？”他回答：“当然。”

等我们下了电梯，因为方向不同要各走各路时。王石说：“也没什么事，送送你吧。”我住在麦迪逊广场花园附近的火车站，他们陪我在寒风中走了几十条街。期间田朴珺说：“你们合个影吧！”她就给我们拍了几张。

说这些，不是要炫耀什么。如果是自炫之人，不会有什么企业家和我做朋友。交情不是一天两天，是三年五年，十年二十年建立的。

说这些，是希望大家不要再拿王石的个人隐私作谈资。我希望王石好好的，王太好好的，小田好好的。人家的事自有道理，自有解决之道。我不忍心看着自己的大哥受这样的语言伤害。

在文华酒店餐叙后，我在《第一财经日报》发表了《对话王石》一文（文字整理者是第一财经在纽约的实习生袁艺铭），其中有王石这样一

段话:

未来就在我们身上,企业家不要去抱怨,不要用移民的办法应对社会的不确定。企业家精神很重要的一个方面就是冒险。如果我们都移民出去,企业家的作用也就消失了。滔滔江水是一股一股的溪流汇集而成的,中国的未来应该是民主、公平、正义、光明的,我们就像涓涓流水那样,要从自己、从自己的企业做起。如果自己不这样做,总是指望上面去改,那是没有希望的。

因为电脑上不了网,我是用手机搜索到这篇文章。当我抄下这段文字时,我泪流满面。

万科会不会失去王石,我不知道。我希望的是,中国不要失去他。

关于"宝万之争"的客观专业分析,"秦朔朋友圈"发表的《腻味了"万宝"的八卦,该听听400位金融行家的理性判断》已经给大家提供了。这篇8000字的报告我看了三遍,它对得起读者朋友。

我想跳出"宝万之争",谈谈王石和万科对房地产和中国商业的价值与意义。

房地产的重要性和跟我们每个人的关联性不用再说。它是中国积累财富最大、最快的行业,是绝大多数地方政府数一数二的财源,是和政府关联度最高、受政策影响最大、审批环节最多的行业。它有太多传奇辉煌,给我们的生活带来了太多福祉,但也有太多哀伤心痛、太多腐败糜烂。我经常觉得奇怪:一个这么大的超级行业,你去搜索一下那些整天吹大话的房地产富豪们历年说的话,有几句和我们学过的MBA、EMBA的知识相关?都是政策、土地、"面包面粉"一类,似乎这个行业不需要现代管理,不需要核心竞争力,不需要企业文化,就是土地、资金和审批!房地产是生命的栖息地、工作的活动场、创造与承载财富的空间载体,本应充满对生命的敬重,但在我们的大量建筑空间里,有多少对生命的不敬和马虎!似乎建设的目的不是为了延续而是为了重建。

我不掩饰对王石和万科的偏好,最根本的原因就在于,他们满足了我作为一个读书人内心深处对商业中的真善美和文明的向往。不是说万科无可挑剔,也不是说样样都无懈可击,而是说,王石和万科在这样的历史场域里,在这么漫长的时间考验中,始终坚持了一些最基本的商业伦理和理性逻辑,始终走在阳光道路上。看看和000002(万科深圳上市代码)同时期上市的那些房地产公司,有几个能走到今天?

1997年前后,有一次我跟王石聊起君安证券。他说:"在股市里赚人家的钱,赚得再多,都不是我想要的。我盖房子,赚钱再少也有个东西。人们可以住在里面生活,就像一块碑。将来人家可以说,哦,那是王石他们做的。"王石对股市的运作不感兴趣,也许与1994年春天著名的"君万之争"有关(君安证券代表万科部分股东向万科管理层提出"改革倡议",包括优化万科的产业结构、改组董事会等,类似西方的"委托书争购",后以和解告终)。但更重要的,是价值观的问题。王石和万科相信,就整个行业而言,房地产当然有靠权钱交易获利、靠机会主义获利、靠捂地后的资产重估获利的那一面,谁都不能说自己百分之百纯洁。但是,不靠这些,靠扎扎实实做企业,也一定可以成功。从长远看,也只有这样的企业才能真正成功,持久成功。万科这样一做就是30年。

多年前,王石曾经跟我讲过两个故事。第一个故事是,早期万科和金田等公司竞争的时候,万科从政府那里拿不到好地,或者拿到同样的地要比人家贵很多。压力促使万科只能在规划、物业管理上下功夫。逐渐地,产品做好了,品牌叫响了,每个平方比附近的项目可以多卖1000块钱。另一个例子,深圳市前副市长、主管城市建设多年的王炬被抓,地产界人心惶惶,有不少被叫去谈话,有的逃之夭夭。有人问王石:"你没事?"王石说:"我做了十几年,就敢说这句话:我没有行过贿。"

万科的存在证明,房地产尽管有灰黑阴暗的一面,但总的来说,依然是一个按照市场经济规律运行的行业。因为消费者是理性的,政策也是逐步规范的。20世纪90年代初,深圳那些拥有不少优良土地资源、上市圈得大笔资金的国企,或因被套惠州淡水,或因多元化乱投资作怪,早都烟消云散,而万科始终在发展。这不仅来自它的专业能力,也来自它始终坚持规范经营所产生的一种特殊气质和力量。在其他一些行业,这种力量也许很平常,但在房地产行业,只要你去计算一下有多少官员栽倒在土地批租、项目审核、规划报建、工程建设、配套服务、金融支持、税费减免、鉴证落户等"腐败的高危地区",只要你随便问一个发展商经过了多少曲曲折折才从此岸游到彼岸,你就知道,坚持规范经营并不容易。

王石姓王,他的大哥气质也让他像个王。而万科,姓善。

善者长,善者久。但善者也要付出代价。纯粹从经济学角度看,就是它的效率不够高。万科不像有的开发商,没有证照也敢施工,下违规通知书照样我行我素。凡事术规范,那你的时间成本就高。你是职业经理人体制,职业经理人是"风险中性者",不会冒进,不会像其他房产企业那样严控成本,那你的生产成本就高。你不会通过"台底交易"拿地,那你的土地成本也高。这样,外界就会有一种印象:万科好是好,但是还没有发挥出应有的效率。他们认为如果机制更靠近民企,可能发展得更好。多年以来,想成为万科的第一大股东的民企有多家,他们的想法就是:"万科的牌子,加我的机制和土地成本优势,会有更大成功。"

但事实不是这么简单。债市的眼睛是雪亮的,万科资金成本很低。某个民企,在某个阶段某个市场可以胜过万科,但长周期、长距离竞赛,出问题的可能性比万科高很多。

拿些万科的股权不难,改组万科董事会、管理层不难,改组后优化业绩也不难(君安证券当年的不少建议万科后来都采纳了)。难的是,你能不能坚持万科精神、万科规范。如果不能,成功可能是短期的。善是万科的灵魂,善就是走正道。如果你有杂念,只是想赚钱,结果很可能是拿了今天的万科,失了明天的万科。

对整个中国商业来说,这是关键,就是我们应该如何平衡商业绩效和商业之善。

因为善，王石放弃了股权，这是今天困境的根源。但是，如果不放弃，不是职业经理人体制，王石控股的万科能走到今天？

因为善，他们也相信善，王石、郁亮们没有走“控制权回报”之路。他们的薪水很高，但他们没有任何私相授受的关联生意，没有“外快”。他们没有制度性地去保证自己的控制权。

因为善，他们也得到了善报。王石相信，没有谁会去打他的主意，万科不会主动对他说“拜拜”。

在我看来，这都是善的代价，善的拖累。如果相信“人性恶”，如果相信“产权，至少是投票权，才是自我保护之源”，如果早作打算，以王石的地位和郁亮的财技，他们今天不会这样被动。

让王石、郁亮走开，万科的未来会更好吗？中国的商界会更好吗？如果最后的结局是这样，对于万科这个在行业里对社会具有最高的“正外部性”，在善良商道、阳光商道之路上走得最透明、最无畏、最健康的公司，是一个公平的选择吗？如果是这样，我们每个人，又将如何理解命运，以及命运的捉弄？

看着资本浪潮忽高忽低飞翔的2015年，我相信一定会给它一个这样的标记：2015是中国经济金融化、资产证券化、要素自由化、融资直接化、并购普遍化、投资国际化的里程碑。它不是十多年前“德隆式整合”的资本回归，不是20世纪80年代美国那种发行垃圾债券、进行行业并购的中国版本，而是一系列新的时代条件下的金融力量崛起、资本话语崛起、财富大爆炸。我们要重构整个商业，无论线上还是线下；我们要改写传统格局，无论是不是昔日的老大。

我在最近的一系列文章中提出，希望中国进入以“企业家创新精神”代替“富豪机会主义”的“好人赚钱时代”。我还有一个希望，中国进入用“好的资本”代替“投机资本”、“套利资本”，从而驱动中国创新转型的“良心资本时代”、“善良资本年代”。可能有人说，资本哪有标签！你去看看巴菲特，看看立足中国的高瓴资本，你就会明白：金融自有王道，投资自有王道。高瓴资本的创始人张磊先生曾对我说过:“要相信美好的东西,纯粹的东西,扎扎实实专业研究的东西。要投资于价值,投资于未来,投资于人才。真正的投资家同样需要企业家精神,他们只是碰巧成为了投资家。”

我希望,企业家一端的“好人赚钱”和投资端的“良心资本”,双方能够良性互动,实现“共生主义”,共同开创大场面,帮助中国经济实现转型、升级、优化的历史超越。这个过程不是放弃商业利润原则,而是要抛弃机会主义的商业原则、唯利是图的商业原则、尔虞我诈的商业原则、不计社会成本的商业原则。

已经去世的诺贝尔经济学奖得主诺斯说过,中国经济比较关键的问题在于如何找到人与人之间交易关系更有效的演进途径。他说中世纪的欧洲之所以能发展出世界贸易和非人格化的交易规则,与他们发展起来“保护个人产权、公正的司法和有效的执行这三样东西”,从而让人与人之间的交换代价大大降低这样一套制度体系是分不开的。无论是“好人赚钱时代”还是“良心资本时代”,都需要政府、社会、公民等各方面的努力。我们不是中国经济复兴的旁观者,而是其中的一分子。

最后,让我给出我对“宝万之争”各方的直接评论和建议。

给王石、郁亮:今天的“宝万之争”,虽然总体是善的代价所致,但也是大意的代价。善,也不应该大意。多年以来,房地产公司的日子太好过了,赚钱太容易了。没有多少房地产商不赚钱。万科是不是也因此失去了马化腾式的惊悚(担心被某个新技术颠覆),马明哲式的在伤痛后继续奋起的韧性,任正非式的被美国市场驱逐、只能走向亚非拉欧的顽强?惶者生存,惊悚者生存,万科是不是有点像“温水青蛙”?万科今天的一些困难,固然是善的代价,但是,有没有企业家精神遗失的原因?至于那些制度性、结构性的深层次问题,是不是也因为没有人敢挑战王石而被遮蔽?比如,冯仑兄讲其他人的故事,都是嬉笑怒骂皆成文章,唯独在王石面前总是“学习万科好榜样”。这到底是好还是不好?

(如果说错了,请冯仑兄原谅。)王石不是神,他也一定有误区和盲点,我们一些朋友私下也说过,但我们有没有提醒过他?我们今天叹息,甚至我这样比较不坚强的人还要落泪。我们早干什么去了?王石他自己也不需要成为神!

给姚振华:我与姚先生素昧平生。但我一向尊重华南理工大学走出的企业家群体,相信姚先生是有企业家精神的人。我与潮汕富豪也打过交道,对他们顽强拼搏的精神我很钦佩。当年在黄光裕办公室看到“商者无域”的横幅和一只鹰的形象,这大概就是潮汕商人的气质。但当我第一次去汕头,这个城市今天的面貌比我家乡河南的省会郑州要差很多很多。从我粗浅的理解看,封闭性(只用自己人)、投机性(赚钱至上)、保守性(学习新知识迟钝)是潮汕商人亟待超越的障碍,而政商关系的清洁化则是潮汕商人上台阶的关键。希望姚先生成为新时代潮汕企业家的代表,而不是以成为首富为念。

给万科股东:我建议王石出任万科董事会终身荣誉主席,设立一项特别公益基金,让王石先生彻底离开经营,而专注于对中国商业文明更有价值的公益实践和知识普及,从万科的王石真正走向社会的王石、中国的王石。对于王石的薪酬待遇由董事会根据他的独特贡献给予特别安排,决不能“人走茶凉”。建议郁亮出任万科董事会主席。他从1999年万科的20多亿销售额领导公司做到今天的2200亿,没有非分之想,是一名优秀企业家。他已经50岁了,完全具备了从更宏观的角度领导万科的德与才,他对于制度的钻研和财务的精通也有利于万科新的飞跃。建议万科在内部选拔70后乃至75后的优秀年轻人担任万科总裁(或者执行总裁,简短过渡),用更新、更强、更有激情的精神领导万科优化自身的生命力,创造一个活性化的新万科。

我是个中庸主义者。中庸的精神是“共生主义”,而不是排他主义、共死主义。我不愿意看到非此即彼、不共戴天的“宝万之争”。和谐共生,超越创新,是我的愿望。

如果说“宝万之争”是年度商业贺岁片,那是我看得最难受、落泪最多的一部大片。但是此刻,我想到陀恩妥耶夫斯基所说的那句话:“我怕我配不上自己所受的苦难。”

王石应该为中国继续做更大的事业,更新的事情。痛苦之后,他生命中的新时代可能刚刚开始。

我乐见王石的新时代,郁亮的新时代,万科的新时代,姚振华的新时代。基于商业文明和企业家精神的共生主义,是理想的选择。而我全部的努力,就是为了让中国商业文明和真正的企业家精神,在中国乃至世界的话语空间,高高飘扬。共生主义的中国商界,才让我们骄傲,让我们自豪。

王石仍然是一座金矿,我相信他的不屈不挠,也相信从他的生命土壤里,必定能涌出新的希望与力量。今天,在他困难的时刻,让我们安静一些,为他加油!

再谈我的朋友王石，以及商业文明视野中的“宝万之争”

《我的朋友王石，善与大意的代价》一文，影响和争议都超预期。我瞬间赢得了几十年不遇的绰号，真心体会到众声喧哗的威力和“群体极化”的网络效应。

有人叫我“中国最佳猪队友”，因为“秦朔老师建议王石卸任，出任万科董事会终身荣誉主席……思前想后，决定也应王石先生心声，给这位秦朔老师颁个奖：中国最佳猪队友”。几位朋友微信推给我，我回答：我可能是猪脑子，但不是猪队友，因为从不站队。我今天写作只为两方负责，就是我的读者，和我的真心。

有人叫我“会舔功”的“秦门客”，还有人要替潮汕商人出气。大家对我争议最多的是质疑我的独立性，怀疑“一个媒体总编和企业家之间不清不楚的关系”。

我早料到会有这么一天。越是爱惜羽毛越是难逃泥潭，除非一言不发。早年我曾写过一篇文章《恪守中道就是我的立场》，可以澄清我的立场：“我希望有一张安静的书桌，用安静的心、平静的心智，独立思考和观察，不盲从，不偏信，不迎合，不媚谁。”

我和王石说得清的关系

对于我和王石“不清不楚的关系”,因为不只是牵扯到我,还牵连到王石,所以有几句话要说。

我和王石确有交情,有思想交流。但迄今为止,王石邀请我参加的活动只有两次。他在《让灵魂跟上脚步》一书中都写到了:

(2006年)10月17日,晴,西风……8:10,出发……太阳升高,光线强烈。追上两位并排行走的队员:秦朔和万杰(注:应是万捷)。小个子秦朔扬扬手,苦笑:“腿拉伤了,走不快。”着一身户外装的万杰作轻松状:“王总,你赶路吧,我陪着秦朔,难得机会聊聊天。”我超过二人,继续赶路。

秦朔原来在《南方窗》(注:应为《南风窗》)担任总编,后来,他到上海创设的《第一财经日报》并任总编。两个月前,秦朔的一番话对我有所触动。一次聚会,他直言批评万科对媒体的采访过于敏感。两个月后,秦朔作为特约嘉宾,出席在杭州召开的万科集团季度例会,并作题为“万科如何避免大企业病”的专题讲演。也就是在那次杭州会议,老王邀请秦总编参加戈壁徒步。

玄奘之路戈壁行我是自费参加的。王石、曲向东那边没费用;我也没向报社报销,尽管后来在报纸发了四五千字的报道。我给万科季度例会上课,没有课酬,只有一个纪念品——万科杭州良渚项目的一块砖。

我对王石和万科是不是靠“舔”?有兴趣者可以搜索《橡子:金色雅筑事件能否成为万科新里程》一文。橡子是我的笔名,文章发表在2009年4月16日《第一财经日报》:

每一家房地产商都会面对交楼问题,也没有谁敢拍着胸脯说自己“百分之百OK”。从这一点看,“金色雅筑事件”并不是不堪面对的。……但是，万科是否真正从这一事件中获得教训，是值得提醒的。因为，类似问题，在万科近年来并非独此一例……业界公认，万科的建筑成本并不低，以不低的制造成本，却出现类似“金色雅筑”这样的硬伤，更值得万科反复思量，问题究竟出在哪里……

万科是靠口碑起家的。万科的高管不应该忘记他们的历史。假如他们每个人都到“金色雅筑”那些充满不良记忆的房子里去过，感受过，也许他们会重新明白口碑的力量，也许他们会重新定义万科今天的使命，也许他们会把忧患真正写在心里，把责任真正挑在肩上。

我们不知道在一个已经很庞大的万科组织结构里，来自顾客和一线的信息能在多大程度上得到真实全面的传导。但我们相信，如果在“金色雅筑”这样的事件后，万科的领导层还不能发自内心地触动一些什么的话，万科将开始远离那些多年来一直对它信任、期待、尊敬甚至热爱的目光。

中国媒体是有一些不堪与无奈。但就我25年工作经验看，大多数媒体和媒体从业者都是遵守职业准则的。大多数媒体和大多数企业在大多数时间里的关系，是正常的、健康的。污名化的想象与不恰当的贬损，都与事实不符。

上一篇文章说过，我不掩饰对万科和王石的偏好。王石和万科是开放包容的，是不怕批评甚至悦纳批评的。拿“金色雅筑”评论来说，当时《第一财经日报》已有好几篇新闻报道，再写一篇敲打万科，并非必要。因为按这种标准，其他开发商的问题就是天天写也写不完。万科知道我在写，但从头到尾，没有一个“万科人”打过招呼。

一个不粉饰太平的万科，一个尊重媒体报道权利的万科，作为媒体人，我凭什么不喜欢？

“求木之长者，必固其根本；欲流之远者，必浚其泉源。”万科今天的影响，和它从20世纪80年代就开始践行“健康丰盛的人生”、“阳光照亮的体制”是分不开的。冯仑曾说：“我们完全有理由深信植根于万科经理人当中的企业文化和价值伦理才是最重要的获胜基因。"在这一点上,我的态度和他完全一致。

因为坚持原则,不搞私相授受、乌七八糟那一套,万科在各地有很长时间都拿不到中心城区土地。不过,万科之道不孤。王石对我说过,中部一座大型城市的市府秘书长,因为爱看《万科周刊》,当万科想进入时,排除困难给出了公平竞争的机会。

很多媒体都试图采访姚振华,都没有结果。我请《第一财经日报》的资深保险记者陈天翔带信儿给他们,回答是:"条件不成熟。"中国有很多富豪,神龙见首不见尾,多年也没有哪个媒体采访过,不知道为何如此低调。但为恪守中道,"宝万之争"至今,我没有联系过王石、郁亮和万科任何人,所有采访都通过别的渠道。

关于潮汕,不是地域歧视,是呼唤开放文化。

至于我在上一篇文章中对姚振华的评论涉及对潮汕商人的批评,如果客观上给潮汕商人造成负面影响,我愿表达歉意。但对潮汕商人存在的封闭性、投机性、保守性的问题,我不改立场。

对于潮汕商人,我没有丝毫地域歧视。我想表达的意思是,如果一个地方不能发展出"非人格化的交易",而习惯于血亲、乡族、本地人的"人格化交易",这种文化不可能支持可持续发展。

浙江大学史晋川教授做过一项"非人格化交易"和"人格化交易"的比较研究。10世纪至14世纪,活跃在地中海地区的马格里布商人,在从事远距离贸易时,仅从本族商人中雇佣贸易代理商。一旦某个代理商有欺诈行为,整个马格里布商人联盟会对他集体性地进行永久惩罚。同一时期,活跃在地中海地区的还有热那亚商人。他们从事远距离贸易时不排斥与非热那亚人进行合作,为此创立了"社区法庭"以保证跨时空的陌生人之间交易合约的执行。最终的结果是,基于法治的"非人格化交易"机制的贸易扩张,比"人格化交易"机制的贸易扩张更有效率,热那亚商人在地中海远距离贸易活动中的生存历史也较马格里布商人更为长远。

看起来都是生意,但由于“非人格化交易”能够提供法治资源,所以它更持久、更健康。

请问:潮汕商人中,是“非人格化交易”更为通行,还是那张不可触摸的“人格化交易”之网更为通行?

请问:是万科、平安、华为、腾讯这样的开放型用人公司发展得更好,还是宝能这样有浓厚地域商帮和亲族色彩的公司发展得更好?

请问:深圳作为中国企业家精神之城,在这里,是依靠团队文化的公司更有吸引力,还是仰仗团伙文化的公司更有吸引力?宝能系的前海人寿2012年成立,三年下来换了三任总经理,高管换血率更高达三分之二。而前海人寿挖角时给出的薪酬超出同行30%以上,为什么高管还都像走马灯一样留不住呢?

我的答案是文化。换言之,前海人寿的生意类型不需要开放文化、不需要职业经理人制度,也能挣得到钱,靠老板的胆子和路子就够了。但是,从长远看,这些真的够吗?

个人生活与时间安排的合宜性问题

我通过阅读一周来“宝万之争”方方面面的报道,以及对很多意见领袖的采访,我的体会是,此次王石面对的挑战甚至超过2008年汶川地震时那句不合时宜的真话所引发的声誉危机。他在风口浪尖起舞,猝不及防且没有退路。

而一个悲哀的事实是,相当多年轻人并不站在他这一边。

万科是中国罕见的从理想反推回现实的公司。早在20世纪90年代,尊重生命、说老实话、做老实事、当老实人、鼓励表达不同意见,就是这家公司的文化。“人才是一条理性的河流,哪里有谷地,就向哪里汇聚。”万科员工进进出出,“二进宫”、“三进宫”很正常,在别的公司这很难想象。

最早追求公司民主化、员工人性化的王石，可能不会想到今天。当很多年轻人在网络上自由抒发意见时，没有选择挺王大哥，根本原因是王大哥居高临下。这实在是一个经济民主化、选择自由化时代的经典场景。对王石来说，30年前他倡导的理念今天反过来给了他一个惩罚。

除了股权与控制权的挑战，王石在舆论方面还遭遇了四大挑战。具体表现为：是讲情怀，还是讲商业规则、市场力量？是讲职业经理人文化，还是对所有股东承担信托责任？是讲别人不配，还是反思自己为什么不早做准备？最后，在万科董事长这个位置上，个人生活与时间安排是否合宜？

我先谈最后这个问题——董事长的定位问题。王石今天的定位是万科的历史选择。诚然，董事长兼CEO类型的企业家（如马明哲、马化腾、李彦宏、雷军、宗庆后、韦尔奇和乔布斯等）的驱动力最旺盛（有大量研究支持，我对中国企业家所做的300个样本的研究结论也是如此），但不同行业的企业在不同阶段的高管管理安排，是没有标准答案的，比如马云、柳传志、王正华等就没有兼任CEO。也有研究显示，董事长和CEO集于一身的体制，在企业绩效优越性上的表现是不确定的。这涉及集权分权的利弊问题，也涉及管理风格问题。有些企业家从早到晚呕心沥血，这是一种可贵的精神。而有些企业家，几乎没有什么电话打进来，除非他打出去。授权管理井井有条，胜似闲庭信步。该休假时就休假，该关机时就关机。这也是一种境界。不能因为王石主要在外面活动，就说他对万科不尽责、可有可无。他选择郁亮同享决策权，并把执行权交给郁亮，发挥郁亮善于管理的优势，这种AB面结构对万科可能就是最好的制度安排。

王石在接受媒体采访时曾说过："在公司创业初期，个人魅力起着很重要的作用，但是随着企业制度的建立，随着职业经理的形成，应该说，个人的魅力仍然很大的话，反而是一种危险。现在万科来讲，个人的魅力虽然在媒体面前表现得比较明显，但是实际上，万科主要是一个优秀的团队在起作用，王石个人的魅力作用是越来越小。这本身就是一个很好的事情。”

2014年时王石还对媒体说过：“实际上，这之前10年我一直在登山。那时也是一离开就两个月，并不影响万科的正常运营。现在只是登山换成了在校园学习，从通信联系上来说，其实是更便捷了。仍是登山，但不是物理的山峰，而是心中高耸入云的知识的山峰。”

就我个人而言，我喜欢亲力亲为，喜欢马明哲、马化腾、雷军式的全情投入模式，但我完全尊重王石和万科的选择。王石自觉地从“奇理斯玛型”领导人向法理型领导人的转换，既是他崇尚的制度安排，也为郁亮这样的优秀经理人打开了空间。我之所以建议王石在未来出任万科董事会终身荣誉主席，是想建议王石把万科现有的高管管理模式向前再推一步。我认为，在这个无形驾驭有形的年代，王石在“虚位”上的作用更宏观，更易于整合资源，更有利于万科的发展。当然，这里的前提是，万科董事会必须对王石的薪酬待遇“根据他的独特贡献给予特别安排”。当年，他放弃了自己唾手可得的40%股权，引领万科走上了新兴企业之路。用任正非的话说就是，“我们倡导学雷锋，但决不能让雷锋吃亏”。王石不提，万科董事会必须考虑。未来如果万科董事会解决不好这个问题，上天决不会原谅他们中的每一个。

说到个人生活，我想：王石在这样的年龄去读书(他生于1951年)，始终不放弃本源性思考，不抽烟、不喝酒、爱锻炼、爱冒险、爱读书、爱思考、爱公益，没有几个企业家比他的生活方式更健康吧？至于感情问题，家家都有难念的经，我并不认为王石是个负心人。以前，他在接受采访、回答“您太太和家庭对您的事业成功有多大的帮助”时说：“应该是帮助非常非常大的。我是1983年到深圳去的。当时我的女儿一岁，家里非常需要我照顾，我离开广州去了深圳。我太太第一表示理解，第二表示支持。女儿从幼儿园到小学、中学，一直是我太太承担着对她的教育任务。应该说,没有她们的支持和理解,我全力以赴做事情是很难的。"这话肯定是发自内心的。王石也跟我说过,那时候每个周末都坐火车回广州。后来的变化,我不妄议,只觉得长期分居对夫妻来说肯定不是好事。

怎样理解商业规则与创始人的反应

在"宝万之争"、"王姚之辩"中,很多财经精英坚定支持王石,但也有不少精英对王石颇有微词。

以下是四位中国一流金融家、企业家的看法,我认为都是很有代表性的。应他们要求,均不署名。

70后创业家,麻省理工学院毕业:

上市公司被并购很正常,你在上市那一天就要想好。你说是恶意并购,其实也是正常的商业举措。"宝万之争"是一块试金石,看我们按不按规则办事。你把别人定义成野蛮人,是不是想靠社会压力和政府干预把人家赶走?市场中最大的善意就是按规则行事,切勿将道德和情怀加于规则之上。中国主要的问题不是善意或恶意,而是讲不讲规则。古今中外,不管在政治还是经济中,凡以善恶来评价人与事,最终都会被证明是虚伪或幼稚的。一切的准绳必须是而且只是"按规则来玩游戏"。

这位在硅谷的朋友痛心疾首地在微信上对我说:"这次你肯定要掉很多粉,你和王石的关系就是双刃剑。"

50后投资家,普林斯顿大学毕业:

这是蛮简单的一个事情。王石的反应,是任何一个公司创始人都有的,动物般的本能反应。换成我也是这么个反应。宝能系的前海人寿2012年才成立。按国际惯例,人寿公司投入期很长,前8年都赔钱。一个只有3年历史的公司,哪里有可能搞到这么多来路不明的钱?印钞票也印不及啊?当然要质疑。这就好比一个面目狰狞的贼,拿着偷来的钱去做嫁妆,要买一良家妇女。甭说是姑娘父母,就是路人都会路见不平拔刀相助,更何况创始人就是那姑娘的爹。当然,王石也有错:又要当偶像,又要当公司老板最后拍板,没有在股权设置上下功夫。一说就是华润第一大股东不管管理层,这真的就好吗?

这位朋友最后微信我一句英文:“There is no free lunch in the world.”(世界上没有免费的午餐。)

60后金融家,多家金融机构领导人:

我觉得王石存在错位的问题。“宝万之争”,首先是股东对股东,而华润不表态;其次应该是董事会决策,但董事会不开。只有王石说他代表郁亮和管理层,要谈信托责任。那么,你管理层对宝能、前海人寿有没有信托责任?你以为公司是你的吗?你几十年坚持的价值观里,有没有对股东负责这一条?你说宝能系举牌万科的资金有问题,是高风险的。这我承认。这种资金供给买不买万科都是高风险的。大家风险偏好不一样。这是商业判断,胜负自担。

这位朋友告诉我,王石在深圳和基金行业见面时,因为对所有股东承担信托责任的理解存在分歧,谈得并不愉快。而万科的股价与分红表现,也不令股东满意。相比起来,平安虽然股价表现很一般但分红政策尚好。

70后投资集团CEO,海外有大量金融投资:

宝能系的保险资金规模再大也是有限的,能不能在单一项目中运用几百亿?投资额有没有超限?在海外,保险公司投资单一项目不能超过总资产规模的2%,而且欧美是把整个资产运用都算上。比如,你的股本是40亿,借款60亿,那么是按照100亿来计算。如果有表外的、配资的债务,还要加上去,也就是说要将风险全额计入投资。这是很严格的约束。我不知道中国的监管部门考虑不考虑这样的问题。我觉得浙商银行作为劣后资金的提供方,没有太多责任和风险,但宝能系风险很大。由于监管跟不上,目前看宝能系赢的概率更高。

从商业文明的角度提问宝能和安邦

保险公司大举投资不动产已经成为趋势。中国保险公司今天面临的两难是:在资产端,大资管时代遭遇"资产荒",缺乏优质资产投资;在负债端,中国保险行业的发展,不像西方保险公司主要依靠正常保险业务本身长期慢慢长大,而是通过短期高成本负债、提升保费收入规模、获得资产规模、推动公司的膨胀等手段发展——万能险、投连险都是这个背景下的产物。

这样就形成了一个矛盾:一方面是越来越低的资产收益率(以不断下降的无风险利率为背景);一方面是成本越来越高、压力越来越大的负债端(以流动性充裕为背景)。其结果是,一些保险公司看到了二级市场有一些高收益机会,可以对冲高成本压力。于是,估值相对合理的优质房地产公司就成为他们的猎物,他们不惜用10倍、20倍的高杠杆去追逐。

我无意质疑高杠杆本身,我想说的是,即使他们的行为合乎目前监管条件下的商业规则,即使我们不去追究这些资金的源流,有一点是无可否认的:保险资金"猎取"万科们的目的,不是创造价值协同,而是为了"获得";不是帮助公司成长,而是看到了万科们账上丰厚的现金储备和优良信用,可以帮助他们玩更大的资本游戏。

不要跟我说这是逆袭。我喜欢商业领域产品与服务创新所带来的逆袭和颠覆,我不喜欢资本领域"毕其功于一役"的逆袭。

也不要跟我说这是奇迹。我相信走了无数的路,积累了千万的时间,才能打造出卓越的公司。如同任正非所说的,华为靠一个“傻”字才有今天。

宝能和安邦通过正规市场的投资行为应当受到尊重。但是,靠急功近利、行妙手空空、图近功速效这样的做法,不应该被倡导。除非他们真正理解万科,尊重万科的历史和道路,成为长距离价值创造的伙伴。对这一点,安邦已经有一个表态,但更重要的是言行一致、行胜于言。

高盛多年前发布的一份可持续发展报告指出,企业的社会责任不是遥不可及的道德训诫,而应成为一种可行的经营理念。那些注重诚信、着重公司治理、重视人力资源、参与环保、符合社会道德规范的企业,更能吸引投资者的关注,更有益于提高企业的经营绩效,也更容易赢得消费者的喜爱。高盛的结论是:“更多的资产已经集中到可持续发展经营模式上,市场对眼光长远的追求可持续发展的决策者和新进企业的回报也是巨大的。这种回报绝非15年前的人们可以预测到的。”

最近二三十年来,全球管理学界越来越注重将“最大化股东价值”的经济目标和“经营造益”、“对利益相关者负责”的社会目标放在一个框架下思考。对所有利益相关者负责,是企业之善的标准。如果宝能不能向社会承诺,他们未来的方向是“万科化的宝能”而绝非“宝能化的万科”,如果他们追逐的“成功”仅是财技的成功,那么,吃下万科的那一天,就是与万科精神背道而驰的那一天。今天的中国,这一类的“经济怪物”与“怪物经济”还少吗?

我强烈建议“宝万之争”作为全社会学习“文明型市场经济”的课堂。我们社会要树立的,不是谁能得到万科这样的“所有权崇拜”,而是如何通过创新价值,通过融入社会去创造正的外部性,让我们的商业社会更加和谐和健康。

企业家精神是商业文明的核心

我高度尊重产权。它是一切商业活动能够可持续开展的前提。但言必称股东,也会使企业走向异化。

从我的研究来看,在海盗资本主义、管理资本主义之后发展起来的股东资本主义,是将股东价值凌驾于其他一切价值之上的一种公司治理模式,其逻辑的第一条是"资本的意志永远是对的",第二条是"如有异议,请参照第一条"。股东资本主义要求劳动力市场弹性化,低税制,崇尚自由投资与产权保护,对管理者施加"利润最大化"和"市场价值最大化"的压力。该模式在一定程度上有利于促进企业提高效率,有助于维护出资人权益。但美国学者迈克尔·尤辛指出,在股东资本主义时代,企业管理层被股东紧紧追逼,他们头上时刻悬着一把达摩克利斯之剑,决策的自由度缩小了,只有不断地实现股东价值,才能稳定自己的地位。

在股东资本主义社会,为实现更高股东价值而展开的生产力创新活动的确比较活跃。但弊端也非常明显,就是国民收入分配差异巨大,资方越来越富,劳方的相对贫穷化程度不断加剧,社会福利救济水平的提高缓慢,公共物品质量较差,公共服务与社会财富不成比例,投资率、储蓄率低。英国经济学家戴维·柯茨指出,在这种模式下,"积累的决策权主要在私人公司。它们可以自由地最大限度地追求短期利润目标,通过金融市场获得资本;劳动者只能享有有限的和法律明文规定的劳动所得和社会权利"。

股东资本主义,加上追求资本扩张全球化、资产形式证券化、财富表现虚拟化、衍生交易自由化的虚拟资本主义,就构成了一种新型资本形态。它抛弃了20多年前由"卓越的民族商业精英阶层,管理层对企业的稳固控制以及商界与金融机构的长期关系"所构成的体制,代表着

“全球对地方、投机者对管理者、金融家对制造商的胜利”(马丁·沃尔夫语)。我们看到,全球金融资本的规模和流动性越来越强,但所受约束和监管远远跟不上;金融资产的交易驱动型色彩越来越浓,包装、并购、买卖企业远比老老实实经营企业更受追捧;以期权、期货和互换为代表的衍生品越来越多,以“告别长仓”、“套利为王”为宗旨的对冲基金和私人股本基金大行其道……这种金融资本主义的兴起,当然有其历史必然性,但其内在弊端也是极为突出的,一旦发作就会酿成大祸,成为巴菲特所说的“大规模杀伤性金融武器”。正如芒格所言,“领头羊把所有动物带到了围栏里,等待它们的却是一场屠杀”。管理资本主义的代表性学者钱德勒1977年在《看得见的手——美国商业界的管理革命》中写道:“在进行管理决策时,职业经理人会选择那些有益于企业长期稳定和增长的决策,而不是那些使短期利益最大化的决策。”这样的风格在今天正越来越不被接受。

我希望,大家站在商业文明的立场,能够把目光收回到对企业家精神的尊重和弘扬上来。企业家精神是商业文明得以实现的关键因素。金融资本的运用只有建立在与企业家为友的基础上,才是合宜的。

我希望,资本的逐利行为,必须符合商业的理性良知、天道人心,必须有利于企业家精神和职业经理人行为的长期化发展。金融不能只谈创新不谈风险,金融也不能不谈道德。繁荣不是金融和商业稳定的护身符,理性的繁荣,和谐的繁荣,才是长治久安的文明基石。

这就是我在上一篇文章中所倡导的“基于企业家精神和商业文明的共生主义”。怀特海说:“生命要求有创造的冲动,但社会与文化必须稳定到能够使追求创造的冒险得到滋养。只有这样,这种冒险才能开花结果而不至于变成没有导向的混乱。”如果我们对于商业和金融有一种负责任的自觉,我们就会深刻地意识到限定性。经济学要更多地研究需求,也就是有支付能力的需要,而社会必须体察那些没有支付能力的需要。这就是经济学的限定性。王石们没有更多的金钱支付能力,这恰恰是商界和金融界要深入体察的。

在王石和我都喜欢看的《新教伦理与资本主义精神》一书中,资本主义被这样定义:“这种经济是以严格的核算为基础而理性化的,以富有远见和小心谨慎来追求它所欲达的经济成功。这与农民追求勉强糊口的生存是截然相反的,与行会师傅以及冒险家式的资本主义的那种享受特权的传统主义也是截然相反的。因为这种传统主义趋向于利用各种政治机会和非理性的投机活动来追求经济成功。”这是110年前的观点。难道今天我们还要赞扬“利用各种政治机会和非理性的投机活动来追求经济成功”的做法吗?

一个“美好社会”(good society)其实是它的社会成员寻求更好的社会选择,实现美好人生的过程。孤单的王石,茫然的万科,不尽责的华润(在宝能系发起攻击之初,就有良性资本希望战略性投资万科,却被华润否决),牌局输赢似乎已定。万科和王石应该反思:他们一定有盲点却未警觉,一定有自负而未自省。但是,面对宝能系这样的机会主义突击手,我们的社会、学者总该站出来说几句话,为万科这个31岁的好青年说句话。如果一定要讲规则,请揭开宝能系的资金链条再说。

王石,我知道你在痛苦之中,我也在痛苦之中。我不知道未来将向何方向演化。但是,让我们一起重复陀思妥耶夫斯基的那句名言鼓励自己吧:“我怕我配不上自己所受的苦难。”

不要责备谁,我们一如既往,坐言起行。

当你看到王石的背影你是怎样的心情

——致傅育宁书

傅育宁先生：

2016年3月14日，当你看到万科在深交所一口气连发的16个公告，其中夹了一条《关于与深圳市地铁集团有限公司签署合作备忘录的公告》，想必内心深处一定被剧烈地冲撞了一下。虽然之前，你已经知道这一刻定会到来。

3月17日，在临时股东大会上，万科因重大资产重组继续停牌一事获得通过。大会结束后，华润集团派出的代表在接受《第一财经日报》采访时，突然对万科引入深圳地铁集团的资产重组程序提出异议，表示"没有经过董事会的讨论及决议"，并说"华润派驻万科的董事已经向有关监管部门反映了相关意见，要求万科经营依法合规"。

之后，你似乎言犹未尽。3月19日在北京接受"腾讯财经"采访，表示对此事要说四句话：第一，万科做得很不错，在中国房地产业很有影响力，管理团队也很专业，我们一直支持万科发展；第二，17号临时股东大会之后，我们的股东代表向媒体所披露的是一件令人遗憾的事实，他们(华润代表)说的是事实；第三，华润支持万科发展，同时也高度关注良好的公司治理制度,一个公司要长远健康地发展,良好的公司治理结构是不能忽视的;第四,如此重大的事情在11号的董事会只字未提,第二天却签订了一个既是股权对价又是交易资产规模又是支付方式的备忘录,这合适吗?

关于你说的问题,我咨询了一些上市公司和律师,很多人同意你的立场(基于《公司章程》和以董事会之名发布的原因)。但也有一些人认为,签署不具法律效力的"合作备忘录",是董事会授予管理层的权限。至于万科是否事先和华润派出的董事有过沟通,我想肯定沟通过,但未必像你理解的那么严格。在3月11日的董事会上,万科和深圳地铁的合作应该没有作为议案正式提出过。

万科的教训

"金牌董秘"肖莉在万科任职时曾和我说过,万科非常注重投资者关系,凡是有和机构投资者沟通的机会,不管是哪里组织的见面会,她几乎从不缺席。而今,这一可能导致原第一大股东易主的事情,在沟通上是存在瑕疵的。

所以,我可以想象,当你作为一个副部级大股东,看着王石从身边走过,却没有你可能习惯了的下属对上级的"汇报"姿态,而是只留下一道背影,心情无论如何也好不到哪儿去。如果不是留英博士出身的修养和温文尔雅的气质,估计你也会像王石早年生气时那样拍桌子。1984年,33岁的王石创办万科,各种压力使他经常发脾气。那一年,27岁的你正在英国布鲁诺尔大学读博士,后来从赤湾石油基地开始,作为职业经理人一路走来。一步步走过的央企生涯让你更加内敛、出言谨慎、思虑平衡。这和王石式的随心随性确实不同。

你掷地有声的四句话说出来,让万科鸦雀无声。毕竟是大股东,毕竟是傅育宁。我想这不仅对万科,对我们所有人都是一个教训。这个教训就是:谁主宰你的命运,你一定不能忽略他!过去的路径依赖,比如跟以往的董事长是如何沟通的,统统不能算数!

我一直认为,华润作为股东和万科管理层二者是一种绝配。互相都是彼此的最好选择,除非管理层能自己主导自己的命运。当年王石做出了最大的放弃,也就注定了在未来某一刻,万科登峰造极之时个人命运的坎坷。他当初遇到华润,是管理层的运气。自2000年华润通过受让"深特发"持有的国有法人股(占万科总股本8.11%),再加上华润旗下北京置地所持的万科B股(占万科总股本2.71%),成为万科第一大股东。华润的最高领导人在公开场合从未批评过万科,而你开了先河。很明显,在你认为的是非问题上,你是不妥协的。

你已经通过媒体给了万科信号,就是华润在万科重组问题上有强烈的存在感和话语权。不知道华润在万科接下来的重组环节中将扮演什么角色?在姚振华逐鹿万科时,华润没有什么有效和有力的反制措施。姚的"钜盛华"多次举牌后,华润才增持了0.23%。我还听说,姚振华行动不久,别的买家想进场当第一大股东,华润也反对。只是没想到姚振华"杠杆化"短期资金的能力那么强,三下五除二,在你眼皮底下就坐上了第一大股东的位置。

我不知道万科管理层有没有仔细思考过你说的这四句话。我建议他们学一学,汲取教训,甚至可以把华润官网上的25篇"傅博士观点"全部拿来学一学。当我读完,我发现傅育宁并不只会"救火",也在竭尽全力促进华润的再出发、再燃烧。我特别建议万科管理层读一读你在2014年4月30日华润集团反腐倡廉会议上的讲话。其中谈到的商业领袖和现代企业治理结构的关系,我觉得很有启发。

商业领袖的专业经验、商业判断乃至人格魅力,都是独特的、稀缺的资源。有时候,商业领袖可能看得更远一些、更深一些、更早一些,他的判断一时可能不为大多数人所理解、接受、赞同,但出于公心与责任心,商业领袖坚持自己的判断,强力推行某些决策,也是良性的"强势”。所以,不能通过领导人强势与否判断对与错、好与坏,而应该将其放到现代企业治理结构这样一个视角中去考察。第一,要看商业领袖自我定位是否准确。现代企业制度中,委托代理制是基本性质,我们不是股东,不是老板,只是受托管理资产的代理人。我们的权力、利益都是有契约明确规定的,除此以外的剩余控制权、剩余收益权并不是我们的。对此必须要有充分的认识。第二,要看商业领袖是否能自觉地接受制衡。现代企业治理结构本质上就是一个制衡的结构,商业领袖既要有发挥作用的自由空间,又要自觉地接受制衡,要尊重制度、尊重程序,严格决策规范。第三,要看商业领袖是否能德才兼备。现代企业治理机制给了商业领袖充分的决策权,越是给了商业领袖这样大的自主决策权,越是对商业领袖的“德”提出了更高的要求。没有“商德”、“商才”可能就会偏离轨道。实际上,哪些决策是出于商业判断强势拍板的,哪些决策是掺杂了个人利益强硬推行的,周围人、投资者看得很清楚。

万科不是华润,是深交所第二家上市公司,长期在众目睽睽之下受监督。这是市场化、阳光化的力量。企业家报酬拿在明处。不行贿,说到做到,没有谁能逼着他们行贿。

但无论如何,我都希望万科的管理层能反思和华润在沟通中存在的问题。管理层不拥有企业股权和控制权,只有经营权。这是万科的既定现实,只能建设性地应对,包括和姚振华的沟通,同样无法回避。

给华润的建议

作为独立的财经观察者,看到你说万科的四句话,合乎逻辑,无可挑剔。但是放在一个更大的视野和历史背景下,我也想说两句话,供你在接下来的决策中参考,不受一时的心绪影响。

第一句话是:万科的成功有华润之功,但最大的功不是控股和控制,而是不控股和不控制。

从最初介入万科起，华润目标就是控股。无论是2000年试图通过万科向华润增发B股的方式，还是2001年华润希望将旗下北京置地44%的权益注入万科、万科再按对价增发A股的方式，都是要达到控股万科50%的目的，可惜都因意外而流产。毫无疑问，华润是一个好股东，曾在华润旗下华远地产担纲的任志强就抱怨说："华润集团作为大股东不惜严格限制华远地产的开发权利，来支持万科的扩股增发与发债。这也是最终造成我与华润分手的原因之一。除了在资金上给（万科）以支持之外，还在管理制度、文化和发展战略上给以支持，并给了管理层充分的信任和决策权。甚至想让华远地产与万科合作，重组一个中国最大的地产公司。"显然，华润是一个有抱负也能包容的股东。

但是，万科成功的第一要素是什么呢？我认为是以王石为首的具有企业家精神的管理团队。王石有华润这样的股东，"深特发"时代上了一个台阶。而华润有王石、郁亮这样的经理人，更是华润的幸运。

宁高宁在王石所著的《道路与梦想》的序言中曾说："交易驱动、投机型业务是20多年前中国企业创建时主要的经营思维和商业模式，王石在创建万科时也是从倒卖开始……可不同的是，王石当时在万科种下的这颗种子在基因里是颗树种子，不是草种子，内在的力量使其不断地学习、探索、改变、提升。如果今天来看万科，我觉得看他的改变和调整比看他的成就重要，看他对自己信念的坚持比看他在企业管理上的一些技巧重要。"

万科是"树种子"，所以才能长成参天大树，而华润本身就是一棵参天大树。华润旗下有不少好公司，中国没有几家央企在经营管理的现代化程度上能超过华润，这和华润长期在香港经营有关。但是恕我直言，华润内部是长不出万科这样的大树的。万科的背景远远不如华润强大，却创造出比华润旗下公司更持久、更优秀的发展业绩。这也证明了你的观点："人是最重要的资源"，"资金、规模、生意模式这些要素十分重要，但最根本的还是在于企业拥有怎样的团队，更在于这些人的素养和精神”。

我认为,如果当年万科真的被华润控股,万科可能不会发展得像今天一样成功。万科即使能拿到更多的好地,也不会像今天一样令人尊敬。

在充分竞争的领域里,华润尊重企业家精神和经理人文化,所以万科得到了好的发展。今天,你说会支持万科及其管理层,希望说到做到,而且长久做到。

育宁董事长,我说了这么多,其实就一个意思,不控股,不控制,给万科团队一如既往的支持和宽松爱护,是华润最明智的策略。

第二句话是,即使华润失去了万科第一大股东的位置,也不是什么羞辱,可能更是光荣。

华润旗下有消费品、电力、地产、水泥、燃气、医药、金融七大战略业务单元,15家一级利润中心,近2000家实体企业。其中很多是通过对地方国有企业的并购而获得的。在上一轮中国经济的景气周期,华润凭借央企优势和资金优势不断并购,促进了资产规模的迅速扩大。但在中国经济结构调整、产业转型的新时期,华润自身的压力在不断增大。你的多篇讲话也充满了忧患意识,认为有些扩张太过激进。从全球经验看,即使是GE这样以多元化著称的集团,都在追求精益化改造。在这样的背景下,我认为华润明智的战略选择是,聚焦核心业务,而在其他领域做减法。直白些说,当年争做万科第一大股东是对的;今天急流勇退,不强作万科第一大股东,也是对的。

如果是在国企改革的大背景下思考,我觉得华润对万科更无须志在必得。当年几个亿的进入成本,现在是200多亿市值,回报已经很不错了。华润又不注资,也不可能并表,何必对第一大股东的名声那么在乎?你从留学回国就在深圳和香港这样高度市场化的地方工作,和王石、郁亮相熟,你们的语言也基本一致。趁着你在位的时候,还可以理智地处理华润与万科的关系。如果你高升、调任或退休,谁能保证你的继任者对万科还有深刻了解?作为央企大股东,说不定三天两头就要郁亮去汇报工作吧。

截至2016年2月末,国有企业资产总额120万亿元多一点,同比增长15.6%;负债总额近80万亿,同比增长17.9%。央企资产总额65万亿,同比增长18.3%;负债总额44.3万亿元,同比增长22.6%。整个国企、央企的绩效仍在下滑,负债增速快于资产增速。在我看来,国企、央企的主要工作,不是继续大面积扩张,而是迅速改革,有保有收,“更多投向关系国家安全、国民经济命脉的重要行业和关键领域”,别的地方要收缩。不收缩就无法握紧拳头做该做的事。国企凭借事实存在的制度和政策优势在竞争性领域“翩翩起舞”。某些国企刚拍了一块地转手就倒给民营企业,赚取资金成本的差价。这种“挤出社会资本”的商业模式合理吗?不该改吗?松松手吧!

经济学家陶冬2015年写过一篇轰动性文章,其开头是这样的:“一家大型国有企业董事长,近月在办公室装了一架带有电视的跑步机,每天上下午各跑两个小时,据称已经看了70多套电影。这家公司除了部委指定的项目外,近月没有主动参加过一次投标。公司自己的招标项目,也没有其他公司来投标,民企不敢参与,国企懒得参与。‘不作为’像山火一样在国营企业和地方政府中蔓延,而且中央不少部委也出现了同样的怠政倾向。对本来就内需不足的中国经济,可谓雪上加霜。”华润当然不是这样,它的存在让人们对央企仍有信心。但以你对华润的真实了解,过去这些年,不也投了一些不符合市场规律、带有行政化色彩的项目吗?华润今天的士气不仍然需要你不断讲话、大声疾呼吗?

宁高宁拿下了万科第一大股东的位置,在他那个时代是光荣的。你从容对待华润所持万科股权的变化,得固欣然,失亦泰然,也是一种光荣,而不是羞辱。

寻找更合理更具持续性的安排

富民强国是近世以来的中国梦。但从洋务运动开始的中国工业化历程启发我们,权力集中型的计划体制所造就的企业形态,无法帮助我们圆梦。因为它无法对消费者快速变动的需求做出灵活反应。"上面抢权力,下面无所适从。"这种教训太多了。而只有基于企业家精神、激励相容的体制机制,才是更合理、更具持续性的安排。

我希望万科的管理层在这场波澜起伏的股权纷争中,深刻体认到股东权力的意义。从公司治理的角度来说,管理层的位置不是永恒的,外来的挑战是好事。股权有一定程度的流动性是对管理层的倒逼与推动。"温水煮青蛙"不仅是国企的常态,混合所有制企业也可能存在。华润从来没有对万科说一个"不"字。这对万科未必最好。如果华润凭借它的经验和视野,提出管理改进和行业对标的建议,对万科只有好处。

同时,我们更应该看到的是,中国公司的治理矛盾,主要体现在国企至今无法建立起激励与约束并重、自主负责、市场检验的长效机制。就此而言,是让他们更多地扩张、保有,还是收缩、放弃?我的选择是后者。

育宁董事长,前几天王石在一个演讲中谈到前中建总公司总经理、中海集团创始人孙文杰的故事。他说,中海从建筑公司进入房地产开发,一进来就出手不凡,成了万科效仿学习的榜样。中海本身建筑工程出身,当时在设计、建造、成本控制、质量把握等方面,比万科高一个档次。1997年香港金融危机,中海在香港的上市股票跌得一塌糊涂。王石通过中间人和孙文杰见了一面,建议万科和中海合并,但被婉拒。后来万科制定了"海盗计划",挖了中海一批干部到万科,而孙先生很得意地说他们很多干部到万科都被重用。现在真正在影响中国房地产界,可以说能顶半壁江山的骨干都源自中海。孙文杰是一个国企干部,但没有受制于国企的局限性，反而在这种局限性中打造成一支守规则、有技术、懂管理的队伍。

和你分享这个故事，是想说，虽然你可能对万科和王石感到不快，但今天你也有一个成为孙文杰的机会。我知道这对你并不容易，但正如你曾引用过的诗句——“吾心自有光明月，千古团圆永无缺”，相信在万科的重组过程和未来发展中，你会以博大的胸襟做出对得起内心、对得起历史、对得起华润和万科的抉择。

“万宝华之争”：中国商业何时能够走出迷局

从2015年12月“宝万之争”浮出水面至今，我一共写过四篇相关文章，分别是《我的朋友王石，善和大意的代价》、《再谈我的朋友王石，以及商业文明视野中的宝万之争》、《致王石书：当您在说社会主义和国营企业时，您想表达什么？》以及《致傅育宁书：当你看到王石的背影你是怎样的心情？》。自从宝能系成为万科第一大股东之后，我和王石没有见过面，也没有通过电话或微信联系。我的文章对王石有肯定也有质疑（特别是《致王石书》）。我虽自信立于中道，但想到王石受伤，私谊受损，我在创作中也不止一次洒泪。

2016年6月23日，“宝万之争”已正式演绎为“万宝华之争”。而傅育宁和姚振华，原本成色不同、纹路不同的两双手，紧紧握在一起，成为万科经理人难以逾越的屏障。“王石出局”的声音更是响成一片。宝能加华润，握有接近40%的万科股权，加上安邦的6%，近半数股权。在半数股东通过即生效的那些议题中，假如宝能和华润联手，足以予取予夺了。

就在6月26日下午，这篇文章基本写完的时候，万科公告了第一大股东宝能系的最新要求:向万科董事会提请召开临时股东大会,议案是罢免包括王石、郁亮在内的现任10名董事和2名监事。万科称,公司将于近期召开董事会,审议这一请求。

王石在微信朋友圈连发过两条微信,一条针对华润与宝能联手:“当你曾经依靠、信任的央企华润公开和你阻击的恶意收购者联手,彻底否定万科管理层时,遮羞布全撕去了。”一条回应自身谢幕之传言:“人生就是一个大舞台,出场了,就有谢幕的一天。但还不到时候,着啥子鸡(急)嘛!”

65岁的王石,一代英雄的悲凉、无奈和刚毅,跃然而出,令人动容!

不和谐的对抗气息

在宝能系提出罢免现任的董事、监事之前,人们更多的是关注某些具体问题的争议,比如摊薄,两块地的估值和对价方式,增发价格,等等。

在我看来,这些问题并不是万科版重组方案被傅、姚否定的本质性问题。但凡股票增发,基本都会在短期内摊薄原股东每股利益。关键是看股票增发后能否促进企业未来发展,增厚股东利益。考虑到万科2015年与2016年的强劲增长,预计到2017年增发完成,从大概率说,每股收益不会出现下降。两块地,华润当成单一项目,万科当成开启“轨道+物业”紧密合作模式的风口。角度不同,自然各有各的道理。增发价格,15.88元相当于定价基准日前60个交易日万科股票交易均价的93.61%,为什么不选定价基准日前20个交易日的价格?彼时的背景是,宝能系拼命增持,令万科股价猛涨,而自万科A停牌(24.43元)到2016年6月的大盘指数跌了差不多20%。对万科净资产的估价和折让的合理性(一季报显示归属上市公司每股净资产为9.12元),华润通过市场一般采用的公允价值而非历史成本法提出了21元的估值,但一些券商通过对同类企业的测算比较(股价/公允价值),认为万科15.88元的增发价也不算低。

以上诸事,各方看法不同很正常,就好比两个人做生意,你想做成和你不想做成,出价必然存在差异。我一直觉得不正常的,也是几乎所有人都能明显感受到的,是跳过这些具体争议,弥漫在“万宝华”三者之间不和谐的对抗气息。

作为两大股东,华润和宝能最近有一连串对万科管理层说“不”的联合行动,措辞都“义正词严”。股东依法依规追求自身利益,天经地义,然而我们不但没有看到股东对于“管理改进和行业对标的建议”,也没有看到他们对万科在资本结构方面具有建设性的新设想。反而是“做掉王石”、王石的“失败”以及为什么“失败”等言论成了这一轮“万宝华之争”的最大看点。这种掺杂了意气之争的氛围,将使得接下来的任何重组方案都会徒增风险。

说“不”是容易的,但究竟什么是“是”?是非标准是什么?这是我在本文中希望探讨的核心命题。我的立场一以贯之,还是会回到商业文明和企业家精神。

万科之争,姚振华争什么?

万科是一家透明的好公司。“瘦田无人耕,耕好有人争。”这么多势力角逐万科,本身已经说明了它的价值。但同一个万科,每一方所争的内涵并不相同。宝能、华润、深圳市、管理团队,包括我,以及每一个万科的利益相关者,我们心里都有一个自己的万科。

我先说姚振华。我们以历史的眼光来看,姚振华是万科投资价值的发现者。他争的万科,是资产升值和套利机会。如果他能主导万科,万科不仅成为赚钱分红的实体性工具,也将成为金融运作的资本化工具。

我在以前的文章中已经指出，保险公司大举投资优质地产公司，这是在“资产荒”、优质稳定的资产更“荒”这一背景下的必然趋势。姚振华们看到了资产端的机会，于是采取短期的高成本、高杠杆负债方式，去实现资产扩张。除了基础的保险资金，姚振华几乎用上了资本市场的所有杠杆工具，如融资融券、收益互换、基金公司资管计划和股权质押。前海人寿保户投资款的新增缴费来源，基本是期限很短的万能险保费，和传统寿险期限完全不是一回事。

保监会不是看不懂姚振华们从负债驱动迈向资产驱动的风险，利率下行和期限错配的风险。但对保监会来说，扩大险资影响力和对上市公司渗透力显然更加重要。如果保监会对姚振华像深交所对万科那样锱铢必较，把宝能系的杠杆化且具有扩散效应的资金链弄得明明白白，说不定会吓一大跳。

2015年姚振华为什么一定要当第一大股东？我的答案是：不当第一大股东，不实质性介入董事会，就无法在万科上玩金融，而这才是他的拿手好戏。

2015年姚振华被万科管理层拒绝“当老大”为什么沉默不语？我的答案是：因为他知道只有自己玩不动万科，如果和管理层闹僵，弄得鸡飞蛋打，他的投资很可能达不到预期收益。一旦股价跌破买入价，宝能系的层层杠杆可能会迅速爆掉。而现在，姚振华要说“不”了，要出口气了，因为华润说“不”了。他和傅育宁握手后，万科管理层要闯关必须修正重组方案，他将是直接受益者。

姚振华自以为很聪明，提出罢免董事时特意把华润的三位也捎上：“你看，我针对的是整个董事会，不是只杀万科一方的董事！”

姚振华是有投资眼光和魄力的。但他如此之急、不留余地地出招，我猜是他心里也很慌。假如万科股价下跌，他的压力最大。而万科产生不了重组方案，股价下跌几乎是必然的。想玩一票大的资产，但估计也没有料到会折腾成这样。

万科之争，傅育宁争什么？

自2000年华润通过受让“深特发”持有的国有法人股(占万科总股本8.11%)，再加上华润旗下北京置地所持的万科B股(占万科总股本2.71%)，成为万科第一大股东后，华润和万科之间不曾“开战”过。

华润从最初介入万科起，目标就是控股。王石也一度说“卖掉万科”，希望为万科找个好婆家。无论是2000年试图通过万科向华润增发B股的方式，还是2001年华润希望将旗下北京置地44%的权益注入万科、万科再按对价增发A股的方式，都是要达到华润控股万科50%的目的。但这些都因意外而“流产”。

由于无法控股，也由于对万科团队的充分信任，华润在万科的发展过程中扮演了“积极不干预”的角色。这是万科成功的基石之一。在很长时间里，选择相信管理层就是华润对万科的战略。今天，华润要“积极干预”了。积极干预的第一步，就是否决万科提出的重组方案。

华润完全可以通过自己认为理性的测算，提出重组方案，主张股东权益，我不能理解的是：华润为什么选择了“否定式”，而且这么“积极”？

今天的华润到底有没有一个关于万科的战略？有没有专业负责地研究过？万科对华润意味着什么？万科和华润的地产业务是何关系？怎么看待万科的价值，如何进一步提升万科的价值？

我的感觉是没有，或者说，“以最小持股比例当第一大股东”就是华润的想法。否则，在万科股价极其低迷的时候，华润为什么不增持？在万科经理人发起合伙人计划后，华润也没有增持。在姚振华逐鹿万科时，华润几乎没有什么反制措施，“钜盛华”多次举牌后华润才增持了0.23%。姚振华发起行动后，据说也有别的买家表示希望成为万科第一大股东，华润表示反对。

华润很会反对，但不知道华润想怎么做？万科今天的重组僵局，华润难辞其咎。华润公告给人的印象是万科没有积极汇报。其实姚振华动手又不是一天两天,买到24%以上的股份是需要一个过程的。华润是万科第一大股东,这个过程中你就这么不在乎?不采取断然措施?

根据我的了解和判断,华润最近开始考虑如何实质性介入万科的管理,并做出一些人事考虑和资产重组的考虑。之前,华润口口声声说万科的团队不错,但最近的言辞风向已改,似乎有“离开你们也无所谓”的气息。

如果时光倒流,再选择一次,王石是否还会选择华润?

而放眼未来,还会不会有创业者主导的企业愿意让今天的华润当大股东?

万科之争,我所争的是什么?

万科之争中,我最看重的是商业文明视野中万科的价值。我在以前的文章中写过:“不是说万科无可挑剔,也不是说样样都无懈可击,而是说,王石和万科在这样的历史场域里,在这么漫长的时间考验中,始终坚持了一些最基本的商业伦理和理性逻辑,始终走在阳光道路上。”“善是万科的灵魂,善就是走正道,走阳关道。”

曾几何时,万科不过是一家极为普通的多元化公司。但万科在规模很小的时候,就立下了不行贿的底线、健康丰富的愿景和改良社会的雄心,并凭借专业主义和不懈的努力,在多年后成为全球最大的住宅开发企业。截至2015年年底,万科管理住宅社区843个,管理面积约2.1亿平方米。

请注意一个数字:2015年万科的纳税额是323亿元,相当于每天纳税8849.3万元!323亿元的纳税额是个什么概念?我们做一下对比,2014年华为纳税337亿元,2015年阿里巴巴纳税178亿元。

前两天读了万科的《企业社会责任报告》,看它如何界定自己的愿景、宗旨与核心价值观，如何界定“三好”住宅，如何阐述万科的经营之道、环境之道和社会之道。万科提出，“不满足于只为客户提供合格的产品与服务，而放松对审美、环境、社会价值的追求”，因为“企业作为一种大型组织，集中拥有资金和组织资源，可以用较小的成本做出引领社会的行动，形成永续发展的风气”，即使“我们不能遽然改变社会”，“但是我们可以渐渐改变自己，因而可能会改变我们的家庭，可能改变我们的公司，以至于对我们的社会带来积极影响……这是时代赋予我们的责任”。

记得2006年、2007年的时候，我有一次采访段永平。他说在A股只重仓了一只股票，就是万科，原因是“万科很诚实，很本分，做的和说的差不多”。段永平是一个很挑剔的人，万科论利润率在房地产公司中不是最高的，但段永平要买的不是一天两天的回报，而是要买一份长期的放心。我理解，这是万科这样的企业所具有的“文明溢价”。

我要争的万科是哪一个？是在阳光照亮的体制下，持续增长、创新领跑，主动担当社会责任的万科。

“公司之公司”：究竟是谁价值创造的核心？

如果把公司看作是由一系列要素组合起来、展开有价值的创造活动的一个组织，那么它的关键问题在于：这些要素的组合结构是怎样的？这就是关于公司治理的结构。其核心是股权结构，我把它称为“公司之公司”。

今天的万科仍在正常运作，但它分明陷入了一场“公司之公司”的危机，就是股东矛盾的危机。股东之间的信任已经支离破碎。在此背景下，万科仍运转良好，且业绩表现更为优异。这既显示了万科经理人文化制度的特有魅力和抗压能力，可能也让一些人感到，万科离了谁，照转不误。

在历史上，有多种关于公司控制的模式。比如有学者何自力曾指出，在资本主义股份公司形式产生的400多年时间里，资本占有关系的实现方式经历了家族资本主义、经理资本主义和机构资本主义（非个人的机构法人成为公司股票的主要持有者）三个阶段；相应地，公司所有权和控制权的关系也经历了由统一到分离、再由分离到统一的“否定之否定”过程。

一个企业，作为社会主义市场经济体制建设的一部分，其治理与发展经历了曲折的进步过程。有一次我去北京和陈东升先生（泰康人寿创始人）交流，他说1992年邓小平发表南方谈话后政府出台了两个文件：《有限责任公司暂行条例》和《股份公司暂行条例》。这成为此后的《公司法》和《合同法》的雏形，标志着中国的现代企业制度之始。在这之前创业的企业家，有“鲁冠球模式”（乡镇企业，后来转制）、“柳传志模式”（国有企业，后来管理团队先享有35%的分红权，再出资变成股权）、“张瑞敏模式”（集团今天还是集体企业，但下面的公司实现股权多元化）、“仰融模式”（自己做起来，又带上一个红帽子）、“褚时健模式”，还有就是“王石模式”。陈东升说：“我推崇王石，万科是国有企业，做成了中国、世界最大的房地产企业。王石有各种机会把万科变成他的公司。他可能也想，也可能没想，但最后的结果，他是高尚的，我们是庸俗的。”

在陈东升看来，中国产权革命的第一步是可以依法发起多元持股的公司，第二步则是2000年前后，由“海归派”引进，公司创始人可以将自己的人力资本价值作为出资，直接成为股东。前一步，公司有创始人，但创始人不是股东；后一步，创始人即股东，出钱不出钱都可以成为股东。

“从这个意义上讲，‘84派’企业家关键词是厚重、悲怆，是事业导向，加上个人成就导向，但不是财富导向和产权导向。‘92派’企业家关键词是责任、成功，到了2000年的‘海归派’，则以新锐、阳光著称。这是不同产权制度下不同的企业家特征。”陈东升说。

在王石那个年代,他的选择是放弃股权,而在一个更为分散和均衡的股权结构下,充分发挥团队的自主权,成就一番事业。他因此成就了万科,但也埋下了危机的根源——万科管理层无法主导股东,而会被股东主导。万科管理层因为能够持续不断地为股东创造价值,使得资本争相追逐,但当资本得手后,管理层却面临命运不在手的窘境。

我们曾经看到过各种公司治理问题,比如所有者虚置、大股东掠夺、内部人控制、经理人败德以及恶意收购等。我高度尊重股东权益,但我也高度重视一个问题:即公司价值创造的核心究竟是谁?答案因不同的行业和发展阶段而不同,但毋庸置疑管理团队的作用越来越得到重视,比如给管理团队更多投票权,不断给管理层增发期权等。

巴菲特先生被誉为迄今最伟大的投资家和收购大师之一。有学者询问了80位伯克希尔公司子公司的CEO。大多数受访者称,收购后公司在治理方面几乎没有出现重大变化,自己的公司在伯克希尔旗下甚至比它们继续保持独立时还要好。受访者将此归结为伯克希尔的品牌价值和资金实力,以及伯克希尔让这些CEO重点关注公司长期表现,鼓励他们把眼光放长远,把重心放在诚实、正直、长期发展和客户服务上。调查表明,巴菲特一直采用的风格是“放权但不放任”,巴菲特不插手公司的事务,CEO每个月向总部提交财务报表,每个月或者每个季度会和巴菲特通一次电话。一位CEO说:“别人绝不会给子公司这样的自由。”

强大如巴菲特,尚且如此尊重所投资公司的经理人团队,可见一个公司的价值更多的是由那些无形资产决定的。人、文化、品牌、专业能力、顾客美誉度——这才是企业最重要的资产,而且需要长期沉淀才能真正形成。姚振华想要罢免的就是这些资产的人格化代表。

以前已经写过,再次重申一下:我希望,一个企业站在商业文明的立场,能够尊重和弘扬企业家精神。企业家精神是商业文明得以实现的关键因素。金融资本的运用,只有建立在与企业家为友的基础上,才是合宜的。

孤立主义者王石的光荣

从“宝万之争”开始，似乎只有王石一个人在为万科呐喊，借着他的自媒体。万科本届董事会任期三年，从2014年3月28日到2017年3月27日。也就是说，董事会将会在2017年举行改选。我的猜想是，王石已经做好了一切准备，他代表着万科的职业经理人立场，但他不想牵连任何一个个人。他以一己之力让这场争执变成公众议题，而公众关注将最大限度减少那些投机性力量的随意。他为万科的利益牺牲了很多名誉，但他已经毫不吝惜。设想一下，如果没有王石的呐喊，任由姚振华长驱直入，万科还是万科吗？

为了写这篇文章，我查阅了王石最近的一些观点。他在2016年2月的亚布力年会上谈到原罪问题。他说，现在一谈到赚钱就是不法行为，商人被假定为偷税者、违法者，“我可以在这儿说，从创业到现在我以交税为荣……我是把交税当成我的一个能力，但是绝对没人相信，就像我说没有行贿也没人相信，假定你就偷税，一治一个准。这是中国的传统问题，一弄一个准”。

理想主义者以及放弃个人股权的牺牲者王石，他对中国商业的最大贡献和价值在于，当别人总认为诸事行不通时，他践行了现代的、文明的、以人为本的价值观。万科这个作品就是最好的说明。

王石终会离开万科。但作为万科乃至整个房地产行业的精神之王，他将永远不会出局。即使华润和宝能驱逐了他，他的精神也会长存。精神不死，文明不死，自由与尊严不死。

在我的文章初稿中，最后一个小标题是：“深刻的和解，基于深刻的理解”。我原本希望，万、宝、华都能以更广阔的视野和包容心，反躬自省，放下成见，放下怨戾，为构建一个更有想象力的万科各尽其责。包括王石在内,万科有很多值得反思的地方。万科有条件变得更好,更精益,更有力。我把这看作中国商业的新觉醒。我原来的标题就是:"'万宝华之争'与中国商业的新觉醒"。

然而当我看到宝能系的罢免议案,并看到王石在网上成为讥讽和责难的对象,我意识到自己太天真了。中国商业面临的不是新觉醒的问题,而是何时能够走出迷局的问题。

这个迷局,就是成王败寇的黑色森林迷局。

女儿在她微信里贴了一张照片,上面全是文字:"为什么喜欢薛之谦?大概是因为他不曾被这世界温柔以待,却依然能够善待这个世界。"我不懂薛之谦,但我想到了王石——他曾一次次被孤立和讥讽,今天甚至面临被驱逐的危险;他像摩西一样把他看到的迦南美地的图景告诉人们,至于人们愿不愿去,他并不强求。在这个世界上,恶的力量有时会通行,伪善的力量有时也会通行,而在我眼中和我心里,王石是这样的人:他从来不以恶与伪善对待这个世界。

万达式扩张狂飙该歇歇了

——兼论中国企业家的“最大”文化

王健林先生：

在中国的商业世界里，如果说外星人马云是“天上的王”，您就是“地上的王”。你们这两个“王”经常有些无伤大雅的口水战，你俩的首富之争则是媒体经常拿来娱乐的话题，顺带着还普及了“以市值论财富”的财经知识。你们也是好朋友，所以当一个叫作“顶尖企业家思维”的微信公众号冒用您的名义，发布题为“王健林：淘宝不死，中国不富，活了电商，死了实体，日本孙正义坐收渔翁之利”的文章后，万达集团不仅向国家网信办举报侵权行为，而且向法院正式提起诉讼，索赔1000万元。有朋友说这是一个威慑性数字。是的，对一个小小的自媒体来说确实如此，但按照“2015胡润百富榜”，1000万元只相当于您和马云身家近十万分之三，就是再加个零也不抵您的名誉于万一，如果名誉可以等于财富的话。

万达不愧是一面旗帜

在和您讨论问题之前,我先向您表示两重敬意。

第一重是因为您的成就和企业家精神。从1989年主掌万达起,您夙兴夜寐,将万达发展成“世界最大的不动产企业,世界最大的五星级酒店业主”,“中国最大的文化企业、世界最大的电影院线运营商、世界最大的体育公司”,“中国最大的网络金融企业”。万达喜用“最大”,我未核实。但相信从规模上讲,相去不远,因为在很多领域,“中国第一就是世界第一”,比如钢铁、水泥、煤炭、氧化铝和很多制造业。虽然如此,但如您曾接受媒体采访时所说,您能成为亚洲首富,“首先是自己的勤奋和战略,内因是起主要因素的。如果不说自己是主要因素,那就是胡说八道!中国十三亿人怎么你就冒出来了呢?”对您62岁了还像个小伙子一样“每天准时6点起床,7点10分到公司,基本上雷打不动,前后时间差不超过5分钟”这样的拼搏精神,我表示敬佩。

万达的成就还表现为管理上的不懈努力和突破。我看了2012年9月您在哈佛大学教授俱乐部的演讲视频,您提到万达发展这么快,主要原因是商业模式领先、信息化水平高、执行力强、赏罚分明。万达最著名的管理模式叫作模块化管理,把一个商业地产项目的开发按时间分成300多个节点,每一步每一个相关业务部门做什么,都有严格规定。这些节点分为三级:总裁、副总裁关注一级节点;系统关注二级节点;项目公司关注三级节点。每年11月把第二年每个单位、每个人、每天的计划事项都录到系统中,这个信息系统会自动考核,如果到时间没有完成进度会亮黄灯警示;如果规定时间内没有把功课补上,就会亮红灯。一旦亮红灯,相关责任人就要被扣分,分数会与收入挂钩。2015年你们又开始推动BIM工程管理,把建筑信息模型移植到工程管理中,试图实现工程项目全周期的智能化管理。我去过哈佛大学商学院,知道某些中国企业所谓的哈佛演讲和哈佛案例有些猫腻，但万达的管理经验得到哈佛关注是真的，否则您2015年10月在哈佛大学公开课就不会开讲，而哈佛校长德鲁·福斯特也不会邀请您担任哈佛国际顾问委员会副主席。

万达员工高压力、高绩效，待遇很不错。根据万达商业地产2015年的半年报，万达商业有61989名全职员工，上半年薪酬总开支为46.45亿元，计算下来人均月入差不多1.25万元（假设兼职员工可以忽略不计）。你们提前"全面小康"了。

我对您的第二重敬意，是您不断否定自我、勇于促进企业转型与创新的精神。最典型的案例就是万达集团2015年工作报告提出，2016年万达集团收入2543亿元，同比2015年将下调12%，万达商业2016年计划收入约1300亿元，其中房地产合同收入约1000亿元，相比2014年万达合同销售金额1601.5亿元和2015年的1640.8亿元，降幅约为40%。显然，您希望万达"成为世界首家大型房地产企业成功转型为服务业企业的样板，希望到2016年年底万达不再被人们视为房地产企业，而成为综合性服务集团"。

虽然我们没有交流过，但当我看了关于万达的诸多资料后，我承认，万达不愧是中国房地产业的一面旗帜。

我如何理解财富和GDP

我为什么要写这篇文章呢？我先从2016年1月在硅谷的一点感悟讲起。我的一位大学同学柳蕾，1988年赴美留学、90年代初就在硅谷工作和居住，有天陪我在斯坦福大学边上的一个购物中心边走边看。整个购物中心只有一个在建工程，围得严严实实，一台不太高的塔吊机鸣叫着。柳蕾说，这里建个工程真不容易，反对的人太多。接着，她讲了自己家的一个故事。

柳蕾在硅谷有个别墅,90年代买的。园子里的小路是混凝土的,她不太满意,找了个机会请墨西哥裔的工人铲掉,花了一两千美元。这时问题出来了:不知道把建筑垃圾倒到哪里去。工人出去打探了半天,附近竟然没有允许倾倒建筑垃圾的地方。最后问了一个地方,但是需要两三千美元才肯接受和进行处理。柳蕾说:"真是想不到啊!早知道这样就不拆了。"

那天我和柳蕾聊了很久。她是当年我们班的班长,非常优秀的上海姑娘。她说:"不让你随便倾倒,是要你建的时候就建好,少给环境添麻烦。这是这里的建筑哲学。我们这代人,越来越多的华人都在回中国,中国的机会实在多。但我这样的,可能回不去了,觉得中国太吵太闹了。这里虽然变化不大,但给自然留出的空间足够多,心里安逸。你看那些建筑,没有哪个是夸张的,好像都安安静静掩藏在自然之中。"

2003年12月,我在《南风窗》发表的《GDP先生的讲述》中,以第一人称的方式,有过这样的描述:

一位德国学者和两位美国学者在合著的《四倍跃进》一书中,有过这样的描写:

"乡间小路上,两辆汽车静静驶过,一切平安无事。它们对GDP的贡献几乎为零。但是,其中一个司机由于疏忽,突然将车开向路的另一侧,连同到达的第三辆汽车,造成了一起恶性交通事故。'好极了!'GDP说。因为,随之而来的是救护车、医生、护士,意外事故服务中心、汽车修理或买新车、法律诉讼、亲属探视伤者、损失赔偿、保险代理、新闻报道、整理行道树等等,所有这些都被看作正式的职业行为,都是有偿服务。即使任何参与方都没有因此而提高生活水平,甚至有些还蒙受了巨大损失,但我们的'财富'——所谓的GDP依然在增加。"他们最后指出:"平心而论,GDP并没有定义成度量财富或福利的指标,而只是用来衡量那些易于度量的经济活动的营业额。"

……

没有质量的生产活动，不可能带来社会财富的累积。固定资本的质量不好，没到使用期限就不得不报废，那么固定资本形成的总额再多也不能提高国民财富。当你要拆毁“豆腐渣工程”重建时，请记住这样的教训：它不仅要从国民财富统计中剔除，而且为了重建你又消耗了一次自然资源。从国民财富的角度看，国民财富不仅没有增加，反而减少了，正像被砍伐的森林，“算做了当年的GDP，但对于国民财富却是负积累”。

再听听中国国家统计局国民经济核算司司长许宪春的感慨吧：

“在注重财富的积累方面，西方国家很值得我们借鉴。它们的GDP增长率不高，但是财富积累很快。我到欧洲去，看到那里的百年老屋保存完好，使用自如，并且越老越值钱。反观我们，历史文化遗产很多都得不到好的保护。新盖的楼也是，盖之前缺少科学的规划设计，不注重质量，过上10年、20年，看着不顺眼了、过时了，推掉了事。我们的情况与西方国家正相反，GDP增长率很高，但是财富损失得也快，缺乏积累财富的观念。”

……

十多年前我就是这样理解财富和GDP的关系的。我不喜欢外延的增长快于内涵的发展，不喜欢不计量环境成本与社会成本而夸耀财富的增长，不喜欢千篇一律排浪式、模仿式的建筑作品。我喜欢对资本与资源的节约，喜欢站在消费者立场创造惊喜，喜欢好胜于大、美胜于强。在财经媒体界，我大概是对企业家精神做过最多研究和最多呼吁的人之一。但我更深信，那些能够真正存留在历史上的伟大企业家，他们留给我们最重要的财富，是那些能够被社会高度认同、具有巨大外部性的价值，而不是商业规模。在20世纪，规模可能是衡量商业巨子价值的第一元素，但21世纪，完全不是这样。苹果、谷歌、Facebook、微信、支付宝，这些今天为我们赋能的伟大产品，是多么“轻”啊！

对万达可以提N个问题

基于这样的价值立场,我愿意坦率提出如下问题,和您商榷:

第一,如果要对您的财富成就进行归因,是管理的作用更大,还是“资产膨胀驱动财富增长”的作用更大?2015年万达商业的财报在提示“投资性房地产公允价值变动的风险”时指出:“公司投资性房地产主要为公司自身开发并运营的持有型商业物业,公司对投资性房地产采用公允价值计量。最近三年及一期末,公司投资性房地产账面价值分别为1590.74亿元、1985.40亿元、2481.01亿元和2713.50亿元,占公司总资产的比例分别为47.47%、46.06%、43.97%和46.90%,公司投资性房地产规模及占总资产的比例均相对较高;投资性房地产公允价值变动收益分别为218.98亿元、154.44亿元、134.55亿元和39.10亿元,分别占当期利润总额的58.37%、45.03%、38.98%和53.02%,对当期净利润贡献较大。”这里很清楚地表明万达商业的利润和持有型物业的升值是分不开的。

第二,如果要对万达广场的建设效率进行归因,完全是靠您和团队的管理能力优异,还是也有政府支持的原因?您经常赞扬万达的执行力,这确实是事实。比如您在演讲中说:“我们每年开业几十个万达广场和一二十家酒店,所有项目开工时就宣布开业时间。十多年下来,我们开业了一百多个广场,近百家酒店,一个项目建设时间都在两年内,全部按时完成,无一延误。这种执行能力我敢说世界上没有第二家企业能做到。”不过,如果您有时间百度一下的话,应该能看到不少类似《郑州万达广场未兑现整改违法施工承诺　市政管理局失声》(2011年10月11日中国之声《新闻纵横》报道)这样的新闻。建议您委托“神秘顾客”到各地做些实实在在的调查:万达“全部按时完成,无一延误”是怎么做到的?为什么只有万达能做到?根据公告,万达商业2015年上半年的"其他收入和收益"项目中,"政府补助人民币6.38亿元"。我希望您不要真的以为,万达广场"排除万难"达到您的开业时间要求,就是万达自身的本事。

第三,万达官网有一支广告,叫作"万达广场就是城市中心"。您是否真的觉得万达广场是每一座城市值得骄傲的地标?我认可万达产品的"均好性",这是您2003～2004年在沈阳项目因为"胎里带的毛病"导致严重问题,引发222场官司之后,痛定思痛改正的结果。但这些年来,万达广场的质量问题依然时有发生。您在2014年工作报告中提到"2014年存在的主要问题"就有"工程质量出现问题":"武汉积玉桥项目住宅装修质量出现问题。出现问题不怕,但武汉项目公司、商管公司,对业主反映的质量问题不够重视,没有立即返修,最后导致业主上街闹事,给万达集团造成严重负面影响"。这可能是万达定位的选择问题:要快,要"以售养租"快速回笼再狂飙突进。但我想很坦率地说一句:如果中国的城市中心都是万达广场这样的项目,到哪里都这样,那将真的很恐怖!

第四,万达的成功,是一个超级领袖的魅力所至,还是因应规律、顺势而行所至?我发现您在哈佛的演讲很朴实,比如在讲到万达的文化旅游时您说:"2003年就开始做电影院,因为万达购物中心需要配建电影院。最初万达跟美国华纳院线合作,但由于两方面原因,双方没能合作下去。一是中美WTO谈判规定外资不能控股中国影院,华纳不愿做小股东;二是华纳对中国电影市场发生了误判,当时全中国票房只有一亿多美元,他们觉得投资赚不到钱。万达只好在中国找合作伙伴,当时各地做影院的都是国有的广电集团,万达先后和上海、江苏、广东、北京等地的广电集团谈过合作,我们做业主,他们经营。但因为这些广电集团都是官办、没有赚钱的动力,结果都没谈成。其中还有一个小故事,当时上海广电集团总裁很有创新思想,他觉得这是一笔好生意,和我们签了协议,也交了保证金。但协议签订半年后,上海广电集团换了新的总裁,反对这个协议,坚决不履行。但这时我们有10个新店马上要开业,逼得我们只好自己做。”您讲得非常生动！这是活生生的案例！它说明,形势比人强,规律比人强,人必须顺天而克己。

第五,您觉得梦想和现实之间,是不是您只要一声令下、万达只要一发力就能达成？您在2016年主要工作安排中提出了一系列精确到千万元的数字(我对照了万达前几年的情况,商业地产基本上都能超过计划,比国家GDP的增长容易多了,但和互联网、金融等相关的新业务则未必),特别是提出“上海迪士尼终于宣布今年要开业,一个项目前后花了20年时间,成本不知增加多少。无锡和广州两个万达城一定要做好,在旅游人次、收入两项核心指标上超过迪士尼,广州万达城要超过香港迪士尼,无锡万达城要超过上海迪士尼”。您说万达文化旅游城2016年要落户一到两个发达国家,这是中国首次向发达国家出口重大文化产品;全世界除了美国的迪士尼,还没有其他国家的重大文化产品能向全球出口;而且迪士尼做了半个多世纪,全部项目加起来数量没到两位数。您认为万达城品牌一定要超越迪士尼,走遍全世界。也许在您看来,日本的动漫、韩国的电视剧、英国的音乐剧、荷兰的电视模式、德国的出版,都不算重大文化产品出口,只有与地和房相关的主题乐园才算。我去过上海迪士尼,我认为一个文化项目孕育既久一定有其理由,而且不是所谓“效率低”那一类。文化大概不是造房子,而像是森林里的树木,其成长是有一个慢慢涵养的过程的。像万达这样的“急就章”,多个项目同时开展,虽然也是国际招标豪华阵容,在前期营销攻势和地方支持下能做到开场就有掌声和喝彩声,但有没有可持续性,是不是这么快就能超过迪士尼,有待考证。

我还有不少问题,比如,万达这种模式对于竞争对手的挤出效应问题,万达从“以售养租”到“以融养租”再到“轻资产运行”、但本质上仍是在继续扩张传统项目模式的问题(不过是代投资方建万达广场,然后收取比同业高很多的利润分成),万达创造的商户价值和消费者价值如何提升的问题,等等,留待以后继续探讨。

通过采访一些其他商业地产商和海通证券的房地产分析师,对于坊间所谓万达陷入债务危机、“首富变首负”等说法,我想借此替您澄清一下。虽然2016年1月22日标准普尔评级服务宣布,将万达商业地产股份有限公司的“BBB”的长期企业信用评级和“cnA”的大中华区信用体系长期评级列入负面信用观察名单,但我对专业人士的采访表明,尽管万达集团负债总额很高(截至2015年6月30日,集团总资产7976.82亿元,净资产2430.50亿元,负债5546.32亿元),但负债率在同业不算高,风险控制有较多方式(如已经在变现部分项目)。在无风险利率下行的大背景下,万达的负债成本会进一步降低,商业地产价值的重估更为有利。因此,看不到万达商业有什么财务危机,除非经济进一步恶化,商户大面积亏损撤店。

从财富到价值

您的财富已经傲视天下。如果PE(市盈率)只有5倍多的万达商业能够在A股上市,当然不可能达到万达院线的100多倍的PE,但是您的财富还会强劲增长。您心中的“世界首富梦”也许真的不是梦。《新京报》专访您时您说:“正在朝这个目标努力。我倒不是为了证明个人财富,我是想给中国企业和企业家证明一点什么。”如您所说,如果万达今后“以净利为核心。万达不以收入论英雄,要以净利、市值论英雄,谁创造的净利高、谁的市值大,就提拔谁,就给谁位置”,显然会走上追求高市盈率之道,这对于中小投资者真的好吗?

其实我觉得不需要证明这一点。在创造个人财富方面,从古到今,华人的能力世界公认。中国必将成为全球最大经济体,而中国又如此重商主义。

一个企业会使我们联想起什么价值、什么产品、什么样的用户体验才是最重要的。生命是十月怀胎的过程,好公司、好产品是千锤百炼最后被消费者证明的。

我建议您停停步伐,去学学那些"追求最佳"的产品哲学,学学慢工出细活之道,学学对复杂性的谦卑。

不要自己干完子孙要干的事！而且您不可能都干成丰碑式的作品,硬干下去一定会导致对资源的透支型消耗。迪士尼我想比万达还是有号召力的吧！如果它想每个国家来一个,我看大部分国家都欢迎,但它这么多年才建了不足十个。至于像万达这样的商业项目,少搞一点不是坏事,像大力发展非物质需求的文化和体育项目,您有做不完的事!

敬佩您的企业家精神,但希望您的心态回到2012年9月8日的哈佛大学。您演讲的开场白是:"今天站在这里,我心里诚惶诚恐。哈佛大学在全世界人的心目中都是一个神圣殿堂。万达相对于世界顶级企业来说,还有很大差距,我们丝毫不敢懈怠。"

自然界和每座城市也都是神圣的殿堂。让万达式扩张狂飙歇一歇吧！也让诚惶诚恐的心意代替您曾经提到过的世界首富梦想!

上海滩为何难产“王者”

2016年2月26日，我在《第一财经日报》发表过一篇文章《上海何时能再现“互联网王者”》，评论陈天桥之后十余年上海再无“互联网王者”的现象，借此呼吁这个中国近现代工商业历史上的超级都会，能够在今天成为企业家精神的高地。有些话没有说完，在此继续和朋友们交流分享。

马云为何没有留在上海

其实，对上海缺乏企业家精神的提醒不是自今日始。朱镕基总理在上海主持工作的时候，就提醒上海通信设备企业要注意深圳的华为公司。2008年1月，俞正声在上海“两会”和政协委员讨论中说：“有一天我见了阿里巴巴的老板马云。他跟我说，阿里巴巴一开始是在上海，后来回到了杭州”，“为什么像马云这样的人，在我们这儿没有成长？可能我们多少有一点问题”。他还说：“我为失去这样一个由小企业发展而成的巨型企业感到遗憾。”没多久，汪洋带领广东代表团到上海考察,俞正声再次感慨上海为什么留不住马云。汪洋说:“俞正声的话让我震动很大。”很快,当年2月份,他就去了阿里巴巴参观考察。

我问过马云这个“俞正声式的问题”,他说1999年从北京南下准备再创业的时候,第一站确实到了上海,但是发现待不下来:第一是淮海路的办公室租金太贵;第二是他的学历很一般,而上海的年轻人,都更想去500强公司,对民企不太感兴趣,如果要去,也很在乎老板是不是“海归”。这种情况使马云很难组建团队。我觉得可能还有第三个原因:上海是一个特别讲究外在形象的人。像马云这样随心随性、衣着很不讲究的人,说不定会让应聘者低看一眼。2014年9月阿里巴巴在纽交所上市那天,马云很特别地梳头打扮。当天媒体夸他装束不错,他说:“也不知道这样行不行。你们说这件西装好,那就好。”

我在2008年2月25日的《第一财经日报》上发表文章《马云为什么这样红——兼议“上海为何不出马云”》(笔名橡子)说,首先,“上海不出马云”并不等于说上海营商环境不好,不适合民营企业发展;其次,和外资企业、国有企业相比,民营企业在上海的发展还有待进一步提高。一个伟大的商业城市,它的魅力不只在于让那些已经强大的公司愿意在这里建立分支机构或总部,更在于它有机会,能让丑小鸭变成白天鹅,让平凡人做成不平凡的事。一座呼唤、需要、易于生长创业精神和企业家精神的城市,才有长久发展的生机。

今天回看这些评论,我觉得依然适用。呼唤上海产生“王者”,本质是呼唤一种更加汹涌澎湃、立意更加雄浑、对自己更狠一些、坚持不懈、冒险投入、不怕失败的企业家精神。

陈天桥后无王者

对于“上海为何不出马云”,我有些不同看法。我认为上海有自身的资源禀赋特点,更适于大公司和总部经济发展,不是什么企业都需要的，草根创业企业未必合适。当时有人说："阿里巴巴那点收入有什么了不起！"（2007年阿里巴巴的净利润为9.68亿元人民币，今天阿里巴巴一年的利润有两三百亿元。）还有人说："纽约不是硅谷。上海像纽约不像硅谷，方向不一样。"

而在上海以外，提到上海的互联网，你又常常会看到类似这样的标题："深度解析上海互联网产业为何沉沦"。

其实上海是有过中国"互联网王者"的，就是陈天桥和盛大网络。2004年8月10日，由于此前发布的第二季度财报优异，刺激盛大网络股价上涨至21.22美元，公司市值达到14.8亿美元，成为纳斯达克市值最高的中国概念网络股，并超过韩国NCSOFT成为全球"网络游戏第一股"。与此同时，陈天桥及家族成员拥有的股票市值达到11.1亿美元，接近90亿元人民币，超越网易创始人丁磊，成为中国首富。从微软中国区总裁跳槽到盛大网络担任总裁的唐骏也因为拥有260多万股期权，以2亿元身家被称为"中国身价最高的职业经理人"。

我已经很多年没有见过陈天桥了。最后一次见，是和牛文文一起。记得牛文文对陈天桥说："柳传志、张瑞敏他们之后，谁能执中国企业家之牛耳？可能是三个浙江人的较量：你，郭广昌，马云。"当时陈天桥是走在最前面的，他那种纵横捭阖的气场和强大无比的逻辑整合能力，让所有"异见者"不得不佩服。陈天桥的想象力是非凡的——他很早就有"网络迪士尼"和"盛大盒子"的构思；陈天桥的勇气是非凡的——2005年盛大股价达到高峰时竟然宣布游戏免费，从根本上颠覆了整个网游商业模式。当时，陈天桥坐拥巨大市值和现金储备。他要权衡的问题是：新浪还是腾讯，收购哪一个？2005年除夕和正月初一，陈天桥指挥盛大网络和由其控股的地平线媒体公司，一起买下新浪约19.5%的股权，成为新浪第一大股东。

陈天桥的故事已是江湖传奇。他好像很少在上海。我在上海再没有见过陈天桥式的强悍人物。根据2015年7月中国互联网协会和工信部信息中心发布的“中国互联网企业100强”排行榜的数据，前10名中上海只有一家公司，即排在第9位的携程。若以已上市互联网公司市值计算，目前携程排第6，在BAT、京东、网易之后。

上海商业环境的得与失

我曾指出，上海的互联网发展，从整体上说不一定不如北京、深圳、杭州，但由于缺乏BAT这样的标志性公司和人物，往往成为被反思的对象。似乎上海总比北京、深圳、杭州矮一头。但从自我批评以图未来的角度，对上海互联网环境的反思和批评又是非常有价值的，比如以下观点：

1. 上海互联网缺乏领导性企业，对行业引领性和生态建设都不力。

2. 上海互联网从业人员的数量和北京相比差距很大，找到团队要花更大力气。

3. 上海互联网人喜欢算投资回报率，不习惯“大赌”和先亏后赚，所以难以长期坚持，熬不下去就会卖掉公司。在“离钱近”的行业如游戏和互联网金融，在很容易找到商业模式的地方如线下服务的线上化方面，上海都很强，但一时看不清模式的地方，上海的互联网公司就会退缩。

4. 上海人喜欢进世界500强企业。而创业是有风险的事，不被大多数人接受。

5. 上海人更注重生活品质，大部分人的平均工作时间要比北京、深圳的人短。

6. 上海人喜欢权衡和瞻前顾后。北京海淀创业大街有人吼一嗓子说创业，马上有人辞职跟进，上海这边则要反复盘算，决策很慢。

7. 上海互联网创业缺少扎堆聚集的氛围。北京、深圳的互联网人你来我往很频繁，晚上下班就呼朋唤友去聚，上海人下班则赶快各回各家，外来创业者感觉很孤独。

8. 在引进人才方面，深圳有句话叫“来了就是深圳人”。上海在引进人才的实质性问题如子女就学、落户、高管退税等方面稍逊一筹。

9. 上海商务成本相对偏高，对初创企业不利。北京有很贵的地方也有便宜的地方，有很便宜的生存方式。

10. 北京创业者身上大都带着疯狂和理想，招人谈创业情怀也很容易打动对方。而上海招人，对方最关心的是薪资保障，最后可能还会来一句家长不同意。

11. 上海缺乏科技圈里的话语权和媒体影响力。

12. 北京的北大、清华都在中关村一带，处于闹市，产学沟通方便。上海的情况是，偏文的复旦在市区，偏理工的上海交大的本科在“闵大荒”，不利于大学生创业。

13. 上海是金融中心，但不是VC（风险投资）聚集之地……

以上这些问题，可能在其他行业也不同程度地存在着。我被很多人问到，上海企业的形象是怎样的。每次我都回答：“跟它在中国的地理位置一样，处于‘中间’状态。比如，浦发银行是什么形象？就是在北京的四大行任选其一，深圳的平安银行和招商银行任选其一，加在一起除以二。太平洋保险是什么形象？就是中国人寿加上中国平安除以二。企业家在上海的状态，要出错很难，要杰出似乎也很难。”

这究竟是怎么回事？政府有政府的说法，民间有民间的说法，而我会从“文化决定论”的视角来看待。上海无疑是中国管理最规范、秩序化程度最高的大都会，它能成功地把“土”变成“洋”，把“乱”变成“治”，把“杂”变成“序”。但在卓有成效的网格管理和海派文化的精致熏陶下，随着很多杂质被筛掉，很多可能性也被终结了。

上海可能是这样一座城市：能把气魄变成气质，把情怀变成情愫，把雄心变成心思，把极致变成精致，把热情变成温情，把肆意幻想变成有轨想象，把敢于自嘲变成善于自赏，把朋友日日扎堆变成家人天天牵手,把强烈的自我变成从众的自我,把创造一种全新标准变成接受一种既有评价,把草莽粗犷变成不再轻狂,把立意高远变成不好高骛远,把混乱的活力变成不乱的秩序,把T恤加牛仔裤变成领结加西裤,把不切实际的凌空飞步变成按部就班的脚踏实地,把冒险家的乐园变成迪士尼的乐园,把无边界的探索变成有边界的正途,把改变世界变成改善世界,把“事业本身就是生活”变成“事业就是为了更好生活”……

对成功了的马云、马化腾,上海会给他们足够的礼遇,但对创业初期默默无闻的马云、马化腾,这座眼睛永远向上的城市,可能会忽略他们的存在。让草根中产化,让“中产”稳定化和优越化,上海仿佛是一座超级神奇的炼丹炉,炼出精致的秩序,也炼出平稳的思维。它如此正确,但终归少了一些什么。上海呼唤“互联网王者”,但真的能接受“大话乱说”、“衣服乱穿”的杭州师范学院毕业生马云吗?真的能接受敢于颠覆既有市场的程维和“如果生活是苦逼的,至少梦想是牛逼的”这样的滴滴打车户外广告吗?

要不要当王者,这也是一个问题

“世事无绝对,唯有真情趣。”假如我们换一个角度,管他王者还是凡人,自己爱选择什么就选择什么,还可以再写几句花絮。

2004年10月,陈天桥添了一个女儿,他爱极了妻子和女儿,周末就在家里陪妻女。他曾说过,企业最终不过是家庭的延伸,而家庭才是整个盛大发展的基石。据说他后来移居新加坡,就和希望家庭安宁、不被外界打扰有关。

在陈天桥之前,上海还有过一个可能成为互联网王者的人,名叫邵亦波,易趣网的创始人。马云说他是大脑袋天才。是的,高二跳级进入哈佛大学,中国以全额奖学金赴哈佛读本科的第一人,哈佛商学院1999届MBA毕业生,从麦肯锡到波士顿咨询公司到各大投行争着要他。这样的人不是天才是什么？邵亦波拒绝了一切邀请，回上海创办易趣网。1999年8月18日，易趣网正式开通，一年多的时间注册用户超过300万名，各项指标均居国内电子商务网站之首。2001年易趣网开始收登录费和销售费，是中国第一个收费网站。在2003年以前，易趣网是国内最大的电子商务网站，占据80%的市场份额。

2003年，邵亦波把股份卖给了eBay，返回硅谷安心过居家生活，陪伴深爱的妻子。在接受采访时，邵亦波说他看到妻子的第一印象是神魂颠倒。他的快乐就来自老婆的快乐。当妻子的亲人出现健康问题，邵亦波选择退出江湖，回归家庭，按他的说法，是为了老婆舍弃"孩子"。

马云在接受《第一财经日报》"财富人生"采访时，和主持人叶蓉有过这样一段对话。

叶蓉：如果在2003年没有卖掉易趣，你认为淘宝有机会吗？

马云：这确实是个比较难回答的问题。反正总体来说幸亏邵亦波去美国了。

叶蓉：如果那时邵亦波没有卖掉易趣，你会创立淘宝吗？

马云：肯定不会。

叶蓉：为什么？

马云：你见过在太岁头上动土的吗？

叶蓉：你是怎样评价邵亦波先生的？

马云：他是个神童，也就是说是天才，尤其在互联网电子商务这一块。我只不过是踩在天才的肩膀上才有今天的成功。

叶蓉：你认为邵亦波最大的缺点是什么？

马云：就是太爱他的老婆。

叶蓉：爱老婆也是缺点？

马云：对一般人来说不是，对天才来说绝对是。如果不是他太爱老婆而选择离开，中国的电子商务绝对是邵亦波个人的江湖。

马云绝对是谦虚了。阿里有一套凌厉无比的打法，即使邵亦波在，估计最后也难有胜算。

上海女人,让天才男人和“王者”拜拜?

奇妙的上海滩,是女人的洞天福地。但男人想在这里成为互联网王者,就不是那么容易。邵亦波先回家,陈天桥接着回家,还有一个神童梁建章也差点退隐商海。他1999年参与创建携程网,2007跑去斯坦福大学攻读经济学博士学位去了,把很多携程股票也卖了。2011年他读完博士去北京大学光华管理学院教书和做研究。直到移动互联网的冲击影响了携程的地位,他才在2013年初“王者归来”。还有江南春,算是“半回归家庭”状态吧,每个周五晚上就飞去台中看妻子和孩子。

上海不缺天才,但天才们离开残酷的商业战场,时间都比较早。生于1973年的陈天桥和邵亦波转向投资。对比一下:马云和张朝阳生于1964年,李彦宏生于1968年,马化腾和丁磊生于1971年,他们都在一线拼搏着。上海这一代天才,只有生于1969年的梁建章还在拼。他是天才,又实干,穿着有品位,不爱说话。不过,他的精力也在人口学研究上分散了不少。虽然携程现在是王,但是阿里旅行的攻击已经开始了。

如果我说上海的成熟环境和上海的女人们,让天才般的男人纷纷和“王者”拜拜,我一定会被乱砖狂拍。“王者”未必是唯一的选择。在成功和幸福之间有多种方程式,幸福就在内心里,也许更能被上海接受。这就是上海,天才在这里成长,又很快成熟,之后就不在原来的轨道上成长了,也就永远和“王者”拜拜了。

我无意对上海企业界的领军者和新领军者做出褒贬评判。我只是觉得,假如上海还是希望这块土地上出现BAT一类的王者,至少上海有一批人还要努力去尝试。文章最后,不妨让我们从王安石的《游褒禅山记》中汲取一些力量吧:

夫夷以近,则游者众;险以远,则至者少。而世之奇伟、瑰怪,非常之观，常在于险远，而人之所罕至焉，故非有志者不能至也。有志矣，不随以止也，然力不足者，亦不能至也。有志与力，而又不随以怠，至于幽暗昏惑而无物以相之，亦不能至也。然力足以至焉，于人为可讥，而在己为有悔；尽吾志也而不能至者，可以无悔矣，其孰能讥之乎？此余之所得也！

深圳敲门，对上海是阴影还是动力？

“秦老师看过魏达志老师最近《上海不是深圳的对手，浦东也干不过前海！》的文章吗？”2016年8月8日，我在深圳南山科技园调研一家金融科技公司时，有人这样问我。

我没看过。但我知道魏老师是复旦人，1982年本科毕业留校，两年后调入深圳，现在是广东省政府参事、深圳大学产业经济中心主任，前几年因呼吁“深圳直辖”名噪一时。

飞机晚点三个多小时，于是我在机场休息室仔细研读这篇文章。作为在上海读书和工作16年的新上海人，我一边读，心理阴影一边扩大。

上海和深圳相比落后了？

魏达志的观点非常鲜明：从长远看，上海不是深圳的对手，这是由上海的所有制结构决定的。上海的央企、地方国企、外资企业、民企比重为1∶1∶1∶1，而深圳90％都是民企和个体，它们的创新动力是完全不一样的。

2015年，深圳地区生产总值为1.75万亿，中国香港为1.79万亿，广州为1.8万亿，新加坡为1.83万亿，北京为2.29万亿，上海为2.49万亿。魏达志说，按这个基数，上海慢下来，深圳快起来，深圳赶上上海的时间大约是8～10年。再过10年，深圳有望成为中国经济总量最大的城市，且比香港多一倍。这个未来，你能想象到吗？

我并不同意魏文中的一些观点，但受其触动做了点研究后，方感深圳冲击波之强。上海对深圳很重视，但一般人还是认为深圳强在高新技术和一批明星企业，论综合实力和上海还差很多。

实际情况如何呢？

第一，深圳经济总量20年后可以超过上海。

2004年我从广州迁往上海时，上海的经济总量是深圳的两倍。2015年和2016年上半年缩小到1.5倍。如果深圳保持比上海增速快两个百分点的优势（年快2.1个百分点，2016年上半年快1.9个百分点），预计2038年前后深圳会超过上海，成为中国最大经济城市。

第二，深圳人均经济指标早已超过上海，且上海难以追上。

深圳是副省级城市，面积为1997平方公里，2015年常住人口为1137.87万。上海是直辖市，面积为6340平方公里，2015年常住人口为2415万。上海的面积是深圳的三倍多，人口是深圳的两倍多。深圳每平方公里产出的地区生产总值和财政收入多年位居全国大城市第一。2015年深圳人均地区生产总值是上海的1.5倍以上。上海到2020年的目标之一是人均地区生产总值15万元，深圳在2015年已达到15.8万元。考虑到深圳比上海增速快，从人均地区生产总值来看，上海也许永远赶不上深圳了。

第三，深圳的创新指标优于上海。

到2020年，上海的目标是万人发明专利达到40件，研发投入占地区生产总值比重达到3.5%，新兴产业增加值占地区生产总值比重达到

20%。这些目标低于深圳目前水平。深圳到2020年这三方面的目标分别是:64件、4.25%和42%。2015年深圳PCT专利申请量13308件,连续12年居全国大城市之首,今年上半年PCT申请量更是达到9002件,占全国申请总量的51.8%。(注:深圳和上海对新兴产业的定义不完全相同,由此可能导致该项数据比较不够精准。)

第四,深圳的产业竞争力和企业家精神强于上海。

2015年上海的第三产业占地区生产总值比重比深圳高10个百分点(上海为71%,深圳为61%),主要高在金融上。但从产业竞争力角度,上海已落后不少。深圳过去五年战略性新兴产业增加值年均增长17.4%。2016年上半年,上海规模以上工业产值同比下降4.4%,深圳同比增长7.5%;第二产业增加值,上海同比下降3.3%,深圳同比增加7.3%;战略性新兴产业,上海同比增长0.7%,深圳同比增长12.1%。

以上数据来自2016年政府工作报告和"十三五"规划纲要,是政府口径。而政府报告中没有的一些指标,比如明星企业数量和经济的人格化代表——杰出企业家群体的数量,深圳可谓一浪接一浪,前浪依然向前,后浪滚滚又来,远超上海。袁庚精神、蛇口精神似乎是一种基因,在深圳代代相传。

综上所述,虽然上海在城市综合管理、文教卫体等社会发展水平和经济总量上仍有一定优势,但在决定经济持续发展的体制、结构、企业素质、人口年轻化等方面,上海都已落后。换言之,上海的优势更多是总量优势和存量优势,而深圳的优势更多是结构优势和增量优势。

在金融领域,由于金融政策由中央政府决定,金融资产的半壁江山也在北京,且金融市场的开放度还不足,所以上海的市场优势无法充分展现。这从外资法人银行的情况就看得很清楚,虽然他们注册地在上海,但开会都要去北京,以至于有人抱怨"还不如注册在北京"。而在和互联网高度相关的新金融以及私募股权投资等方面,已经很难说上海有领先优势了。

深圳领先的意义在哪里?

家在上海,户籍在上海,我当然希望上海好,不希望被超越。但站在大历史角度,我觉得深圳领先的意义或许更大。

它证明了市场经济的力量。邓小平说,深圳的发展和经验证明,我们建立经济特区的政策是正确的。特区"特"在哪里?就是破旧,就是与先进国家和地区的规则接轨,大胆图新。邓小平对中国的最后嘱托主要体现在1992年南方谈话中。可以说,是深圳"一夜之城"的实践给了他对自己理论更充分的信心。在某种意义上,只要深圳不回头,中国就不会回头。中国市场经济因深圳而立。正是深圳的成功探索,促使邓小平下决心让浦东开发、开放,让整个上海和全中国都加入到市场经济的潮流中。

它证明了越新越好,越高越好。一个年轻的、有着更充分的内生动力和开放活力的城市,能在几十年间超越中国100多年来不可动摇的经济中心!它证明了创业创新的力量,自主自强的力量,不墨守成规的力量。邓小平曾说:"要发展高新技术,越新越好,越高越好。越新越高,我们就高兴。"土地资源约束和成本压力倒逼深圳只能往上走,往高价值的创新方向走,这条路走通了。它就是一条通衢大道。

它证明了新制度的力量和人的力量。很多人喜欢研究商帮,研究地域文化对经济发展的影响,其潜台词是,某些地方、某些人不太适合搞市场经济,不太讲信用或不太愿意吃苦。深圳是典型的移民城市,它证明了市场经济的熔炉会接纳一切参与者,市场经济的舞台会为一切有梦想的人打开,不管你来自哪里,都有机会成功。只要政府尊重市场,敬畏市场,服务市场,以人为本,以民为本,以法为本,则政府在市场经济中不会无所作为,而是大有可为。走法治化、阳光化的服务型政府之路,就能激发起人民群众不可想象的力量。这就是新制度的力量以及被新制度唤起的人的力量。给中国人一点阳光就能蓬勃生长。深圳已证明给全世界看。

回看上海的一段历史

1843年11月17日,根据《南京条约》和《五口通商章程》,上海正式开埠,自此对外贸易激增。从一个海边县城跃居远东第一大都市,用了不过数十年的时间。今人谈到上海,都会提到其独特的地理优势,如通江达海、紧邻江浙、远接长江中上游,离韩、日、新加坡等国距离最为适中。但当年《南京条约》谈判时,清政府官员最担心的是外国人提出开放苏州府。在最后确定的广州、厦门、福州、宁波、上海五个通商口岸中,广州、福州是省城,厦门、宁波是府城,只有上海是县城。

但为何是上海后来居上、执中国城市之牛耳?复旦大学历史学系教授戴鞍钢指出,清政府还是眼光内向,着眼于内河航运。而外国势力是从海上而来,工业革命后世界已进入蒸汽时代、轮船时代、海洋时代。上海当时确实不如苏州繁华,但从海洋时代眼光看,上海的潜力更大。所以外国人提出上海开埠。仅仅十年,上海就取代广州成为中国内外贸易第一大港。一方面,上海周边的丝和茶不用再千里迢迢到昔日"一口通商"的广州出口了;另一方面,上海的内河航运也很发达,保证进口货物运到后很快就转运分销出去,不愁卖不掉、运不走。

上海社会科学院研究员熊月之指出,1843年的上海,人口规模在中国城市中排第12位,在北京、苏州、广州、武汉、杭州、成都、福州、西安、南京、长沙与天津之后。上海不是江苏省的中心,甚至连松江府的中心也算不上。上海在松江府一般被认为是比较重商、缺少文化的地方。但上海有一个特点,就是城市人口中外来商人占有重要地位,本地人排外观念不强。

熊月之研究了五口通商后各个口岸的反应:

1. 广州。外国人要入城,广州官绅软磨硬顶就是不让,斗争持续了十几年。直到1859年广州沙面租界设立,租界与华界之间开挖了人工河,严格实行华洋分处,地狭人少,发展缓慢。

2. 福州。开埠之后,福州官绅以极为傲慢的方式对待英国领事,让他极不体面地自己摸索上岸。

3. 厦门。外国人起初所划的居留地是南较场、水操台一带,英国人认为过于偏僻,恐遭窃劫,不愿前往。1862年后才开辟英租界。

4. 宁波。离上海较近,先到那里的外国人后来不少转到上海。

5. 上海。英国人来了,上海人一是好奇,二是谋利。他们跟外国人做生意,和跟外地人做生意没多少区别。有人发现围观外国人是个商机,就在英国人住地附近卖票,向每个参观者收费。这种灵活性和适应性,加上地缘优势,让外国商人、传教士、外交官都认为上海人与广东人很不一样。上海人对外国人,至少表面上愿意接近。开埠两年后,英租界设立,随后是法租界、美租界。英、美租界后来合并为公共租界。公共租界面积最大时有33503亩,法租界最大时有15150亩,加在一起是全国其他23个租界面积总和的1.5倍。

历史的启示:自治、法治与安全

根据熊月之的研究,上海的租界从最初的华洋分离到后来的华洋杂居(1854年7月修改的土地章程删去了华洋分居条款),使中国大一统的政治局面出现了一道缝隙,在清政府、北洋政府、南京政府的统治中演变成一条灰色地带——一个人们在战乱中可以藏身、新生政治力量也可以利用的空间,并形成了亦中亦西、中西混合、中西并重的文化和风俗。20世纪30年代有西方人说,很多人不理解上海何以会这样迅速地成为一个大工业城市,因为从环境来看,上海并不是理想的地方——地价贵,房租高,工资也不低。其中一个重要的原因是,那时中国其他地方经常动乱不安,工业发展遭到骚扰,上海则不然。这就形成了工业集中于上海的趋势。那一批又一批从四面八方涌来的难民,则成为上海工商业取之不尽的廉价劳动力。

混杂、多元、相对安全、贸易发达,令上海成为资源的汇聚地,能够配置各种商业机会。从开埠到1900年,上海人口数量从不到20万增长到100万,为中国之最。战乱时,大批难民涌入上海,那是迫不得已。承平时,很多达官富商、文化名人来上海居住、置业、发展,则是理性选择。很多达官富商、文化名人先前并不在上海生活,而是在外地为官、经商与活动,但他们将家安在上海,将钱存在上海,一旦仕途受挫,商途不顺,便折返上海,当寓公,做隐士……这些人有钱、有闲、有识,于是,上海房地产业、银行业、书画业变得愈加兴盛,上海也由此平添了许多名人故居。

多元杂处之地,有商机,能做生意赚钱,还有太平秩序,住着安心。1930年至1931年,英国籍南非法官费唐到上海调查租界,结论是:上海能在不太长的时间里发展为现代大都市,关键在于三大要素,即自治、法治与安全。公共租界实行的是自治制度,法治管理也相当严格。早期《申报》经常刊载居民因随地大小便、粪桶过街不加盖子、乱倒垃圾、斗殴闹事而被处罚的案件。上海也是中国最早出现律师的城市。熊月之指出:“长期的自治与法治,培育了上海人的契约精神,养成了上海人遵纪守法的习惯。民国初年人们就看出:上海人历经英人熏蒸陶育,‘服从法律习惯已较胜于内地’。租界内西方司法制度的引进,也使上海人早于其他地方的人有了寻求法律保护的意识,当时外地人就有‘沪人健讼’之说……到了上世纪30年代,‘打官司’一词在上海社会已经十分普及。1930年江苏全省6300件民事诉讼案中,上海市占了4577件,达73%。1935年上海仅律师公会等律师组织的成员就达1000多人,上海一地集中了全国40%的律师。”

有商机,有法治,企业当然喜欢。所以上海,也只能是上海——成为中国近代工商业的大本营。不仅李鸿章将三大制造业企业——江南制造总局、轮船招商局和机器织布局放在上海，近代中国各行各业的知名民办企业和扛鼎人才，大多数也扎根在上海。这些基本上为民办企业。他们打败洋货的案例不胜枚举，如佛手牌味精战胜日货“味之素”，五洲固本肥皂战胜英商祥茂肥皂，华生电扇夺取美商独占的电扇市场，等等。

租界是不光彩的殖民地。我援引学者的研究成果，不是要证明“租界繁荣论”，因为全世界很多殖民地、半殖民地的境遇都非常悲惨，即使独立后也发展不好。近代上海经济的历程说明，上海从“数千年未遇之变局”中磨砺出的重视商业契约、讲法治、讲职业精神、产品和服务求卓越、开放不排外、重视管理的素质，是上海发展背后的最重要社会资本。在五口通商、独钟上海的历史关头，上海发育出了近现代商业文明的基本形态，在租界的历史场景中没有辜负历史赋予的责任。没有上海，很难想象中国的商业发展会走上什么道路。

也是在这样的商业文明和产业基础上，才有了新中国成立后上海在全国经济中举足轻重的地位。“上海造”是质量的象征，上海是众多发明创造的策源地。1980年，上海一地的工业增加值占全国的12%。这样的比重绝对后无来者。

下一轮，谁更有忧患意识谁更有希望

“十三五”期间，深圳的城市目标是加快建成现代化、国际化创新型城市；上海的目标是到2020年，形成具有全球影响力的科技创新中心基本框架，基本建成国际经济、金融、贸易、航运中心和社会主义现代化国际大都市。

在我看来，在目前的基数水平以及全球经济低迷、中国推进结构调整的背景下，无论深圳还是上海都面临巨大挑战和压力。

2016年6月,深圳“改革30人论坛”给深圳市政府寄送了一份《对深圳改革开放重大战略问题的建议》,批评深圳自我满足,不敢担当,求稳怕乱,怕冒风险,敢闯敢试的责任感正在退化,警告深圳如果吃过去几十年的老本,“最终将可能沦为‘平庸的城市’”。建议书提出了11个方面的改革建议,包括:向国家申报城市治理体系和治理能力现代化试验特区;深化户籍制度改革,扩大户籍人口比重;启动人民团体去行政化改革;全面推进政事分开,取消各类事业单位的上级主管部门,实现事业单位治理结构的社会化、现代化;成立大数据局,创新互联网+政府的治理模式;等等。

从我对深圳的感受看,自满情绪蔓延,存在有钱就赚、急功近利的丛林心态,城市综合管理水平方面低,这些都应当引起重视。深圳在很多领域一骑绝尘,但值得向其他地方学习的也不少。比如中国食药监总局每批准3个一类新药,就有1个来自上海张江;张江连续几年在国家新药创制重大专项经费中的占比为全国的三分之一;张江企业申报新药的成功率是全国平均水平的3倍。张江在这方面有很多好做法,比如政府投资建公共实验室,免费提供给研发人员使用,有力地帮助他们降低成本,聚焦核心。在公共服务方面,浦东新区的网上政务大厅将在进一步完善后实现审批全上网,目前“网上督查室”也在加快建设,将全面实现对网上政务行为的在线督查、电子督办、实时监管等功能。即使是在深圳非常强势的互联网领域,也有一个短板,就是电子商务,包括商品和服务。像携程这样的公司,10多年前就用6西格玛的方式把服务标准化、精确化。这不仅是技术问题,和上海在服务方面的底蕴是分不开的。

最近上海正在努力补短板。浦东新区书记沈晓明把最近的一次区委全会干脆开成了“找短板补短板”的会议。他说,改革是浦东的生命线,哪天浦东没改革了,就将被抛弃。他坦言,浦东第三产业增长的拉动力主要是金融和房地产。金融是我们希望发展的,房地产就不那么好，因为不可持续，所以靠第三产业推动也不是都好。产业结构方面，浦东过去4年工业产值持续走低，工业投资持续下滑，规上工业企业数量持续减少。他说："抓工业还是要抓战略性新兴产业，抓高技术产业，抓专精特新产业。我们要向深圳等兄弟地区学习。尤其是深圳工业并不靠少数几个行业吃饭，4G技术、超材料、新能源汽车、3D显示、无人机等等，是热点频出、百花齐放。2015年深圳工业增长7.7%，新区为2.4%。社会公认深圳经济活力强，浦东不得不佩服，一定要向深圳学习。"

上海的人才优势比较突出，但沈晓明也反思说，浦东各类人才128万，乍一看数字很大，但一比较就知道，浦东人才占常住人口比例是23.4%，北京是28.6%，深圳是37.1%。

上海找到差距，认识到差距之时，就是存有新希望之时。

上海卓有成效的网格管理和精致的海派文化的熏陶，在筛掉杂质的同时，也终结了很多活力与可能性。在上海，你很少看到就某一个问题，激发整个城市各种经济成分的热忱，头脑风暴，群策群力。上海习惯的方法是，高素质官员组织调研，找出具体目标和方向，让大家执行。听上面的话，这种行动哲学哪里都有，上海发育得最成熟。但长此以往，上海的视界就会锁定在官员的头脑里，他们再聪明也赶不上时代的快速变化。上海创新力不足的问题，官员不是不知道，但他们习惯于自己去指导如何解决。而深圳各界经常就深圳的命运大声疾呼、上书上网、争议甚至质疑，官方总是主动给予开放式的互动。

为了中国的明天打好这两张牌

2016年8月8日，我在深圳南山调研的这家金融科技公司叫中兴飞贷。团队核心都是银行出来的，运用一套行之有效的风控系统帮助银行给小微企业和个人做贷款。我仔细了解了风控过程，觉得特别贴近市场,接地气。在上海,我也接触过一些西装笔挺、教育背景优越、融资量很大的类似机构,但因为太"高端",在市场上反而缺乏战斗力。

上午9点半,我见到中兴飞贷的CEO。他说:"不好意思!本来董事长要来的,可是凌晨2点到4点他还在召集我们开电话会议,真的起不来。"等到中饭后准备离开时,董事长从一个会议中出来送行,聊了一阵。我问:"天天晚上这么弄吗?"他说:"这大半年因为要从线下切到线上,任务太重,基本上都这样。"然后他说:"我们夜里两三点结束时,看看对面那个大楼,也都亮着灯,那可是腾讯游戏公司。"

《深商的精神》一书的作者老亨说,深圳就有这样一批"以创意为瑰宝"的人。和大上海相比,深商生生不息的生命力在于能容纳新的人、新的想法,能容许新的商业基因不断加入。"上海更像一个资本王国,深圳更像一个人本主义的创意王国,只要你有真正好的创意,你就可以体验自我实现的快乐。深圳和上海很难说谁的定位更胜一筹,但深圳价值观正在成为上海价值观最强有力的挑战者。"老亨甚至认为,中国文明重心的南移趋势,已是昭然若揭。

我同意老亨对深商精神的总结。但站在整个中国的角度,我深信深圳的精神,上海的精神,都一样弥足珍贵。

刘永行说:"在上海,我就像一条鱼游进了大海,无声无息,无人打扰。但当我需要金融资源时,很容易就能满足。"

马明哲说:"很享受在上海的生活。我喜欢在全世界的金融家到上海时,陪他们去一个有特色的小饭馆,一点不比香港差。"

想到有次和王石聊天,我说企业家都让深圳出了,上海就多为政治局输送官员吧。王石想都不想就回应:"上海的官员越多越好。"万科在全国各地有项目,房地产又是和政府部门打交道最多的行业,哪里最规范,心里有数。

前几天我在外滩17号友邦保险所在大楼的顶楼,望着波光粼粼的江水和对面的陆家嘴,突然有一种感觉:中国近现代商业文明的火炬在上海点燃时，当时中国最多的创业传奇是在黄浦江畔展开的。今天，当中国有了更多火炬去照亮整个商业的天空，上海不再那么显赫了。但是，伟大的基因从来只会变异而不会消失。今天，商业可能兴起于茫茫神州的很多地方，可能兴盛于具备制度与文化优势的一部分地方，但是，如果要找一个兴盛之后的放心之所，或许上海还是最佳选择吧。历史积淀的社会资本、文化资本，不会像经济指标那样易于被超越的。

所以一个地方的优势，从本质上说不是拷贝的结果，只能是发扬自身优势，同时勇于借鉴先进经验、不断创新的结果。

上海不是深圳，很多方面也做不了深圳，但上海可以借鉴深圳在一个更为充分的竞争环境中，那股敢想敢干、不怕失败的精气神，以及绝不小富即安、勇攀创新高峰的狠劲与自信。如果上海能把这种精神用于提升自己的综合实力，必能不断带给中国惊喜。上海学深圳，不是比速度，而是要焕发出一种更加进取、追求卓越的斗志，在自己擅长的方向，创造最佳服务体验，早日成为世界级城市。

同样，深圳学上海，也不是简单去制定500强落户的奖励政策，而是要在综合发展、协调发展、提升全面素质方面，更用心、更精进、补短板。

在中国，当下最需要的，是用一种更好的精神状态，做更好的自己。在这个过程中，竞争能激发动力，但合作更能创造价值。比如，复旦和交大能不能在深圳设立分校或研究院？深圳能不能乐见王牌企业加大总部职能向上海的转移力度？看似助人，实则助己，有为者当思之。

一个是波澜不惊的黄浦江，一个是大鹏飞翔的深圳湾。天水一线，天空正蓝。我不想论龙头所系，不想论天命垂青，我看到的中国经济未来，既需要有深圳这样的最佳创新者、无畏的开拓者，也需要上海这样的最可信赖的受托人和管理者。这是21世纪中国能力的最佳组合。若国运如此，天下何惧！

「失衡时代的忧思」

房价涨得再高，人民也不会给你发奖的

——北京、上海、深圳房价暴涨反思录(上)

这不是一篇批判性文章。相反，我会给出若干理由，说明北京、上海、深圳这三座城市的房价暴涨有其逻辑，正如黑格尔所言，“凡是现实的东西都是合乎理性的”。

然而，这又是一篇反思性文章。先把反思结论给出：中国一线城市的房价暴涨，而且是隔几年就来一次间歇式上冲，充分说明中国经济每到调整期，总会无可避免地依靠房地产这个引擎启动：1997年亚洲金融危机后住房建设被列为“消费热点和国民经济新的增长点”；2003年国务院18号文明确“房地产业关联度高，带动力强，已经成为国民经济的支柱产业”；2009年全面刺激楼市；2016年政府鼓励居民“加杠杆”。“房地产驱动”比“创新驱动”更能见增长之效。与此同时，房价暴涨也标志着中国房地产和中国经济的金融化程度越来越高，“资产依赖型繁荣”在事实上远比“踏踏实实发展实体经济”受追捧，辛苦开个厂不如大胆买套房。我们没有在制造红利上纵向升级，提升价值，而过早步入了通过金融化手段促进资产端繁荣的畸形发展。房价暴涨不过是“实体经

济不景气、优质的实体资产荒芜”这枚硬币的另一面。实体经济越不景气,源源不断供给的资金就越是“去实体化”而追逐房产。尤其是在股市泡沫破灭之后,房产似乎已成为最佳投资标的。

从以上两个方面看,中国经济在一定程度上已经被房地产“绑架”,同时也陷入了隐患重重的金融化误区。无论前者还是后者,都在透支中国经济的未来。

我的预判是,一线城市的房价上涨在一段时间内并不会终结,但“房地产驱动”和“资产依赖型繁荣”并不是经济增长的健康实现形式,相反,它正在让无数普通人“悲欣交集”,愁绪难言。

这篇文章不是要去找谁作为靶子来批判。房地产对中国经济的支撑作用和对国民福祉的改善是一个基本事实,政府在房地产调控中存在不足,但不调控只怕问题会更严重。近期我看到很多讨伐式的“檄文”,骂得痛快淋漓,但不少连基本事实都尚未弄清。比如,只要看看财政部每年初的公开报告,就会明白各地的土地出让金收入大部分都用于拆迁和公共配套设施建设(事实上某些项目的土地出让金连拆迁都不够),而不是为“聚敛”土地财政。政府每次房地产调控都宣布不会容忍投机,但从“温州炒房团”开始,哪一次最终不是“上家—下家”的套利致富逻辑得逞?整个社会形不成节制投机、尊重实干、鼓励创新的约束氛围,政府再调控,总有空子可钻。在上海,跟房子相关的“假离婚”案例都可以写一部世界级“人间喜剧”了吧?

虽然政府不是我的批评对象,但我还是希望各级政府切实思考:房价越涨越高,并不等于你的位置越坐越稳。

深圳的房价是很离谱的?

造个房子要多少钱?按成本计算每平方米几千块钱了不起了,而房子的使用价值需要折旧和维修,会贬值。很多大发展商在全国各地都有项目，一样的产品，巨大的差价，每平方米几千块钱售价的地方都有钱赚，你就知道制造成本多低了。

那为什么卖那么贵？我们常说因为高地价、高税负、高毛利率，还有投资囤房炒房之风的盛行。

那房地产该不该作为投资品？这取决于政策。比如德国就不把房地产作为支柱产业，而是作为社会福利的重要组成部分，所以行政、法律和市场手段并举，抑制高房价和租金上涨。德国也由此成为炒房者最无计可施的国家。

如果一国允许把房地产作为投资品，那这种投资品能不能很好地抵御通胀呢？2009年底，我在深圳参加了与《非理性繁荣》一书作者罗伯特·希勒的对话会。他对美国过去120年住房市场走势做了研究，结果表明真实的住房价格指数随建筑成本而变化，除了在土地严格受限制的地方，住房价格最终趋于建筑成本再加房屋的经济收益（如租金等）。他说，过去的120年，美国的人口增加了2倍，并从一个落后国家发展为世界第一强国，住房价格却平均每年只上涨3.11%，由于同期CPI上涨为平均每年2.85%，所以住房价格每年真实的上涨只有0.26%左右。即使这0.26个百分点还主要是建筑成本上升带来的，过去120年美国的建筑成本平均每年上涨3.27%，高于CPI平均涨幅。

2009年下半年，在"四万亿"和天量新增贷款（全年为9.37万亿元）带动下，上海、深圳等地房价一路上扬。当希勒听说深圳的房价收入比接近36倍，他深感担忧。他说自己在美国加州用电脑分析房价收入比，看到的数字是8到10倍，已经觉得太高了。"现在，上海的房价已经接近纽约和伦敦，我想不应该再有大幅度的提升。""（按这个趋势）预计深圳20年以后房价超过世界任何一个地方，这是很离谱的。现在市场经济发生很多的活动，有很多情况的确已经偏离了正常的轨道，继续下去总有一天要回归到正常。"

我当时赞同席勒的思考，而一起参加讨论的《经济观察报》社长赵力则表示反对。他说中国有自己的国情,美国120年的数字不能拿来比照中国这30年。2009年下半年的上海,每平方米10万元的住宅已非个案。同年8月底,券商经济学家金岩石预测,以2009年1月1日为基准,北京、上海的房价将在未来5年涨一倍,其中高端项目的房价很可能突破每平方米30万元。拥有高知名度和高争议性的开发商任志强曾预测,北京房价将在5年内进入5万元时代。因为城市化会加速人口流入,带来房价进一步上涨,而商品房住宅用地供应量明显不足。今天看,他们的预测全都对了,席勒的担心似乎是多余的。

人人以为买房子可以赚钱。这种不顾一切往前冲的“动物精神”直接导致了房地产价格一路高企,从而产生了价格“泡沫”。这是当时席勒的观点。至少到今天,“买房子可以赚钱”在大概率上完全成立。所以多年以来,我总能听到朋友抱怨那些不断预警的经济学家:“你们总说房价要调整,要下降,结果3年前我可以买80平方米,现在只能买30多平方米。”

美国120年来的房价规律,对我们这几十年的房地产发展失灵了吗?

超级城市,超级房价?

在“家文化”的中国,房子是房子也不是房子。我在2010年初所写的文章中,是这样分析房子的属性的:

它是住所,是基本人权的保障之一,是个人和家庭幸福感的来源之一。

它是带动性强大的支柱产业,GDP的重要组成部分,地方财政的源泉之一。

它是一种家庭资产,也是一种可以利用杠杆形成,也可以通过交易获利的金融性资产。由于它可以较长期地囤积(不像有保质期的商品),而不能复制(具有唯一性),很容易被造势为“稀缺景象”。

它是预期,和经济发展、城市化、基础设施和公共产品的供给程度以及一国的地理特征与各地的公共产品水平具有明显的相关性。例如,城市每年投入基础设施的款项逐渐见效,客观上使得土地的含金量上升。与美国大陆不同,中国的地势为“西高东低,呈三级分布”,客观上也使得东部、南部那些濒临海洋的城市分享到更多的贸易红利,具有更强的财富吸纳性。

因为上面的这些特点,在中国经济持续繁荣与发展的背景下,有房子、有好房子、有更多房子成为老百姓的普遍追求。加上房子具有明显的升值空间,以及杠杆化投资的便利(房子是为数不多的投资渠道),使房价至今的趋势都是上升的,而调整和下降只在小区间范围内。

结合中国未来十五至二十年每年提高约1个百分点的城市化率,以及中国人均GDP未来十年增加200%的预测,房价上升的大趋势,似乎也很难根本性地逆转。

这是我当时的认识水平。考虑到自己想象力有限,我曾经专门邀请过善于想象的金岩石到《第一财经日报》座谈过一次。他在编辑记者的“炮轰”中侃侃而谈,逻辑倒也非常清楚:城市化是未来30年中国经济的主题,扩大内需的源头是城市化,城市化的助推器是房地产;中国正处于城市化加速阶段,土地和房产由于相对和绝对的稀缺性,具有了“投资与消费二重性”。对土地的投资有开发性溢价,对房产的投资有交易性溢价,目前房地产“刚性需求”中有相当部分不是消费而是投资需求。首先,从投资角度看,由于股市没有开放融资融券业务,普通投资人不能借钱投股票,而房地产的按揭融资功能补充了股市的缺陷,从而进一步强化了房价的螺旋式上涨趋势。其次,从超级城市的角度看,中国城市化进程中非常可能形成北京、上海两大超级都市,其人口数量将比目前大大增加。在高人口密度下,只能以城市土地的立体空间分割来解决生活空间的稀缺性。而稀缺,正是投资的前提。最后,只有当中国的城市化进程接近完成,例如城市化率达到60%以上时,房地产的刚性需求才会从投资需求转变为消费需求。就像欧美国家已完成城市化进程,土地的开发性溢价和房产的交易性溢价基本消失,住宅就会回归消费品本质,那时房价就会下跌。

我觉得中国房地产的趋势没有金岩石那么乐观。三四线城市已经滞涨了,一二线城市特别是人口净流入城市,有一定上涨动力,但去库存压力也很大。只有北京、上海、深圳这样的超级城市,情况似乎比较特殊。记得金岩石当时说,唐朝的长安就是超级城市,房价十分昂贵,所以白居易写过"长安不易,岂可白居"。"回顾历史我们发现,每当一个新兴国家要在全球崛起,要成为世界经济的火车头的时候,其核心城市的房价都会大涨。伦敦、纽约在其成为世界金融中心的过程中都是如此,东京也是如此。""我认为作为国际金融中心,上海的房价超过东京是很自然的。我不是说超过东京今天的房价,而是说会超过日本20世纪80年代末最高峰时期东京的房价。"

富豪聚集和高房价的关系

2010年之后,我已经好几年没写过房地产方面的文章了。原因之一是怕自己的谨慎"误导"了买房者,但又不愿像老金那样敢为高房价慷慨陈词。

前几天,我在乘坐的航班快要降落在印度班加罗尔时,突然想到:虽然印度还是低收入国家,但孟买、新德里的房价也很高,可见某个城市的房价和一国的经济水平、人均GDP并没有必然联系(比如2010年有机构数据披露,孟买房价每平方米平均9163美元,挺进世界前十,而当地人均年收入只有900美元)。于是我问邻座的印度朋友:"孟买的房价为什么这么贵?""两个原因。"他说:"孟买是印度的商业中心,富人多;孟买有宝莱坞,明星多。"瞬间,我想到北京、上海、深圳也是中国富豪和明星最集中的地方吧。按照“2016胡润富豪榜”，目前中国是拥有十亿美元资产以上富豪人数最多的国家。同时，北京首次超越纽约成为全球超级富豪居住人数最多的城市（有100人，纽约95人）。在富豪居住人数的城市排行榜上，前十名中中国的城市占了一半：北京、香港、上海、深圳和杭州。如果把富豪居住人数前二十的城市全部列出，依次是：北京、纽约、莫斯科、香港、上海、伦敦、深圳、孟买、杭州、巴黎、台北、旧金山、伊斯坦布尔、新加坡、首尔、东京、圣保罗、曼谷、洛杉矶、新德里。上述哪个城市房价不高呢？

拿北京、上海、深圳来说，且不说它们自身的人均GDP水平已跻身高收入经济体（北京市政府工作报告显示2015年人均GDP为1.7万美元），在某种程度上，它们也是“举国之利，集萃于此”的产物。北京不必说，它有笑傲世界的资源（设想一下假如迁都到天津、西安、郑州，那里的房价将如何变化）；上海有对接世界的商业文明还有为实现“四个中心”国家战略所获的资源供给（如金融市场）。上海、北京的地铁长度名列世界前茅，公共资源（高校、医院、商业、娱乐、治安）供给在全国独树一帜。相比起来，深圳更多是市场财富的聚集地。深圳2016年出口额1.64万亿元，已经连续20多年居全国第一，深圳金融机构数量位列全国第三，深圳民富程度高，土地面积却较小，这都支持高房价。中国虽然国土面积大，但平原面积只占十分之一，高效的城市化方向更倾向于“都市圈模式”而不是“分散城市化”，这又会强化都市圈中超级城市的中枢地位，并抬高其房价。

如果按照中国城市的人均GDP排名，克拉玛依、鄂尔多斯、阿拉善位居前三（2014年人均GDP分别为36352、33584、31127美元），为什么它们的房价却远不及北京、上海、深圳？答案是：外来人口置业意愿低。一个地方靠自然资源富起来不难，但要成为人们向往的居住地，是要多方面持续积累的。我看鄂尔多斯富豪的孩子送到北京上私立名校的不少，但北京富豪到鄂尔多斯置业的不多。房价高的地方，一定是很多富人扎堆愿意在这里投资、工作、生活、社交的地方。2009年下半年房价狂涨,万科上海当时的负责人刘爱明曾告诉我,万科在上海的很多项目,1/3是上海身份证买,1/3是全国身份证买,1/3是海外护照买。富人都往这里涌,房价自然上升。当时江苏某些小开发商干脆把企业卖了,在上海买房,因为算算账,自己费尽九牛二虎之力做个小项目挣的钱还不如囤房。

美国是发达国家,多年来房价就是旧金山和纽约更抗跌也更能涨,原因是人口净流入,特别是富人净流入。新兴经济体平均收入水平和发达经济体有不少差距,但它某些区域的房价,因为富人集中度和财富集中度更高,反而会超过发达经济体。莫斯科、孟买、伊斯坦布尔、圣保罗、曼谷、新德里,不都是这样吗?

对普通人来说,很多富人、明星和你住在一座城市,好处是富人会通过投资带动当地经济——富人更多处于产业链高端和服务经济中,也会提供薪水更高的就业机会;坏处则是他们随随便便就买高了房价,间接大大增加了你的支出压力。当黄浦江边的豪宅涨到15万、20万一平方米,空气中弥漫的钞票气息也会让松江片区地价步步高升吧。君不见,超级城市卫星城的房地产项目,广告中永不省略的总有一个卖点,就是距城中最中心区域的距离非常近。当中心暴涨,覆巢之下,周边岂能幸免?

为什么说泡沫已经很大?

我在前文自觉不自觉为北京、上海、深圳的高房价找了不少支持理由,若仅限于此,我就不会写这篇文章了。在我看来,目前的房价已经有很大泡沫,泡沫还会继续下去。而泡沫的最大特征就是会破。

有中国经济学家认为,根据房价租金比,目前一线城市房价没有什么泡沫。最近一两年租金的确上涨较快,但要说房价没有泡沫那实在是奇谈。不久前去深圳，和朋友在蛇口吃饭。他指着对面的一个小区对我说："1平方米7万，奔1000万去的房子月租才1万多。"这可能是个案，那不妨看看第一财经研究院最近的一个研究。对比各国一线城市二手房租金与房价之比，中国二手房租金收益率属于偏低水平。更值得注意的是新房并不在房租收益率统计中，而新房因为价格更高所以租金收益率只会比二手房更低。另外，中国的房租收益率早已低于十年期国债收益率，与国债相比房地产投资风险更高、流动性更差。因此，投资者事实上是更加依赖未来卖出房产时带来的收入，而不是靠低租金收益率。现在购买房产已经变为相信未来有人以更高的价格买入的投资行为。

如果我们再拿最近十几年北京、上海、深圳的城镇居民可支配收入增长和房价增长来对照，房价的泡沫同样是明显的。2015年上海城镇居民人均可支配收入为52962元，2016年1月商品住宅成交均价为每平方米3.59万元，一个人一年全部可支配收入仅能买1.475平方米。如果这不算泡沫的话，还有什么算泡沫？

2009年8月，我和日本三菱公司的高管曾有过一次关于东京和上海房价的对话。

问：东京现在的房价怎么样，像上海内环以内的地段吗？

答：如果用美元来计算，东京现在很好地段的公寓，100平方米的面积，价格大概在60万到80万美元。质量很好，治安和管理也很好。（出生于上海的翻译补充说，这里说的地段是像汤臣一品那样的地段，而且东京的房价是按实际使用面积计算的，阳台和走廊都不算钱。）

问：这样计算，上海房价已经比东京高了，那为什么在人们的印象中东京的房价高得离谱呢？

答：你说的是日本泡沫经济时的情况。在20世纪80年代末期，东京100平方米的公寓，要卖120万美元，而且无论是地段还是质量、治安环境，都不如现在的公寓。

问:从泡沫经济破灭到现在,东京的房价跌了多少?

答:(做了一个向下砍的手势)不同地段的情况不一样,也有跌一阵、再涨又跌的。但总的来说,差不多跌了一半吧。很好的地段跌得要少一些。

问:那你觉得现在上海的房价是不是也有泡沫呢?

答:可能是在泡沫初期吧。不过有两点上海和东京很不一样:第一,中国经济是向上在走,而日本这些年是停滞的;第二,我觉得中国媒体对中国经济都很有信心,而日本媒体对日本经济负面报道很多,一点小事就报得很大,弄得大家信心不足。

问:最后再问一下,中国有些地方的人很喜欢炒房,一个人在不同城市买好多套,东京有这种情况吗?

答:在泡沫经济时期有,但现在很少了。现在东京有的人是借银行的钱,在地铁附近买个小公寓用于出租,因为日本的利率实在太低了。

问:既然利率这么低,流动性应该很强,为什么不借银行的钱投资呢?

答:主要是泡沫破灭的教训,不敢了……

这五年,上海的房价又上了一个台阶。中国媒体对中国经济依然很有信心,所以才会有"牛市4000点刚起步"的雄心。遥想日本泡沫经济最严重的时候,东京的房地产市值可以买下两个美国。挥着支票本的日本人买下了夏威夷96%以上的饭店和高级住宅以及洛杉矶闹市区一半的房地产,甚至有人说:"美国正在变成日本的第41个县。"无限制的自信心,地价、房价、银行资金和抵押物价值的循环上升,膨胀出"日本第一"的"奇迹"。演绎到最后,东京帝国广场一平方英里土地的价格比整个加利福尼亚州土地价值还高,银座四丁目地价暴涨到每坪(3.3平方米)1.2亿日元!最后又怎么样呢?

"泡沫经济是一个无法回避的阶段,就是涨的时候惊心动魄、超乎想象,跌的时候目瞪口呆、惨不忍睹。"这是金岩石大约六年前说的话。

当时我问他："既然有前车之鉴为什么不加以防范呢？"他说："你的用心是好的，但是人为的压抑和扭曲，改变不了市场自然的过程。外滩的房子每平方米只卖5万元，都来买，那会挤死人，将来要是卖50万，就把全世界的富人都聚来了，征服他们，提升中国的财富价值。你也不用担心，等这些人老了，自然会把房子卖掉，到外地买个便宜的房子过日子。这就是先要城市化再去城市化，先泡沫再去泡沫的过程。"

只能尽可能快地重复错误？

今天有人说，根据统计，绝大多数经济体房价都出现过长期大涨的情况。不错，但你统计过大涨之后的情况吗？全球主要城市的房价都被北京、上海、深圳"杀"得落花流水。看看多少商铺生意低迷，多少客户欠租退租，你就知道，表面繁盛的商业地产背后，很多实体商家已经快撑不住了。

我在新德里的街头看到过这种场景：最旺的街区也有空铺，麦当劳都在向更外围的地方迁移，因为租不起房。价格是抬起来了，实际的消费力、购买力、企业盈利能力都支持不了，这种"实体滞、虚拟涨"的局面，真能持久？

现在，摆在我们面前的事实很可能是，超级城市仍在迈向超级房价和超级泡沫的道路上。没有停歇，看起来也没有什么办法让它停歇下来。

我们准备靠教训才能让它停歇吗？

1962年春天，哲学家波普尔在他《猜想与反驳》一书的序言开头，引用了两句格言。一句是："经验是人们给他们所犯的错误取的名字。"另一句是："我们所要做的一切是尽可能快地犯错误。"

我们，是从别人所犯的错误中变得明智，不再重蹈历史上那些超级泡沫的覆辙，还是只能尽可能快地重复那些错误呢？

用怎样的社会主义约束资本狂潮中的房价

——北京、上海、深圳房价暴涨反思录(下)

我在"房价暴涨反思录(上)"的开头提出,目前一线城市的房价暴涨不过是"实体经济不景气、优质的实体资产荒芜"这枚硬币的另一面。实体经济越不景气,源源不断供给的资金就越是"去实体化"而追逐房产。中国经济在相当程度上已经被房地产"绑架",同时也陷入了隐患重重的金融化误区,这都在透支中国经济的未来。在这篇文章里,我将给出详细的思考逻辑,和大家一起探讨。

我们正在进入"资产性繁荣"

每一个经济体都追求繁荣。繁荣依赖每个人根据利益原则所采取的自主行动("无形的手")。而从社会整体来说,按照著名管理学家迈克尔·波特的理论,一个经济体的发展会经历四个阶段:要素驱动、投资驱动、创新驱动和财富驱动。前三个阶段是一国竞争优势的主要来源,一般都伴随着经济的繁荣,第四个阶段是转折点,经济可能由此开始衰退。

让我们想想20世纪80年代末90年代初的日本吧：日元升值、财富暴增背景下的日本女性包机去米兰，只为购买刚刚发布的新款丝巾，那就是钱太多了。这个财富驱动的时间不会很久。

再想想美国次贷危机前的繁荣吧：美国人喜欢负债消费，带动了生产端的繁荣，但负债总有个限制，信用卡被刷爆也就不能再刷了。怎么办？玩出了一套“次贷繁荣”，房价飙升与“零首付”相结合，只要买房、换大房，你的资产就会升值，而银行会按照升值后的抵押物调高你的贷款额度。于是，你又可以得到更多现金支持消费了。这就是“资产依赖型繁荣”。从消费，到负债消费，到资产依赖型的负债消费，最终这个繁荣游戏玩不下去了，轰然倒塌。

一个国家，如果不想过早地进入“财富驱动”的宿命，它就必须克制资产性繁荣的诱惑，更长久地在创新驱动中专注于生产性活动，对技术创新充满热忱，对工匠精神奉若神明，而不是热衷于炒股、炒房这样的资产套利活动。

从改革开放起，中国一直依靠廉价的生产要素（土地、劳动力）和高储蓄背景下的高投资，拉动经济增长。这没有错，因为这是中国的比较优势。把这种优势和全球市场相对接，也展示出了中国制造的强大竞争力。应该说，在要素驱动和投资驱动后，中国完全有希望更早、更好地进入一个创新驱动的阶段。

我们来回望一下历史。最早是1995年中央关于制定“九五”计划的建议，提出了关键要实现两个具有全局意义的根本性转变：一是经济体制从传统的计划经济体制向社会主义市场经济体制转变；二是经济增长方式从粗放型向集约型转变。当时提到的问题就有“国民经济整体素质低，产业结构不合理，经营粗放，浪费严重，效益不高”等问题。五年后，“十五”计划提到“今后五到十年是进行经济结构战略性调整的重要时期”，主要目标包括“经济结构战略性调整取得明显成效，经济增长质量和效益显著提高”。再过五年,“十一五”规划建议,必须加快转变经济增长方式,必须提高自主创新能力,“在优化结构、提高效益和降低消耗的基础上,实现2010年人均国内生产总值比2000年翻一番”。而“十二五”规划的建议是,今后五年是深化改革开放、加快转变经济发展方式的攻坚时期,坚持把经济结构战略性调整作为加快转变经济发展方式的主攻方向,坚持把科技进步和创新作为加快转变经济发展方式的重要支撑。最新的“十三五”规划的建议是:“以提高发展质量和效益为中心,加快形成引领经济发展新常态的体制机制和发展方式……”

整整20年过去了,从总体上说,中国经济的发展模式完全从粗放型转型为集约型了吗?没有,所以我们还要大力推进创新驱动。而另一方面,中国一线城市的房价已经“笑傲天下”。环顾四周,有房的旧人笑、没房的新人躁,不是很普遍的事实吗?

你追求什么,就得到什么。德国不追求高房价,杜绝炒房,所以人家有高价值的制造业,产品价格也卖得很高,抗击风险的能力很强,社会也很和谐。我们说是发展实体经济,但当炒股、炒房的收益远远高于好好做产品、做服务的收益时,谁会安心呢?

中国的房价涨那么高,我们心里会更自豪、更踏实还是更不安?德国人安安静静守着自己的奔驰、宝马、奥迪、拜耳、博世和大量的“隐形冠军企业”,还要推动工业4.0,人家比我们踏实多了吧!

金融化对中国经济意味着什么

我一向以为,房地产不是纯粹的虚拟经济,而是民生工程,是国民经济的支柱产业。特别是改革开放前,中国的人均居住条件非常差,发展房地产也是在增益国民福祉。问题是:我们究竟如何定义房地产的属性?更偏向社会福利、实体经济,还是放任它成为完全的市场化产物,最后变成一种投资品、金融品?定位差之毫厘,现实谬以千里。

当房价已经远远脱离使用价值,越来越成为一种早买者可以自炫、多买者大获其利、晚买者聊以自慰、未买者顿足捶胸的财富游戏,当房价和建筑成本变得几乎无关,而被预期、交易、杠杆和流动性决定,以及整个社会的金融化程度决定,初始价值不断被放大,这对中国究竟意味着什么?

我们身边和房地产相关的许多事实表明:房市一旦成为投机乐园,哄抬价格、内外勾结就成为必然,而相当部分的普通消费者受到"投机价格"的信号误导,也会纷纷入市,有的不切实际、盲目购买超出自己经济承受力的大户型住宅,有的"啃老",有的过度借贷。本来生活可以过得健康平衡,却把自己逼到节衣缩食、为"资产化生活"牺牲许多合理消费、幸福指数大为降低的境地。无论投机者还是跟风者,其实都明白,超过合理限度之后,住再大的房子,拥有再多的房子,和人生幸福已经毫无关系,反而因为负债上升而增添压力。所为者何?唯有赌房价继续涨!

我反对金融崇拜,反对用金融化思维主导一切。什么是金融化?正如商品化是把某种产品变成商品,进行定价与交易,金融化就是把对某物的财产权和未来收入预期变成金融商品。一块地,一套房,一种资产,一些股份,一幅字画,一件玉器,只要所有权和分配权得以明晰界定,就可以定价(货币化),可以交易,可以运用杠杆按揭付款(把一次性大额开支进行分摊),可以抵押融资,可以把未来提前变现、分割销售(未来收入的票据化、证券化),还可以根据基础资产衍生出更多投资产品,等等。

我们离不开金融。消费金融,可以使你提前过上幸福生活;聪明投资,可以帮你实现财务自由,做好未来保障;资本市场,能让企业快速发展,有效整合,优化配置;土地的资本化,能帮政府以大规模投资基础建设。在经济全球化背景下,当一个金融化程度高、金融市场强大的经济体,与一个金融化程度低、金融市场不强的经济体接触时,很容易获得“超级收益”(最典型的就是美元)。一个国家实体经济再强大,如果缺乏强健的金融根基,很难避免“在战场上胜利了,却没有战利品”的悲剧。所以我完全赞成,中国必须做强金融业。

但是,在我看来,只有建立在实体性繁荣基础上的资产性繁荣、金融化繁荣,才是靠得住的。比如香港,金融业发展的基础是转口贸易的发达,转口贸易的基础又是20世纪五六十年代的工业化和80年代以后作为内地“南风窗”的地缘优势。实体性繁荣的基础,是你有生产好产品的核心竞争力。而资产性繁荣,往往掺杂着预期的炒作、“羊群效应”和对未来的透支。

以过去37年来看,中国经济总体上一直保持繁荣之势,但繁荣的基础和推动力正在悄然变化,例如,先从农村复苏再到城市兴盛,先从工业起步,从“三来一补”(来料加工、来样加工、来件装配和补偿贸易)起步,从商品经济、实体经济的生产起步,再到金融领域。总的趋势是:市场化不断升级——从商品市场到要素市场;金融化不断加深——货币化、证券化、虚拟化、杠杆化和一定程度的泡沫化。商品化时代和资本化时代的财富逻辑是不同的。前者的财富主要来自劳动生产率的提高与管理的改善,技术创新、商业模式创新以及对新消费需求的满足。这里财富的分布相对均匀,商品价格主要由成本加一定的利润率决定。而在资本化时代,财富的分布相对离散,贫富差异急剧放大且往往无法收敛,资产价格主要由杠杆、流动性、交易时间早晚等因素决定。

从20世纪70年代末到90年代,我们主要见证了劳动分工深化带给中国的市场化红利。这种红利是普遍的、以劳动为基础的。从20世纪90年代开起,我们开始见证金融和资本的深化带给中国的金融化、资本化红利。而这种红利是不均衡的,以投资为基础的。今天的“中国式繁荣”,既有劳动分工深化、劳动生产率提高而形成的红利,也有大城市繁荣、金融与资产领域繁荣的红利。中国红利是两种红利的混合体。通俗点说，前一种红利更像是面粉，后一种红利更像是发酵粉，如果面粉与发酵粉的比例不恰当，蒸出来的馒头一定是虚大的。

今天的中国经济，资产性繁荣已有压倒通过劳动分工深化和劳动生产率提高而形成的实体性繁荣之势——财富向资产拥有者偏移，劳动性报酬远远赶不上房产性收入，资产炒作之风弥漫。想想有多少"跑路"的老板是因为把企业流动资金拿去炒股炒房吧！这是因为炒房比做实业更赚钱。中国的实体经济大而不强，产品高精尖的程度和世界先进水平还有很大差距。谁叫资产性繁荣来得这么容易呢！

房地产为什么会成为"脱实向虚"的大赢家？

房地产是民生工程和支柱产业，但它不能向畸形化、投资属性膨胀的发展。那为什么我们依然有很多人选择"脱实向虚"，不断放大房地产的投资属性呢？

首先，要走上实体经济的升级和创新驱动之路，作为实体经济微观基础的企业一定要市场化，充分竞争，能够从实体经济中获得利益，看到希望。中国的现实却并非如此。当民营企业要从轻薄短小的玩具、服装、家居、家电等向上升级时，总是会遇到"天花板"。有很多领域事实上存在所有者歧视和行政性垄断。他们无法进入这些"肥水"，当然就会转向炒矿、炒地、炒股、炒汇、炒文物的投机领域。没有知识产权的保护，也就很少人会专注研发，而习惯于贸易入手、倒买倒卖。

同样是在1995年，即中央提出经济增长方式从粗放型向集约型转变的那一年，江泽民在上海、长春召开的企业座谈会上说，要积极推进国有企业改革，现代企业制度的基本特征是"产权清晰、权责明确、政企分开、管理科学"。这四句话是相互联系的统一整体。20年过去了，这个任务依然没有完成，在"十三五"规划建议中，仍然提出"分类推进国有企业改革，完善现代企业制度"。现代企业制度迟迟不能建立和完善的结果,是中国还有大量企业不是真正有长期打算、充满内生活力、可以自主负责的企业。这样的微观基础,必然导致中国的投资回报率步步降低,投资于每单位GDP所用的资本不断增加。很多研究都表明,中国企业平均的资本回报率(5%左右)低于银行贷款的平均利率(7%左右)。

在这种局面下,中国经济怎么还能够不断繁荣呢?答案是,靠政府有形的手的作用。想想各种形态的政府投资吧:基础设施、开发区、新城,还有各种政绩工程。投资总量的上升刺激起了经济增长,但也使整个经济效率改善的速度进一步下降。再想想如此之多的"刚性兑付"吧:早该出清的东西,政府用信用背,政府扛。看着都是"不灭的神话",实际都是把所有问题往肚子里咽,咽过这届任期算数,而最终尾大不掉,变成极难解决的社会稳定问题。总而言之,政府没把工作重点放在建立公平竞争的统一市场方面,没减少对各种价格信号特别是要素价格信号的扭曲。中国多年以来的重大工程,有多少是能经得起投资回报率检验、能取得高于资金成本和机会成本的净收益呢?这令人反思。

如果中国经济的微观主体(企业)继续非市场化筛选和竞争,其结果是中国将继续存在大量低效企业和"僵尸企业"。如果中国的要素信号、市场的进入与退出,仍然不能让市场在资源配置中发挥决定性作用,那么,企业的日子将更加难过。很多大国企固然有多种渠道赚钱,但赚钱多么没有意义,而且抬高民企融资成本,让民企赚钱更加困难。

如果企业的日子很难过,又不能"破"、不能"出清",那将出现什么情况?我们常做金融供给给实体经济输血。所以我们看到,中国股市的长期收益还不如把钱以活期方式存入银行;中国的广义货币M2年年增加,已经超过140万亿,是GDP的两倍多(注:2000年M2为13.25万亿);中国的国有企业2015年9月一个月增加的整体债务量就达6万亿,已将杠杆配置运用到极致;中国新增社会融资的40%被用作为形式利息的支出。这些数字说明了什么？说明从整体上来说，除了把钱投到房子上，安全可上涨，此外投给企业、投给股市，都不靠谱。

现在你明白为什么实体越荒、房子越旺了吧！由于微观机制和宏观环境都有大量非市场化因素，导致大量过剩和无效、低效产能出现，它们无法提供好的回报，而是在不断吞噬新的资金注入。资金注入越多，整个社会的货币供应就越多。长期看，CPI不涨资产价格也一定涨。三四线城市的经济下行非常明显，很多地方都没有人口流入了，于是，一线、估计很快就是二线的楼市就成为最后又是最好的资金标的，这又有什么奇怪的呢？

从几年一波的楼市狂潮中，我们能读出整个中国经济增长模式的密码，但心情却是很沉重。不用去责怪谁，这是我们共同的宿命，也是我们需要集体超越的处境。

德国的启示与社会主义情怀

我刚从德国回来，了解了这个接近60%的人都租房的国度的情况。在2万人口的小城金根，市长杰瑞特·埃尔瑟(Gerrit Elser)对我说："政府最重要的事就是教育和住房问题。"德国宪法规定："财产权负有义务，其行使应同时有益于公共福利。"就住房来说，德国的出发点是保障为每个家庭提供一套住房，但并不把房地产作为支柱产业。

二战后，德国政府采取补贴扶持政策。公共、合营与私人开发商用几年时间建成了数百万套出租房，政府也修建了大量的商品房，标准与开发商的房子没有任何区别。德国的租房合同大部分是无期限的，除非房东收回房子自住，否则不能要求房客搬走，强行赶走房客会被告上法庭。

为什么在德国，住房不是投资品，只是带有福利色彩、保障民生的基础商品？因为政策的核心思想就是要反对住宅空置和投机炒作。德国的《住宅建设法》规定,房子建设时一定要考虑公益和福利的基调,考虑中低收入群体。德国房屋租赁法实施多年,严格限制出租者任意涨价,租金上涨幅度3年内不得超过20%。如果超过,租户有权向法院提起诉讼,法院将判决租金上涨无效。2015年3月6日德国议会通过租房法的修改案——《限制房租法》,以五年为期,从2015年6月起在柏林地区率先生效。它对房租上涨限制得更严,要求对老住户3年内租金涨幅不得超过10%。新法还规定,谁委托中介出租房屋,谁支付中介费,以减轻租客负担。

所以在德国,房地产不是拉动GDP增长的产业和投资生财的渠道,其房地产业发展的目的就是让人们租得起房、有房租、有房住。德国租客协会早在1868年就在德累斯顿市出现,目前协会会员超过300万人。如果哪里租金上涨快,租客协会会组织游行示威。汉堡、柏林都发生过示威活动。柏林的房价几乎是欧洲国家首都中最低的,每平方米大约2000欧元。

德国政府严格监管土地销售,由于土地私有,可以自建房、合作建房。开发商很难垄断市场,操纵地价。在德国,新购房产必须缴纳高额综合税率,用于出售的房产首先要缴纳评估价值1%～1.5%的不动产税;房屋买卖还要交3.5%的交易税;假如通过买卖获得盈利,还要交15%的差价盈利税。新购住房未满7年转让,综合税率更高达50%。想投机房地产的人在德国很难得逞。德国还对住房继承人或受赠人采用超额累进税率,征收遗产税或赠与税。他们把住房当成一种平等权利,不认同靠继承遗产而高人一等。

在德国,我经常想到"社会主义"这四个字。在这里,关于住房的一系列安排背后,是一种平等意识,社会成员在基本公共福利上(住房、交通、医疗、教育)是平等的、普惠的。我在齐格勒公司碰到一个从湘潭大学考到海德堡大学读研的毕业生,她说三年研究生,学费一分未交。

我也想到了美国梦、德国梦和中国梦。J.里夫金在《欧洲梦》中指出,“美国梦”主要是指每个人都拥有不受限制的机遇来追求财富。私有财产被看作通向个人自由的通行证,个人聚敛巨大财富是主要的成功标准。而“欧洲梦”是一种新的历史观,是基于“生活质量”而非个人无限财富聚敛的“可持续性的文明”。所谓“生活质量”,就是“实际生活条件”以及“公民个人的主观幸福感”,比如健康、社会关系、自然环境质量,等等。这里所指的生活质量,主要的并非个人物质财富的积累,而是自我修养;不是钱财聚敛,而是精神提升;不是拓宽疆土,而是拓宽人类的同情。与“美国梦”不同,“欧洲梦”强调共同体中的互相依赖而不是个体的绝对独立自主,强调文化多样性而不是相似性,强调生活质量而不是财富积累,强调可持续发展而不是无限制的物质增长,强调投入的享受而不是疯狂的苦干,强调普遍人权和自然权利而不是私有产权,强调全球合作而不是单边主义的权力滥用。它要用新的“精神主义”去纠正第一次启蒙所提倡的“物质主义”以及无限制的进步论(直线、急速、无限求新)和绝对化的个人主义。

具体到房地产业,正如夏威夷大学荣誉教授洛克所说,德国对房产市场管控的一个重要结果就是保证了劳动力人口,并且通过实质上消除泡沫的方式,尽可能减少资源的不恰当分配。在英美经济“繁荣—萧条”的交替循环中,泡沫却多多少少是不可避免的。英美因鼓励公民将房屋所有权视作投资的税收刺激政策而不断恶化,导致了空间的大量囤积和利用不足。在德国的系统中,房屋建造商很少需要像美国的普尔特、霍顿、莱纳和托尔兄弟等房屋建造商那样囤积大量土地。德国房产建造商只需专注于以低成本建造高质量房屋,因为他们很放心:当有需要的时候,额外的土地可以用合理的价格拿到。

我们的中国梦,该走什么样的道路?在我看来,德国道路中那种深植的社会平等、普遍关怀、不许投机的的情怀,是值得借鉴的。

不要说房价上涨是因为什么

有人说,房价上涨是因为土地稀缺。中国是在2003年之后,将国有土地从分散在各类企业、各级政府机关手中向地方政府集中供应的。地方政府对土地供给的垄断,虽然有助于土地市场的有序,但由于土地财政的现实利益,一直在推高地价。如果从集体土地到农地,能自由进入市场,地价还会这么高吗?

有人说,房价上涨是因为大城市的建设用地太紧张。中国超级城市的人口密度比香港要低很多,远远没有到"人满为患,无地可容"的地步。几年前,证大集团的董事长戴志康指着地图对我说:"其实土地并不缺,你看看多少空白啊,真的推地的话,高地价就下来了。当然,土地开发指标地方政府没有权利决定,那么,能不能把土地指标和户籍对应起来?如果北京、上海一年让更多的外地人落户,他们能否把原户籍地的土地开发指标带到北京、上海,以提高其供地量?"

有人说,房价上涨有助于提高人民群众的财产性收入。让我们看看那些拥有多套房产的群体。只要允许存量意义上的既得利益者继续维持利益,坐等升值,空置无妨,不采取任何措施,那么要解决房价上涨可以说是无解的。

有人说,保障房建设很容易滋生腐败。假如我们封不住也不应该去封顶房价,我们是不是至少可以牢牢筑底,保障基本的民生所需呢?顶和底也是可以相互转换的,如果不好好筑底,听任顶部抬高,底价也会不断攀升;而如果能很好筑底,底部坚实了,顶部也不会抬得那么高。

有人说,要以房养老。单个人的想法也许是理性的,但是如果"公寓文化"流行,大家都无风险、无负担持有多套住房,就是在挤压无房者的需求。这样的致富之道,类似对后来者的一种掠夺。

中国楼市多年来的投资行为充分说明,有一些资源配置是一种错配。它将应该配置到实体经济领域和正常消费领域的资源都凝结在投机性期盼中,因此伤害了社会总福利的提升。如果我们不想让这样的行为主导社会经济生活,就必须重新反思那些扭曲的商业价值观。断绝投机行为,就能从根本上"救度"那些对击鼓传花尚存侥幸的人,帮助他们认真思考当下的生活、未来的生活。中国不能只是倡导崇尚实干和劳动者光荣,没有制度的保障,"劳动者光荣"很缥缈,投机者赚钱很现实。

几年前,戴志康和我交流时说:"我一直是自由市场经济的信徒,但是最近这几年我开始怀疑自己。我从农村考上大学时,对乡亲们说我将来有出息了一定把你们都带出来,可是现在我做不到。他们买不起房、落不了户。他们其实还是被大城市排斥。我觉得我们不能只讲市场经济而忘了前面的四个字,那就是'社会主义'。"他说,很怀念几年前在浦东开发证大家园的年代。房价4000多块钱一平方米,城市门槛没那么高,外来人才很容易进来。

如果证券市场最后都是投机文化,那真不如不搞。中国真正需要的金融市场,是以债信为中心的债券市场,而不是"贷款不如不还"的股市。通过直接发债,投资人对发债主体形成直接监督,获得相对稳定的固定收益。

如果房地产最后是投机市场,那将很有可能引发社会灾难。投资家们常说,人人都在谈论股票的市场是一个快出问题的市场。现在,人人都在谈论房价,又说明了什么?

"政府在经济中所起作用的观点十分类似于各类育儿指南书给我们的告诫。父母的恰当角色是,设定限制,这样孩子就不会过度放纵他们的动物精神。"这是诺贝尔经济学奖得主阿克罗夫说过的话。问题是,政府会主动、前瞻地设定限制吗?

亲爱的爸爸妈妈，你们在哪儿？

——关于中国老人的忧思

亲爱的爸爸妈妈：

今年我出国采访比较多，现在还在遥远的非洲，但每天也在关注国内新闻。这几天，在上海的金茂大厦、国金中心二期、会德丰广场、静安嘉里中心二期等高端写字楼里，不少经济警察正在调查一家叫中晋资产的公司。该公司雇佣业务员，涉嫌用虚假业务、关联交易、虚增业绩等手段骗取信任，用“合伙人计划”的名义变相承诺高额收益。据中晋资产披露的数据，到2016年2月10日，合伙人投资总额突破340亿元，涉及总人次超过13万，60岁以上的投资人超过2万。

我不知道这2万多60岁以上老人的子女是否知道父母的钱投到了哪里。至于中晋资产在投资“非上市公司可转债”和港股等标的不达预期后，是如何制造虚假业务、对下属企业进行自融资、毫无节制地夸耀“业绩”诱导投资者上钩的，这是警方该调查清楚的事。我最关心的是，你们是不是两万分之一？

我问金融界的朋友，现在到底有多少老年人在购买风险偏好型理财产品。“零壹财经”给我提供了一个数字（根据对17家公司的问卷调查）：到2014年年底，全国有P2P借贷者200万人，45岁以上人数占20.1%，投资金额占39.6%。也就是说中国的大叔大妈们以20%的人数投资了40%的金额，年纪越大对P2P的“贡献”越多。而在线下，在无数故意把“某某财富”的店面开在银行附近的地方，可能更受大叔大妈们欢迎。

这些事发达地区有，欠发达地区也有。我经常听朋友们说父母“被集资”，把钱放给了谁，该取回本息时总是延后，取现额度不断缩水，甚至血本无归，打官司也没用。连法官都劝他们，就是把人抓回来也没钱还。2016年3月底，银川破获了一起涉嫌非法吸收公众存款案，某投资公司向160多个老百姓非法吸收存款，受害者基本都是中老年。该公司从2013年12月起吸收的公众存款有2600余万元，其中退还客户600多万元，600多万元投到自己的饲料公司，剩余被几个涉案人瓜分。按这个比例，一半多投资者的钱都当成利润私分了，真的是“你要他的利息，他要你的本金”。

有人缺钱，有人有余钱，所以才有资金融通。在中国，长期以来，银行都是资金融通的最重要中介。现在一哄而上要“脱媒”了，银行似乎成为落后僵化的代名词。给投资人提供高于银行同期利息的回报，已成为所有投资机构宣传的起点。至于他们是否有银行的一整套风控系统和约束力，是否能找到像样的资产，好像没多少人真的关心。

从泛亚、e租宝、大大、快鹿、中晋开始到四处蔓延的被捂着掖着的事件，一场打着金融创新名义、毫不负责、对投资人的赤裸裸掠夺正在席卷全国。有些地方政府打的如意算盘是“不出事就好，就大胆试”，“更多资金流到我们这里，可以支持实体经济”。现在包不住了，警察开始出动，抓出了一批衣冠楚楚、挥霍无度的“妖魔鬼怪”。可是，损失怎么办呢？最后还不是“谁家的孩子谁家抱”，自己的失败自己扛！

真人秀《爸爸去哪儿》红遍天下。但在现实里有吗？亲爱的爸爸妈妈，你们真实的生活场景是什么？

第一,被传销欺骗。

前一段,一个在大学当院长的朋友对我说,他父母每年给传销公司骗走的钱有9万、10万,而且年年如此。他开解自己:“老人总要弄点事,我又陪不了。当成给他们的活动经费吧。”还有一个朋友,父亲是高知,在家族中很有地位,卷入传销后把亲戚朋友都拖进来,普遍上当后,他现在连手机也不开。就在刚才,还有一个朋友圈的笔友微信我:“秦老师,路过北海看老乡,一路上旅游大巴,感觉导购就是洗脑,老提北部湾一号、银滩,说是养老的好地方,像传销的模式和套路。能不能咨询一下?”

第二,消费陷阱。

史玉柱说他搞“脑白金”就是因为最早在江苏江阴调研中发现,白天年轻人都出去上工了,在家的大多是老人。老人吃保健品一般舍不得自己买,也不好意思张口向子女要,所以整出了“今年过节不收礼,收礼只收脑白金”的创意。史玉柱的产品有些效果,广告再恶俗也一直有市场。而现在针对老人的很多产品、服务,纯粹就是骗钱,相当于为骗钱弄个产品。2016年中消协公布的老年人消费十大受骗案例是:网上看病有陷阱(商家从来不告诉具体名称和地址,都是通过快递公司进行药品、保健品和钱的交换,中药均无处方、无说明书、不开发票,打电话咨询都是转接,先问消费者是谁,然后再打过来),免费承诺藏陷阱,虚假广告设陷阱,迷信专家入陷阱,“无理由退货”成陷阱,养生讲座变陷阱,冒充补贴造陷阱,保健品和药品混淆成陷阱,上门维修布陷阱,互联网金融新陷阱。老人喜欢看电视,很多健康讲座节目一般都会公布一个400热线电话,对接一种特效药,被这些特效药欺骗的老人何其多!最令人气愤的是用电信手段进行的金融诈骗,比如制造骗局谎称子女亲友车祸、欠债、很快就有大灾,诈骗老人转账,等等。

每当我看到那些提醒和指导老年人如何不要上当受骗的文章,就感到无比悲哀。仿佛是一个遍布陷阱的森林,让老人去探索,同时给他们一些指南。当你老了却需要开始学习分辨是非的基本知识。如果被坏人骗了都由你自己负责。这是一个什么环境?

中国老年人的生活质量虽然在不断提高,预期寿命也在不断增长,但遇到的问题也越来越多。比如拿百度搜一下"老年人被骗"就有200多万条。如果继续这样不改变,老人纵然能多活几年,但质量却并不怎么样。

第三,无妄之灾。

2015年的"东方之星"号客轮翻沉事件,有442人死亡,大部分是老人。我不知道出了这么大的事,政府有没有举一反三建章立制。比如凡是涉及老年乘客的交通工具,航行时对天气的要求应该更加严格,安全为要,不能丝毫冒险。

据2016年4月10日的中国之声"新闻纵横"节目报道,2015年南通26名眼病患者在南通大学附属医院手术中注射了天津晶明新技术开发有限公司生产的全氟丙烷气体,眼球严重受损甚至失明。67岁的刘兰英老人因为右眼视网膜脱离做手术,换眼球晶体,注射了全氟丙烷气体保持眼压,手术第二天眼睛剧痛、红肿,气体不但没被吸收,而且出现严重炎症。她又先后手术了三次,还是没能恢复正常。目前视神经萎缩,右眼失明。2015年7月8日国家食品药品监管总局办公厅向全国发出通知,要求立即暂停销售和使用批号为15040001的眼用全氟丙烷气体。之后的调查认为,患者的不良反应事件与问题批次产品存在关联性。但该批次产品究竟有多少数量流入社会?临床实际使用了多少?问题产品里的有害成分究竟是什么?至今外界也不知道。

任正非在《我的父亲母亲》中写到他父母的命运。他的父亲——在昆明街头的小摊上买了一瓶塑料包装的软饮料,喝后拉肚子,一直到全身衰竭去世。他的母亲在一个普通的早上从菜市场出来,提着两小包菜,被汽车撞成重伤,在医院去世。这些无妄之灾,谁敢担保永远不会发生!

以上所写的内容是整个社会发展水平和管理能力的写照,不独给老人带来伤害。但发生在老人身上,创痛可能更重。中国老人还有一些因为国情导致的独特压力。比如在独生子女政策下,一旦唯一的孩子因为种种原因失去,就会成为“失独老人”。中国“失独”家庭有100多万个,每年以7.6万个的数量增加。他们的痛苦是一般人难以想象的,对痛苦的排解往往要靠在“失独”QQ群里互相慰藉。他们去看病,有时必须有家人陪才给药,到养老院也要监护人(多为子女)签字,很不方便,就是想出家,寺院的住持也会说只接受60岁以下的人。

独生子女政策带来的养老重负逐渐显现。《生命时报》对“中国养老现状”的一项调查显示,近1.5万参访者中,90%以上的人对养老现状不满意,四分之一的人担心自己年老后生病,或不能自理时没人照顾。2014年底上海户籍老年人数已经达到413万人,占全市人口总数的28.8%,预测到2020年户籍老年人口数量将超过530万人。我以前每年春节去慰问单位的老同志。他们说养老医院的床位,可能比好的幼儿园的学位还紧张。有些老人之所以“霸位”,就是怕一旦出去再也排不上号,热门护理院排队起码要一两年。老人增多,护工很少。现在还愿意当护工的,很多是60后下岗人员,70后愿意干的人已经很少。要是没有机器人的智能化养老,将来谁来当护工?

中国老人的痛苦还在于,他们怕自己生病衰老,无人照顾,但身体只要动得了,还要帮着照顾孙子孙女一代。我的一个在医院工作的同学说,现在病的要是孩子,都是全家出动,围在病床边。若是老人病了,基本就只有护工或老伴儿,子女来了也只是动口不动手,都是花钱请护工。很多人抱怨老人带孩子不好,那为什么不自己带?

2015年底,60岁以上的中国人已经有2.2亿,占总人口比重超过16%。预计2025年该指标将突破3亿,21世纪中叶将突破4亿,到时3个人就有1个老人。老龄化其实和每个人相关,我们都有老的一天。

看看和老人相关的一些数字吧:中国空巢和独居老年人近1亿人,

老年空巢家庭率达50%以上,大中城市高达70%;中国60岁以上失能半失能老年人4000万人;2015年到2035年,中国年均增长老人1000万左右,并伴随着高龄化、失能化、空巢化和少子化。根据新供给研究院的报告,按联合国数据推算,日本比中国老30年,富40年,日本的1985年可能是中国的今天,而中日间的共性就是人口"超老龄化"(年龄超过80岁以上的老人占总人口之比达到5%)。这一老年人口比例,日本在2006年就已达到。2014年日本老人用尿片销量已超过婴儿用尿片销量,中国预计在2030年到2035年进入超老龄社会。中国不仅在迅速老龄化,而且老得不平衡,东部比西部先老,农村比城市先老但养老和医疗保障远远不及城市,穷困老人带着留守儿童务农的场景,给中国的工业化进程涂上了一层悲伤的颜色!

究竟该怎么解决问题呢?父母投靠子女的入户条件、养老金和医保接续问题,多年以来在大城市就没有实质性的进展。财政安排问题,统筹养老保障和医疗体制改革,医养结合的老年生活服务和医疗服务建设,救助与慈善,长期护理保险,弹性退休制度,护理、康复、心理咨询等专业队伍的建立,《老年人权益保障法》的落实(比如如何落实"国家建立健全家庭养老支持政策,鼓励家庭成员与老年人共同生活或者就近居住,为老年人随配偶或者赡养人迁徙提供条件,为家庭成员照料老年人提供帮助"),到2030年全社会养老金可能达到4万亿资金缺口的弥补(否则从理论上说,大部分需要工作到80岁才能补上30%的养老金缺口),医保缺口如何解决……我们未富先老,未备先病,再不系统考虑施治以上这些问题,社会将存在极大的隐患。

但我更想说的是,我们每个有父母的个人如何尽责的问题。我们有没有认真读过《中华人民共和国老年人权益保障法》,意识到自己的法定义务?例如第十八条:"家庭成员应当关心老年人的精神需求,不得忽视、冷落老年人。与老年人分开居住的赡养人,应当经常看望或者问候老年人。用人单位应当按照有关规定保障赡养人探亲休假的权利。”这就是几年前引起争议的“常回家看看”。

根据甘肃省做的一个“全省老年人生活状况调查”,子女不“常回家看看”的情况很普遍,有70%的老人希望儿女每周能回一次家,有30%的农村老人和60%的城镇老人明确表示缺乏心理慰藉。中国人民大学最近推出的中国老年人生存状况调查指出,中国目前有24.78%的老年人感到孤独。法院系统的报告则显示赡养纠纷案件不断增长,子女不肯赡养老人,法院审理难、执行难。子女干预老年婚姻,认为丢脸,财产继承也有问题。在涉老财产纠纷案中,子女趁老人生病把存款、贵重物品转到自己名下时有发生,甚至威逼利诱老人订立遗嘱、侵占财产。房产权是老年维权的第一焦点,因为子女把占用老年人住房作为赡养条件,甚至强占、强行调换老人住房,利用房改将老人住房登记在自己名下。

中国老年人抑郁倾向和自杀率的不断提高,和儿女对老人的冷漠、啃老、劫老,有很大相关性。而老人容易被骗,也和没有温暖可靠的养老环境有关。钱财不足,所以容易被高收益的诱饵所骗;怕病无人理,所以被各种“神医神药”所骗。健康教育专家洪昭光曾经提醒所有子女:当父母老了,你们就是他们的主心骨。但事实上,我们是吗?父母对我们的要求并不多,也许只是希望经常联络沟通,我们给的够吗?

在几乎所有讨论老龄化的情景里,老,就是包袱、压力、落后。而90后备受追捧,“后向学习”大行其道。实际情况呢?且不说“银发经济”市场巨大,也不说在今天很多六七十岁的老人,其精神、智力和体力状态完全可以胜任很多工作,即使从唯物辩证法的角度看,老人是经验的象征,我们的社会固然要面向未来,但是,向老人取经、学习,本身就是面向未来的好办法。

中国历史上有孝文化,也有慈文化。上爱下曰慈。慈是父母之高行,“亲爱利子谓之慈”。在这方面,中国的老人基本是沿袭了传统的。而在另一面,“善事父母为孝”,“大孝尊亲,其次弗辱,其下能养”。儿女对父母要一生尊敬，不能因自己的错误使父母受辱，最差也要让父母有吃有穿。一个“孝”字的结构，就是“子”承托起“老”。孝文化推而广之，就是“不独亲其亲，不独子其子，使老有所终，壮有所用，幼有所长，鳏、寡、孤、独、废疾者，皆有所养”的社会大同。在这方面，中国传统文化的没落是明显的，尊亲、事亲的迷失是今天无数老人内心深深的创伤。

养老要靠老人本身，靠政府、社会和养老机构，但家庭养老仍是基础和根本。这就需要孝文化的回归和弘扬。有孝有慈，才能解决今天的很多老人问题，至少起到缓解的作用。

当然，制度和政策也不可或缺。全国老龄办副主任吴玉韶说，我们的一些政策，比如个人所得税政策，不考虑赡养因素；保障房只建五六十平方米，不可能“三代同堂”；阶梯水电价，家庭人口越多交的钱越多，也没有考虑养老的因素。在韩国、德国等国，政府开发的公益性住宅就有“多代屋”，白天打开隔断是一家，晚上关上隔断是两家，既方便老人也方便子女，鼓励多代同堂。新加坡发放“三代同堂花红”，给予与父母同住的子女补贴，鼓励多代同住。中国好像还没有哪个房地产商打孝文化的牌。

每个生命都是从幼到老的过程。我们如何对待老人，就是在示范今天如何对待明天。在内罗毕的肯尼亚国家博物馆里，我看到一张表，显示黑猩猩和人的区别。第一个区别是脑髓：人的脑髓相对于人体，比黑猩猩的脑髓相对于它的身体，显得更大。亲爱的朋友们，我们从动物进化的一个标志，就是我们有着感恩的心，和父母经常沟通，看看他们在哪儿，去哪儿。

中国经济为何博大而不精深

AP（Advantage Partners）是一家有24年历史的日本私募股权投资基金，其投资人包括日本最大的几家商社。这些商社往往要为日本品牌商到中国做市场调研和寻找合作伙伴，比如怎么引进日本的牛排连锁店品牌。“但他们目前还找不到能在本地提供合格原材料的伙伴，所以品牌进不来。”2016年加入AP的合伙人、投资家郑豫对我说。我去过不少政府机构采访，得知“八项规定”之后都是在食堂吃饭，听到所有东道主都说会的一句话是：“菜式一般。但菜都是专供的，没有安全问题，放心吃。”

似乎，不专供的菜，在菜市场买的菜，就是有问题的菜，不安全的菜。

中国已经有了很多世界规模的企业，但不是世界级的企业。因为它们的业务主要在中国展开，而且只要你愿意搜索，就会发现很多关于它们的产品与服务质量的投诉，离“零缺陷”差得远。

新华社一位资深媒体人在评述2015年6月1日的“东方之星”沉船事故时说：“沉船事件，一大观感，就是粗糙。船捞起来后，看到船舱内的布置，各种管线，设施，床和桌，还有整个型制结构，让我疑惑：江上的旅游船怎会如此粗糙。”

他的结论是，中国的现代化开始了100多年，洋务运动、传教士把电话、电报、电灯还有蒸汽机等引入中国。直到今天，我们在物质上跨越了，但没有培育好精神。中国以经济建设为中心，但这个经济，在一些官员那里，是以五年为期的，是任期经济。

中国制造就数量而论，在差不多一半的工业品品类里都是世界第一，但在世界品牌100强的排行榜上，还寥寥无几。在很多行业，人们都在问：为什么中国是数量大国但不是品质和品牌大国？比如，中国人参的出口量是韩国高丽参的6倍，但出口额却只有高丽参的70%。

要回答这些问题，就要深入这些行业产业链的每个环节。表面看是“价格歧视”，其实都和品质、品控、品位、品牌的水准不高有关。

从博大到精深有巨大改善空间

我和郑豫是在苏州考察一家叫安华物流的公司时碰到的。安华物流在汽车零部件的物流方面国内领先，总经理孙延安向我们展示了一个小专利，就是用塑料做的运货箱。箱子分成三部分，盖、底、四壁，四壁可以折叠，运完零部件四壁就折叠起来，这样箱子的体积就减少了一大半。

孙延安说，中国每天光快递包裹就在5000万个以上，但包装全是一次性使用。有没有可能向可循环使用包装转变呢？他和国外的一些专家合作，想找到一个好的解决方案。

无论走到哪里，你都会看到废弃的塑料袋和包装盒。从对环境的消耗看，似乎中国是一个物资博大的国家。2012年中国GDP占世界的11.6%，同年中国的能源总消耗折合标准煤为36.2亿吨，占世界能源消耗的21.3%。也就是说，我们和人家生产一样的GDP，消耗的能源多一倍。但事实上，中国的环境禀赋恰恰不支持高消耗。举例来说，中国的淡水资源占全球的6%,人均水资源量为全球平均水平的25%,而同时,中国每立方米的水的GDP产出只有全球平均水平的33.3%。这样的增长方式,我们的环境,从水到空气到土壤,能受得了、好得了吗?

那天在苏州,在和郑豫、孙延安的讨论中,我突然想到了一个问题:中国经济为什么博大而不精深?种类多,规模大,但不精细、不精致,而且因为缺乏技术深度和系统深度,附加值很低。

中国的资源条件不支持同质化、水平扩张的"博大路线",中国的新消费者群体也不支持排浪式、模仿式的粗糙消费。中国经济的转型升级,就是要从博大走向精深。这里有巨大的改善空间和成长空间。

什么是精深

我并非否认中国经济的精深化程度一直在提高之中。事实上,我们今天的生活水平之所以远超几十年前,就是拜更多更好的产品与服务之所赐。从麦肯锡最新的关于中国创新能力的一项研究可以看出,中国在聚焦顾客的创新方面(如电器、互联网服务),在效率驱动的创新(如太阳能电池板)方面,走在了世界前列。但是,客观地说,这两方面的创新,与中国的巨量人口效应(有利于互联网应用的发展)及跨国公司的产业链转移(有利于形成制造业的零部件生态)高度相关,而在影响更为深远和重要的两种创新——基于工程的创新和基于科学的创新方面,中国还需付出很多努力。

那么,什么是精深的东西?

精深的东西是核心技术,是让一个产品真正运转起来、具有内在控制性的关键技术,比如芯片。2015年7月27日,李克强总理在出席国家科技战略座谈会时说,中国科学实力已经很强大,但仍有不足的地方;目前每年要因为芯片进口花费2000多亿美元,这笔钱与每年进口石油花费的金额差不多。查询资料可知,2013年中国芯片进口额为2313亿美元(工信部数据),原油进口总额约2196亿美元(海关总署数据),芯片多年占据进口产品之首的位置。国务院发展研究中心发布的《二十国集团国家创新竞争力黄皮书》(2013)指出,中国关键核心技术对外依赖度高,80%的芯片都靠进口,手机、计算机、彩电产量都是世界第一,但嵌在其中的芯片专利费用却让中国企业沦为"打工者"。中国大部分行业仍然处于技术追赶阶段,大部分企业处于技术跟踪阶段,许多行业还处于低端的加工制造和低价竞争阶段。

一枚小小的高通芯片的价格约为六七十美元,一个集装箱的芯片价值可能等于中国驶出的若干艘巨轮上的全部袜子和鞋子的价值。这就是精深和博大的区别。

精深的东西往往是一体化架构的产品,而不是模块组装的产品。中国社科院工业经济研究所所长黄群慧提出,模块化架构是指产品构件之间的界面被标准化、产品构件与产品功能之间具有简单的一一对应关系,其零部件和组件通常是通用的、批量生产的。而一体化架构是指产品构件之间的界面未被清晰界定、产品构件与功能之间不存在简单对应关系,而是由一个构件承担多种功能、一个功能被分配到多个构件来实现的,它通常需要定制化的组件和零部件。举个例子,轿车是一体化产品,而台式电脑是模块化产品。中国在台式电脑上做到了世界第一。但台式电脑的体验主要由微软和英特尔决定,它们拿走了绝大部分利润。中国在模块化产品的生产组装方面有成本优势,但利润只占小头。在轿车领域,中国本土产品的表现也比国外产品差很多。

精深的东西是复杂系统中蕴含的复杂知识。从技术集成的复杂性来看,可以把制造分为组装产品、零部件产品和复杂产品系统三个方面。根据国外学者的研究,组装产品是大规模生产、功能独立的,如剃须刀;零部件或子系统产品是大规模生产、不具有独立功能但可以在一个更大的产品系统中承担特定功能的,如电信设备的基站;而复杂产品系统通常是资本密集型的,由大量零部件、网络结构和控制系统组成,比如飞机发动机。精深的东西更多是与复杂产品系统中的复杂知识有关。要生产出好的复杂产品,需要长期建构的系统化、集成性的研究开发能力,也需要能够支持知识创新与知识管理的流程、分工和资源整合平台。

精深能力的实现不只一条道路。黄群慧等学者的研究指出,美国制造的核心能力主要在"实验室",和一流大学的知识外溢、政府大型采购的驱动、复杂系统公司(如GE、IBM、波音)的知识创造、先进的项目管理技术等高度相关。它是一种Know-why的技术原创能力。日本制造的核心能力主要体现在一体化架构产品领域的"车间现场",是一种know-how和know-who的精益制造能力。德国的制造能力与日本类似,但企业组织和宏观制度具有更高开放性,并且可以充分利用欧洲发达的科学、技术网络优势,因而在复杂系统产品的设计开发和制造方面具有优势,所以德国提出了工业4.0的复杂架构,并且拥有像西门子、博世、SAP等具备综合集成解决问题能力的企业。韩国制造的核心能力主要体现为高强度技术学习基础上的投资能力,在半导体领域优势明显。

精深的东西和对卓越与完美的独特追求相关。1995年,美国科技记者罗伯特·科林利采访乔布斯。乔布斯说,生活中多数东西最好与普通之间的差距不超过两倍,好比说纽约的出租车司机,最棒的司机与普通司机之间的差距大概是30%。最棒的CD机与普通CD机的差距有多大?20%。但是在软件、硬件行业,这种差距有可能超过15倍,甚至100倍。"但人活着是要追求极致,并分享给同类的,这样人类才能共同进步,学会欣赏更美的东西。我想把这种精神融入产品里,只要用户使用产品,就能感受到这种精神……你可以从麦金塔电脑感受到某种奇妙的东西,我觉得优秀的同事都不是为了计算机而工作,而是因为计算机是传达某种情感的最佳媒介。他们渴望分享,你理解吗?"

在苹果最成功的产品出来很多年以前,乔布斯就把"人活着是要追求极致”当作苹果的哲学，要在一般人认为没有太大差别的地方做出15倍甚至100倍的差异。如果你看过奥斯卡获奖影片《入殓师》，大概还能记得那个失业的大提琴师当了葬仪师之后出神入化的化妆技艺，他的感言是：“当你做某件事的时候，你就要跟它建立起一种难割难舍的情结，不要拒绝它，要把它看成是一个有生命、有灵气的生命体，要用心跟它进行交流。”这是一种文化，是日本产品的精致、精细所离不开的文化。

我们的差距在哪里？

我在关于中国商业文明的研究中曾经提出过：中国人在造富敛财、出人头地方面的驱动，远远超过研发好产品、改变世界的兴趣与热爱的驱动。中国今天呼风唤雨的商业领袖，创新喊得震天响，但多是商业模式的炫耀，真正有发明创新气质的不多。中国有大市场，只要模仿加上忽悠，就能挣到快钱，没必要苦苦做产品。企业长期喜欢“市场换技术”，让外资企业交钥匙，却丧失了技术研发的载体。中国对创新的制度和政策保障长期不足。如果靠寻租、补贴和地方保护等不良手段也可以得逞，机会主义可以挣大钱，谁还有耐心去积累技术能力？

模块组装型产品不需要太多积累，比快比效率就行了。但是一体化架构的产品、复杂系统的产品，都是要持续积累的。现在金融机构招聘，名校大学生蜂拥而至，而愿意走工程师和高技能工人之路的相形见绌。一体化架构产品和复杂产品都需要持续的高质量人力资本积累。聪明的大脑都扎堆投资，谁来好好生产、有创造性地生产呢？

有一些学者从中国文化惯性的角度展开思考。以儒家为代表，中国的先哲对世界的认识主要不是出于对自然奥秘的好奇，而是出于对现实社会政治和伦理道德的关注。而西方从古希腊哲学家开始，对于天文、气象、几何、物理和数学等知识就有了浓厚兴趣。亚里士多德说：“求知是人类的本性”，“哲理的探索起源于对自然万物的惊异”，“为求知而从事学术,并无任何实用目的",是为了"摆脱愚蠢"。西哲大师中擅长自然科学的,如亚里士多德、培根、笛卡儿、莱布尼茨、洛克、康德、罗素、马赫、皮亚杰等,比比皆是。中国注重政治伦理,擅长直觉体悟、意象归纳与整体综合,所以凡事大而化之的多,不够精确。在垂直探索、形成逻辑与模型、一边温故一边更新知识的精深道路上,中国人往往浅尝辄止。而西方注重探索自然、追求知识和理性,以分析和实证的手段获得对于认知对象的精确认识,并不断向前推导出新的科学体系,所以精深化的程度更高。

北京大学理学部主任饶毅曾经说,对任何一个大国来说,科学技术与国家的未来至少在相当长的时间内是密切相关的;英国的强盛、德国的崛起、美国的崛起、日本的崛起,都有很强的科学基础。英国早期有一批像牛顿这样的科学家在好奇心驱动下做研究。力学定律、光学原理都不能直接生产出产品,也不能让科学家获得经济上的回报,但这样的科学有很强的"后发力",日后帮助英国强大了起来。瑞士是个人口不到800万人口的小国,却有21人获得了诺贝尔奖;日本也已获过20多次诺贝尔奖;犹太人更是获得了20多次诺贝尔化学奖、50多次诺贝尔物理奖、50多次诺贝尔生理或医学奖。

为什么我们建立不起来对科学(包括自然科学与社会科学)的信仰和对技术的偏好?或者说,是什么阻碍了我们建立科学的信仰和技术的偏好?这是另外一个问题了。有学者说,中国制造业要引进德国的五大工具理性,即"专注主义"、"标准主义"、"精确主义"、"完美主义"、"秩序主义"。殊不知,这些理性是深植于德国文化和民族性之中的,不是想移植就能移植的。

精深国家需要精深企业

中国历史上并非没有精深的产品,比如陶瓷和丝绸。今天中国的消费者也远不是只有低价的偏好，而是越来越讲究与追求品质。拿无印良品（MUJI）为例，2015年其在中国实现了63%的增长，远高于零售业的平均增速，销售额已接近30亿人民币。2015年12月12日，无印良品旗舰店在上海淮海路755号开业，由于人气太旺，进店前排队就要一两个小时，微信朋友圈有人吐槽说，场面堪比世博会时在沙特馆排队。

无印良品的设计师原研哉说，无印良品的产品之所以让人感到舒适，是因为让人在触摸之前，首先就产生一种“这个东西真的很好”的视觉意识，让人先产生美感，再去实际使用和触摸。我有一次在一家钟表店买上海牌手表，售货员从地上的一个袋子里拿出一个盒子给我打开。这是一种什么样的感觉？

没有一批有抱负、誓把中国产品做出世界品质的精深企业和精深企业家，中国怎么可能成为一个精深的国家？正如生活在雾霾之下的我们，如果没有坚定不移地追求纯净天空和清新空气的决心与勇气，我们将永远迷失。

一个在价值观上不坚持严格标准、随随便便的民族，无法真正享有精深的生活。2014年在纽约，一位年轻的华裔投资家告诉我一个故事。他夫人被派到中国三年，他希望儿子补上中文这一课，就让儿子一起回国。孩子读初中前两年当班长，第三年开学被老师换掉了。新班长对他说：“我家给老师送了一张卡，让我试试班长的滋味。”儿子回到家，就问妈妈能不能给老师送张卡。这位投资家没有让儿子继续在国内，而是把他接回了美国，并给他讲了《三国志》里的那句话：“勿以恶小而为之，勿以善小而不为。”他说之所以接回孩子，是觉得一些不可思议、不择手段的东西，在国内似乎司空见惯，非常“合理”。为什么我们的精深产品与服务成为稀缺品？可能就是从很多小节的缝隙中，流失了价值。

关于核心技术和一体化结构产品、复杂产品系统的精深，我们需要时间去累积。但是，在做产品和服务的心态方面，我们应该更早上路，超越自己。

最后,讲两个小故事吧。

一个是几年前从台湾《商业周刊》上看来的。京都有一家帆布包的生产企业"一泽帆布",手工制作,比LV还抢手。公司职员不多,从20岁出头到90多岁都有,没有所谓退休年龄,只要有心就能一直做下去。职员流动率很低,有人在外边等了三年才进来。怎么进来?社长信三郎说:"我只问他们一句:你会不会从一数到一百?如果他可以很有元气数完,这个人就能用。有快乐的职员,工作气氛好,才能做出好的包。"他说:"我们不该成为什么都会做的人,而是你只会做这个,但有绝对不会输于人的自信。"

另一个故事是瑞士Hublot创始人Biver告诉我的。这位做了一辈子钟表的老人有一个私人农场,有一次给我们送农场做的奶酪。我问他为什么要买农场?他说:"我发现瑞士很多好的表厂最早都和农场有关,原因是瑞士的冬天特别长,而冬天基本没什么农活,农夫们都在室内活动。做表需要特别的耐心,如果你心里急着想赶快造出来,质量不会很好。只有慢慢地,一点一滴细细去做,仿佛不用考虑花多长时间造出来,才能出精品。所以钟表业发展早期,不少农场在冬天的时候,就有一些农夫坐下来慢慢制表。我了解之后,就买了一个农场,希望去体会农场和手表之间的这种独特关系。"

经济转型升级依赖每一个企业的努力。如果要造出精品,往往要花更多的心思,向纵深处挖掘、专注、聚焦。心浮气躁、急功近利,只会离高价值的产品与服务越来越远。而这,绝不是中国经济未来的选项。

钓愚还是赋能，将决定金融危机离我们有多远

“中国病”以及如何治病

我们的实体经济和金融市场，正在遭遇一场“中国病”，而且病得不轻。

按照《人民日报》2016年1月4日《供给侧结构性改革引领新常态》一文中权威人士的说法，中国经济的突出矛盾和问题，近期主要表现为“四降一升”，即经济增速下降、工业品价格下降、实体企业盈利下降、财政收入增幅下降、经济风险发生概率上升。何以“治病”？唯有改革！文章指出，今天不以“壮士断腕”的改革促发展，明天就可能面临更大的痛苦。供给侧结构性改革拖不得、等不起，否则“病情”越来越严重。

那么，“中国病”的病因究竟是什么？

按照习近平在《求是》2016年第一期署名文章中的观点，“经济下行压力加大，表面上是有效需求不足，实际上是有效供给不足。总体上我国产能很大，但其中一部分是无效供给，而高质量、高水平的有效供给

又不足”。他指出:“扩大投资可以促进增长,但如果都是无效投资,投下去没有回报,贷的款、借的债就没法偿还,形成一堆坏账,对企业而言就是财务风险,对国家而言就是财政金融风险。”而投资是否有合理回报的前提是“产品要有市场”。不分析市场前景,以政代企配置资源,或者以优惠政策诱使企业扩大投资,结果可能成为继续前进的包袱。

我们再回过头读该文。权威人士指出:“对不上的事不能再干。”比如,放水漫灌强刺激、盲目扩建新城区以及强化行政对资源配置的干预等事情不能再干了,投资没回报、产品没市场、环境没改善等的项目不能再上了。

把习近平的文章和权威人士的说法结合起来,可以得出一个结论,“中国病”的症结是:由于资源错配的体制性痼疾和传统经济发展方式积累的矛盾,导致投资没回报、产品没市场、环境没改善这些不符合规律的事情,过去干得太多,现在干不下去了,只能下猛药治病救人。一方面去产能、去库存、去杠杆、降成本、补短板;一方面进行顶层设计创新、体制机制创新,不失时机地进行技术创新。

以前我们老怕说自己有病、外强中干、老是撑着,或者为短期增长实行刺激,透支未来增长。这次的供给侧结构性改革,标志着最高领导层不讳疾忌医,不做表面文章,而是痛下决心,回到根本,“为万世开太平”。

发病时难熬的疼

然而,结构性改革是要伤筋动骨、刮骨疗毒的,一定很疼。

去产能、去库存、去杠杆,实质也是去泡沫的过程。2016年以来,无论资本市场的“跌跌不休”,还是人民币汇率扶不起的“阿斗式表现”,实质都是对中国资产原有风险溢价水平的重估,对传统增长模式造就的中国奇迹的重估,对中国过大关的确定性、可能性的重估。到目前为止，这些重估尚未颠覆对中国经济基本面的判断。两年多以前，十八届三中全会《中共中央关于全面深化改革若干重大问题的决定》颁布时，市场预期“改革牛效应”会迅速见效，耕出一片新天地。但现实表明，改革备受各方利益牵涉，步履沉重。今天，梦犹在，路更难，中国资产估值的下降就成为一种必然。

这是一道痛苦的坎，不易过的关，但如果今天不迈过去，不闯过去，再拖再等，我们将来也许永远都过不去了。熬得住，就敖下去。熬不住，就引爆了，比如e租宝，比如大大财富。

在“秦朔朋友圈”上线后，我多次公开声明：“2016年将是互联网金融和某某财富一类公司的灾年，一定会大洗牌、大整顿。”我在多个场合引用马明哲先生说的话说：“现在的互联网金融90%以上都是皇帝的新衣。”我引用汪静波女士说的话说：“现在的某某财富公司，至少一半可能是庞氏骗局。”我看到：一些几乎不懂金融的人拿了一两百万就去做P2P，租两台服务器，到软件公司买套网贷软件，有的连加密传输都省略；一些融资公司要么是“盖子太少，盖不住锅”，要么“锅本身就是假的”（基础资产完全不靠谱甚至造假）；一些互联网金融公司挖空心思找专家“站台”，在多个媒体上打广告，只要成交额增长，哪管亏损加大的风险……我不止一次告诉自己的小伙伴，再这样下去，金融和互联网金融都会变成臭大街的名词。

2015年10月26日“小钱频道”上线。我们在发刊词中明示我们对投资的基本理念，希望投资是以事实为依据、有逻辑作支持并且遵守安全边际的。我们不愿急功近利地承诺，不愿编织把偶然当必然的神话，也不屈从于大流，让投资者收缩暴富的欲望，让他们的回报预期变小一点，合理一点。小心是敬畏的体现。要以德配天，以敬畏对市场。这就是我们倡导的小钱思维。

现在，e租宝爆掉了。“你贪它的利息，它要你的本金。”一语成谶。自2014年7月上线后，e租宝疯狂扩张，其借款标的所涉及的借款公司，有相当比例在借款之前都变更了注册资本,大大扩充注册资本,变更法人代表,变更扩大营业范围。这是再明显不过的“化妆”。一年多时间,700亿元的借贷、84万的投资者,估计每个投资者最终能拿回的本金不会超过40%(还是乐观估计)。苦难深重的股民还有“时间换空间”的希望,而e租宝的投资人,他们的很多钱就真是打水漂了。

根据网贷之家统计,截至2015年底P2P平台共有3858家,其中问题平台为1263家,占比接近1/3。仅12月全国P2P就新增问题平台106家,其中“跑路”占问题平台比例达到52.83%。另根据零壹财经数据,截至2015年11月30日,3464家被监测的P2P借贷平台正常运营的仅有1876家,问题平台约占46%。

中国是不是正在爆发一场类似美国次贷那样的债务危机?现在看,规模和影响要小很多,还不是全局性问题,但存量风险加上不断引爆的增量风险,形势已经越来越严峻。P2P这个热词背后,还有形形色色、真假难辨的担保公司、小贷公司、典当公司、股权众筹、私募基金、商业保理、融资租赁、资产交易所、投资咨询、投资理财公司等等,和P2P搅和在一起,一时难以窥见其全貌,洞悉其走势。

在我看来,互联网金融骗局与美国的次贷危机,从问题的性质看有很多相似之处。大量投资者在高回报的诱惑下,还是会假想“收益归自己,风险政府扛”,一出事就去“散步”,最后得到兑付。这种情形又加剧了投机性公司的“创业热情”,用美妙的名目捆绑地方政府和部分官员,打着活跃经济、金融创新的幌子,源源不断地钓上来头脑发热的投资人。现在,是到了直面问题的时候了。

“钓愚”永不停

2008年7月,理查德·比特纳的中文译本《贪婪、欺诈和无知——美国次贷危机真相》一书问世。作者是美国通用汽车金融服务公司

(GMAC)下属RFC公司的业务代表,职业生涯大部分是在抵押贷款行业度过。在他笔下,美国次贷市场是一个基本上无序的市场,次贷市场的很多经纪商是骗子、流氓无赖形成了利益勾连的混乱的交易网。他写道:“如果说次级贷款行业有什么艺术性可言的话,那就是‘无中生有’……当贷款审批人看到这些贷款文件的时候,它们已经经过了揉、挤、推、拉的工序,被修剪成现有的模样。直到我直接和经纪商接触和往来,我才了解到创新金融是怎样一回事。我的销售经理罗伯·雷格将此过程称之为‘用鸡屎做鸡肉沙拉’。虽然无甚诗意,不过概括了这个行业的‘真谛’。”

理查德·比特纳写这本书的初衷是:“希望抵押贷款行业能找到自己的道德罗盘,回归到用理智贷款融资的状态。但是,没有重大的变革,这种情况是不可能发生的……尽管次级贷款存在着很多严重的负面问题,但是,如果运用得当,次级贷款对信用不佳的借款者来说还是非常有价值的东西。不幸的是,行业的贪婪令几十万借款人陷入失去房屋的危险之中。只有理解了每个问题的根源,才能找到有效的解决之法。适时、适地、适当地提出问题,鱼与熊掌方有兼得的可能——既可以很好地保护消费者,又不用降低信用市场的流动性。”

美国当年的次贷繁荣到什么地步?请看书中的一个细节:

在2007年中,我收到一个抵押贷款同行的电子邮件,这封信对已渗入抵押贷款行业骨髓的疯狂和愚顽进行了总结,信的附件里还有一张图——办公室前挂了一个商业招牌,上面写着:欢迎光临US中心:美发、美甲抵押贷款……行业的发展是如此翻天覆地。如果美容师也能提供抵押贷款,那下一个会是谁?

几乎谈不上什么行业规范制度,对消费者的保护也被压到最低程度,从而使不规范的操作得以繁衍。抵押贷款经纪业务面临的严峻现实是,很多信贷员更多关心自己的收入,而不是借款人的最大利益。

2008年7月该书出版之前,我应邀写推荐语。我是这样写的:“次贷危机如此之深地影响着全球金融市场,无数人在问:这个怪物究竟是怎么闯进我们的花园的?摄像头失灵?警铃失声?门卫跑哪里去了?《贪婪、欺诈和无知——美国次贷危机真相》的启示是,怪物其实一直在跑,只不过当人们看重商业模式胜于商业信用、看重融资创新而不在意风险控制时,他们迷蒙的眼睛对怪物是视而不见的。”

今天的中国,“看重商业模式胜于商业信用、看重融资创新而不在意风险控制”,是不是比当年的美国有过之而无不及?

七八年后,由两位诺奖得主乔治·阿克洛夫、罗伯特·席勒合著的《钓愚:操纵与欺骗的经济学》问世。阿克洛夫是加州大学伯克利分校经济学首席教授,他的妻子是美联储主席耶伦。罗伯特·席勒是耶鲁大学金融学教授,标普的凯斯-希勒全国房价指数联合创始人。他们已经合著过《动物精神》一书。书的译者是复旦大学经济学院院长张军教授。

阿克洛夫和席勒是怎么理解“钓愚”的呢?他们说,这个词是1996年在美国出现的网络用语,指“互联网上一种专门套取个人信息的诈骗行为。比如,诈骗者假冒一家大公司套出与之往来的网民的私人信息,并以此获利”。而在这本书里,“欺骗”被赋予了更新、更广泛的含义,指“一种设局使他人达成自己而非他人的意愿的行为”。这种欺骗行为很像人们钓鱼,把鱼饵挂在钩上,放进水里,拿着钓竿等待,鱼一咬饵就提竿。在社会中,拿着钓竿坐等鱼上钩的精明人不计其数。根据简单的概率原理,无论我们如何警觉,迟早都会被人“钓”到,无人幸免。

我估计有的读者读到这里会有苦涩的笑。就在我们身边,“专门套取个人信息的诈骗行为”以及“设局使他人达成自己而非他人的意愿的行为”,俯拾皆是。

牛油果与二手车

两位作者以牛油果为例说明什么是“钓愚”。“如果我出售的牛油果以质优味美著称，我就有了欺骗你的机会。我可以卖给你劣等的牛油果，但是按照优等牛油果的价格要价。这样我就透支了自己的信誉，也利用信任欺骗了你。”

这种“钓愚”行为的后果是什么呢？

首先，它损害金融机构的信誉，尤其破坏了固定收益证券评级系统。美国信用评级机构在债券评级市场上的信誉几乎花了一个世纪才建立起来。20世纪末、21世纪初，评级机构开始从事新的业务——它们不仅给债券评级，也为更复杂的新型金融衍生品评级。举例来说，市场上有了很多新式牛油果，由于衍生品是新兴的，并且很复杂，投资者很难判断其评级的正确性。但是因为评级机构用过去的优等牛油果（原有的简单证券）赢得了信任，因此投资者没有理由不继续相信这些评级机构以及它们对新型复杂证券的评级。

其次，由于牛油果的买家（证券投资者们）自身不能区分优等牛油果和劣等甚至变质的牛油果，那么新牛油果的生产者（新型金融证券的设计者）就没有动力去生产优等的新牛油果。生产者可能以低成本生产劣等新牛油果（把违约率高的证券与复杂金融衍生品打包），并让信用评级机构为其评定AAA的信用等级，进而透支评级机构的信誉。

再次，如果欺骗容易得逞，那么就会出现“欺骗均衡”。资产抵押证券出现的信誉透支情况正是欺骗均衡。在均衡情况下，优等牛油果的生产者将无法赢得竞争。他将不得不按照虚假评级的劣等牛油果的价格出售自己的优等牛油果。如果生产优等牛油果的成本比劣等牛油果的成本高，优等牛油果的生产者就将被迫开发果园的其他用途，以期带来更多利润，他们的果园可能被劣等牛油果生产者收购，或者干脆就破产了。

最后，当新牛油果被发现里面实际上臭不可闻的时候，它们的价值就会大幅下降。这个例子说明，这些金融机构的负债将超过其拥有的资产的价值，并迫使美联储和欧洲央行为美国和欧洲的“问题资产”提供紧急贷款以及大量财政支持,以避免世界范围内金融系统崩溃和大萧条重现。

欺骗均衡是经济学家卡尔·夏皮罗(Carl Shapiro)1982年提出的概念。他指出,欺骗均衡使得劣等品生产者在自由竞争市场里普遍存在。对这一点,阿克洛夫曾经以二手车市场为例,指出市场往往失灵,因为市场双方存在交易信息的不对称。在二手车市场上,由于买卖双方信息不对称,买家不知道卖家的汽车是好是坏,因而不愿意出高价,因此汽车市场上往往出现交易的中断——当坏车的比重太高时,好车的车主卖不上价钱,宁肯不卖车,最终导致旧车市场中无好车。

这本书对我们的启示是什么呢?市场在为我们带来福利的同时,由于普遍存在的人性弱点、信息不对称,也会让我们成为“钓愚”中的受骗者。从投行到政客,从汽车销售到房地产中介,从烟厂到酒厂,从食品厂到制药商,从信用卡到广告,无不存在“自由的欺骗”。两位作者强调,如果政策制定者、经济学家和普通大众都能意识到“钓愚”的普遍存在,就能辨明和杜绝可能导致严重危机的欺骗问题,从制度创新、市场干预等方面实施更有效的监管,同时避免不必要的浪费,从而增强对经济危机的预测和把握,让“看不见的手”更好地为经济、为社会服务。

耶鲁大学金融经济学教授陈志武对《钓愚:操纵与欺骗的经济学》有这样的评价:“说‘市场是好东西’,当然容易,但要把市场发展得好则是另一回事。市场参与者众,动机各异,德品多样,信息量与质千差万别,加上现代经济中经销的品种又错综复杂、五花八门,市场要运转得有条不紊、好人坏人都规规矩矩,谈何容易……看了席勒和阿克洛夫的新著后,你会发现现代人的‘钓愚’手段更富有想象力,更有欺骗性,而且还能带来前所未有的系统性风险。如何在通过制度创新减少钓愚收益的同时,增加钓愚的成本,这是市场经济学者的新挑战。”

从钓愚到赋能是我们的唯一出路

“秦朔朋友圈”平台的读者发现，我特别呼吁用商业文明（建立在理性良知、天道人心基础上的创新之结晶、行为之准则和合作之秩序）来重塑我们的经济和金融，毫不讳言讲求商业伦理、社会价值等。我一直在问自己：究竟什么是好的商业和好的金融？这不是一个读书人坐而论道的执念，而是我实实在在的信念。如果没有文明的约束和依托，我们的商业和金融将是无法持续的“利维坦”和“黑暗丛林”。中国经济中的“钓愚”，互联网上的“钓愚”，金融市场上的“钓愚”……都是例子。

如果我们的商业和金融的供给主体，不是把如何通过商业和金融手段实现人的价值和权利、提升人的本质力量、促进人的自由全面发展、增益人民福祉，作为商业和金融活动的依归；而是急功近利第一，唯利是图第一，股东报酬第一，哪怕再多“创新”，我认为都已经南辕北辙。

希望他们真正思考商业与金融的使命。在我看来，应该是为每个人赋能、赋权，帮助他们成长，在一切可能的方面自由发展，自由飞翔。

我所理解的好金融，是胜家缝纫机最早提供的“消费金融贷款”，可以让人更早拥有缝纫机，做出好的衣装。人要衣装，消费最终可以服务于人力资本的提高。

我所理解的好金融，是有一次听高瓴资本的张磊先生讲课所说的那样的金融：一个美国老太太把自己的储蓄交给投资公司，投资公司把它投资到药品公司的研发中，药品公司研发的治疗高血压的药物最终又能够治愈她的疾病。

我所理解的好金融，是支付宝这样的创新，在复杂中国的信用环境下，降低交易成本，树立信用意识，支持千千万万普通消费者无数的购买行为。

以上这些例子是在赋能，赋予我们权利、尊严、公平交易，和把储蓄转化为投资的机遇。

如果我们不希望金融危机离我们越来越近,而希望共同创建一个好的经济和好的社会,我们要大声呼唤价值观的力量,呼唤合乎人道的商道。这不是学究气,而是我们对生兹在兹的这块土地内心深处的情怀与希冀。念念不忘,必有回响。

「迈向未来的路上」

奋斗中国说

2008年冬，正是金融危机肆虐、人人捂紧钱袋的日子。我和一些中国媒体人到硅谷参观。有天吃完晚饭坐大巴回酒店，突然在一个街角看到人们排起一条长队。陪同我们的英特尔（中国）公关部经理说，这是因为明天9点销售苹果的新产品。一人只能买两部，要凭驾照或社会安全号。

经济调整总是意味着需求下滑。你可以呼吁政府加大基建投资，减税刺激消费，降息并支持消费金融，但消费者真会大掏腰包？换句话说：什么东西才值得他们大掏腰包？

旧金山冬日那个街景，长久地留在我的记忆里。当然，我的记忆更多在中国。

2009年，一个40岁、年少成名的软件男和天使投资者，突然想再创一次业。因为恐惧失败，他选择了悄无声息的方式，无广告，无宣传，只在各个论坛找了100个种子用户就开干了。2014年年底找他交流，他定的时间是晚上十点半，我离开时已是凌晨一点半，而他还要在办公室待一会儿。他是雷军。

2010年,一个已经多次创业的IT男决定再创业。之前他已经办过“多多友”、“游子图”和“校内网”。2006年校内网用户量暴增,他没钱增加服务器和带宽,只能饮恨卖给别人。但是他引用了温斯顿·丘吉尔的演讲表明自己的态度:“这不是结束,甚至不是结束的开始,而可能是开始的结束。”2007年,他创办“饭否”,两年后关闭。2015年5月我在北京望京的一个咖啡厅和他聊。他说:“敏感的地方我不碰,吃喝玩乐可以吧?我就弄了团购。”他是王兴,2010年3月创办美团。

在几落又几起的王兴的鼓励下,2011年,一个曾在阿里巴巴、支付宝工作过的80后年轻人也要创业了。虽然生活在BAT的巨头阴影下,但他相信如果在细分领域做到最好,一定能打败巨头。他经常因为打不到车而误机。“有一次老家的亲戚来北京,定了在七点王府井附近吃饭,他们五点半来电话告诉我在打车了,等到八点又电话问我能不能去接他们。”于是,他想要做一个打车软件。软件上线后,“当时北京有189家出租公司,我们定的目标是两个月内突破1000个司机,结果40天里还没有一家出租车公司肯跟我们签约”。创业4年后他做了一个演讲:“努力到无路可走,上天就会给你一扇窗。”他是程维,他创办了滴滴打车。

不久前艾瑞咨询发布了中国Top200独角兽公司榜。我仔细看了一下,发现80%以上的公司都是2008年以后创立的。从互联网到机器人、无人机、影视动漫、O2O、大健康、3D打印……几乎没有一个公司曾被列入政府计划,他们也很少使用银行贷款,但你也很少听他们抱怨政策不给力、市场已饱和。

享誉世界的丰田生产模式是20世纪70年代石油危机后显出威力的,微软和GAP是经济衰退期成立的,惠普、德州仪器、宝丽来更是起步于“大萧条”……所以机会永远都有,风雨更是洗礼。

2009年,我在《以责任创造新商业文明》一文中说:“真正重要而且长期有效的途径,还是要依靠企业家创新精神的发扬,从供给、供应的角度,增强对市场的吸引力,创造出能够激发消费者需求的优质产品与服务。这不仅可以激励当下的市场，也能促使企业从微观上建立更加依靠创新的机制与导向。”接触市场和企业越多，我对自己6年前的判断就越有信心。

2016年，“供给侧改革”成为经济热词。

先是在2015年11月10日中央财经领导小组会议上，习近平指出：“在适度扩大总需求的同时，着力加强供给侧结构性改革，着力提高供给体系质量和效率。”11月17日，李克强在主持召开“十三五”规划纲要编制工作会议时说：“要在供给侧和需求侧两端发力促进产业迈向中高端。”11月18日，习近平在亚太经合组织（APEC）工商领导人峰会发表演讲：“要解决世界经济深层次问题，单纯靠货币刺激政策是不够的，必须下决心在推进经济结构性改革方面做更大努力，使供给体系更适应需求结构的变化。”

以上这些是很明显的信号。中国不会放弃从需求侧拉动经济的努力，但将着力从供给侧入手，让生产要素的配置更符合市场规律；通过改善供给侧、生产端的生态环境，提升企业竞争力，激发企业家才能，绽放微观主体活力，满足新需求，开拓新市场，创造新生机，驱动新发展。

怎样理解供给侧结构性改革？在我看来，2014年12月举行的中央经济工作会议已经做了全面阐述。

从消费需求看，现在模仿型排浪式消费阶段基本结束，个性化、多样化消费渐成主流。保证产品质量安全、通过创新供给激活需求的重要性显著上升。

从投资需求看，传统产业相对饱和，但基础设施互联互通和一些新技术、新产品、新业态、新商业模式的投资机会大量涌现。

从生产能力和产业组织方式看，现在传统产业供给能力大幅超出需求，企业兼并重组、生产相对集中不可避免，新兴产业、服务业、小微企业作用更加凸显，生产小型化、智能化、专业化将成为产业组织新特征。

从生产要素相对优势看，现在人口老龄化日趋发展，农业富余劳动力减少,要素的规模驱动力减弱,经济增长将更多依靠人力资本质量和技术进步。

中国的经济发展动力正从传统增长模式转向新的增长模式。中央经济工作会议有一个大结论:“认识新常态,适应新常态,引领新常态,是当前和今后一个时期我国经济发展的大逻辑。”

可能很多人觉得这些引述是照本宣科,在我看来,对从事经济和创业的人们来说,以上每句话都抵得上千金万金。

创业数月,我有机会跑遍全国,从接近决策层的专家学者、地方官员,到企业家、创业者等各个角度观察中国经济脉动,和以前当总编、习惯听指示的感觉有很大不同。

我最大的感受是,对同一个中国经济现状有两种视角和两种选择:如果你选择传统模式和传统眼光,事实将比你想象得更令人失望;如果你选择新视角和新思维,中国会比你想象得更具生机。

比如,当你了解到中国最大的灯饰批发市场中山古镇的旺铺月租已经从高峰期每平方米700多元跌到35元,当你了解到一些产业如果没有各种补贴和减免税等于全行业亏损,当你看到身边有越来越多的三角债、拖欠款,开发商给建筑商的账期动辄500天甚至两年,不少企业因为客户结不了账、开始贷款发工资……你会觉得悲观。过去只问增速的经济模式,不顾效益,不合规律,使很多产能过剩化、劣质化。市场不接受,但为了维持只能新债还旧债、负债越来越高。而在以人为本的大背景下,无论从政治还是社会角度,又不可能接受“用市场出清僵尸企业”的强震。

改革蓝图已经绘就,但现实中既得利益和路径依赖的干扰,总是可以让改革转了一圈还是原地踏步。一位当过政府秘书长的官员对我说:“我们80%的会议,或者说一个会议80%的时间,说是各个部门一起解决问题,很多时候是各个部门先把自己的责任摘清。权力最好是自己的,责任最好是别人的。”

用经济学语言说，中国问题的根本是人口红利下降，不仅劳动年龄人口占比下降，而且劳动年龄人口的绝对数量在过去三年也下降了800多万。通俗些说，就是中国劳动的人少了，挣钱的人少了，储蓄率必然下降，投资率相应也会下降。所以，经济增速一定会下台阶。

我们再进行需求分析。包括基建、房地产、制造业等多方面的投资，会使经济回到个位数增长。房地产2013年创下的13.06亿平方米的销售面积已是巅峰，不可能再回去。虽然进出口项目顺差还很大，比如2015年第三季度就有4241亿美元，但这是因为内需不足，进口量价齐跌，所以是“衰退型顺差”。总之出口发动机不怎么灵了。消费作为唯一的平稳增长点，增速保持在10%以上，但比以前也下了台阶，更不能指望会大增。

最后开药方。有人说“降息降准”还有空间（其实已降多次），有人说减税恰逢其时（看看财政部网站上的各种公共支出数据，要花的钱越来越多且不可逆），有人说银行要努力扶持中小微企业（银行有效需求不足，但同时不良率已在反弹，需要加大风险控制），有人说要大力发展直接融资（一轮非典型牛市的起落，留下了太多麻烦），有人说房地产要进一步放松（现在仅有四个城市限购），有人说地方政府不作为，现在是“中央踩油门、中间挂空挡、地方踩刹车”（去问问地方政府官员，在土地财政、招商引资、投融资平台三大传统支柱都今不如昔后，已无资金启动）……

本来大家的共识是政府转变职能，少干预，但落到实处，还是希望政府“插手”，出台对自己利好的政策。全民呼吁要加大教育、医疗、文化投入，其实这中间有多少浪费和投入不经济呢？我曾在贫困山区看到，因为缺少生源几校合并，有的新学校建好不久就空置，有的电脑室堆满了爱心企业捐赠的联想和戴尔，却根本没打开过，因为当地还没有网线。

如果这样看中国经济，你会觉得，就算顶层有设计，高层有决心，但对着环环相扣、处处掣肘的积尘泥沼,每走一步都不容易。于是我们只好自我安慰:我们还是全球大型经济体中发展最快的,我们的人均GDP只有美国的七分之一,收敛空间还很大。

让我坦率说出自己的看法:供给侧改革的提出,意味着不要再指望政府在需求端大有所为,刺激需求的政策空间已经不大。政府已经承认它不愿再像过去一样出牌了,比如看到企业存货太多就出政策帮助消化。

今天的果来自昨天的因。过去增长得太快,其中包含相当多的无效(无回报)、低效(效益差)和负效增长(污染型增长)。增长形成了资产,资产的另一面是负债。中国的负债水平不能再扩张下去,所以也别再指望政府或通过透支政府信用去实现扩张。

中国经济的下一张牌在哪里?在我们每一个人手里。中央政府准备把发牌权交给供给方的微观主体,虽然,可能很多部门未必愿意。

中国版的“供给革命”其实已经拉开序幕:简政放权、减少管制、破除垄断、改革国企,优化公共服务、降低交易成本、改善营商环境、加大开放力度,等等,这些都是供给端的改革。但从构建一个真正公平的市场环境、建设法治化的市场经济角度看,我们还有很长的路要走。

我来举个例子。360公司创始人周鸿祎曾公开撰文,说360做手机已经投了20多亿元,想从中切出一小部分股权向普通人开放。众筹不仅是融资,更是用户策略和营销策略。但根据公司法,非上市公司股东不能超过200人;根据证券法,向不特定对象发行证券或向特定对象发行证券累计超过200人的,都算公开发行证券,必须通过证监会或国务院授权的部门核准。这样一来,使得向普通人开放股权的设想难以实施。

互联网公司员工很多都有股票和期权,引进高管一般都是底薪下降、授予期权,靠将来上市获得高回报。但按现有规定,员工出售期权所获收入要征个人所得税,最高税率45%。虽然员工一次性出售期权赚了不少钱,但他或许前五年甚至十年一直拿着低工资。由此可以看出,一旦改革涉及深层次的观念和法律,就知易行难。

每当我参加坐而论道的会议,我总是对中国经济忧心忡忡。每当我接触活生生的创业者和企业家,精神状态又会复活。从创业者和企业家那里,你能看到拼搏努力、对未来的信心以及巨大的机会。

就拿我创业探索的自媒体领域来说,我最近接触过的好几个例子。比如罗辑思维、吴晓波频道、一条等,创业不过一至三年不等,估值都达到了一两亿美金,有的公司十几个人创造的利润比上海任何一家报纸的年利润都高(《上海证券报》除外)。不要归咎于市场不识货。问题是:今天大量的内容生产机构,真的理解80后、90后、00后的需求吗?这三个世代有5.5亿人,是一个多么庞大的新市场!如果用户被我们遗忘,用户就会把我们遗忘。

那么问题出在哪里呢?

威廉·伊斯特利在其著作《在增长的迷雾中求索》中说:"增长没有对任何(标准宏观)公式做出反应,就是因为这些公式没有注意到经济学的基本原则:人会对激励做出反应。"

传统机构和传统体制下,出众的人才很多,但是得到的激励并不是市场化的,也无法持久。所以,传统企业很难成为创业者的摇篮和企业家精神的沃土。

彼得·德鲁克在研究中发现,美国1965年至1985年间就业人口不断增长,完全打破了每50年一个周期的"康德拉杰耶夫经济停滞"。他进一步指出,是成千上万的企业家的创新活动避免了经济大衰退。正是企业家精神与企业家管理,引导着从新创的小企业到通用电气这样的大公司,从企业界到大学和医院,寻求"有目的的创新",最终形成了生机勃勃的"企业家社会",创造出"非典型的康德拉杰耶夫经济周期"。

2015年1～9月,中国新增市场主体315万,同比增长19.3%,注册资金20.7万亿,同比增长40.9%。在他们眼中,世界上没有到不了的疆域,只有迈不出的腿。只要敢闯敢创,路总能走出来,而且走得堂堂正正,通向光明的未来。

创业很辛苦,但也很快乐。威廉·鲍莫尔在他的书中讲到,以色列前首席科学家认为,以色列的企业如此具有企业家精神的一个原因是,它的人民有一种高度的不舒服感,这主要是他们的人身安全面临外部威胁所造成的。而在那些过于舒适的社会里,例如西欧的很多国家,人们可能不情愿承担任何企业家式活动中内含的风险。2004年,一位法国官员写了一本《嘿,懒惰!》的畅销书,对不玩命工作的好处大加赞美。这种躲避工作的道德规范是现今西欧严重的文化问题,其表现就是主要欧洲国家雇员每年平均工作小时数的显著下降。

梁启超的名作《少年中国说》有言:"制出将来之少年中国者,则中国少年之责任也……使举国之少年而果为少年也,则吾中国为未来之国,其进步未可量也……故今日之责任,不在他人,而全在我少年。少年智则国智,少年富则国富;少年强则国强,少年独立则国独立;少年自由则国自由,少年进步则国进步……美哉我少年中国,与天不老!壮哉我中国少年,与国无疆!"

作为一个60后创业者,我希望自己用年轻的心,再奋斗二三十年。不做寄生者,要做创造者。因为我确信,只有奋斗的中国,才能成就先进的中国、伟大的中国。

一条溪流,只要向前流动,就不可能再回到它的源头。与其花时间在各种争议和担心里,不如奋起而行,跌一跤也不怕,站起来继续向前冲。

20世纪80年代流行的哈罗德·罗森堡在《荒野之死》中所写的句子被很多60后熟悉。在中国奋斗的道路上,让我们以这句话共勉:

一代人的标志是时尚,但历史的内容不仅是服装和行话。一个时代的人们不是担起属于他们时代的变革的重负,便是在它的压力之下死于荒野。

“双创”经济学与中国的未来

一

创业者,通常没时间研究创业本身的是是非非。我应邀去中欧国际工商学院演讲,主办方《中欧商业评论》给的题目是“对全民创业热的观察与思考”,当时还愣了一下:大众创业刚开始就要反思了?

为准备演讲,我开始搜资料。多少有些意外,确实看到不少对大众创业值得商榷的意见。比如“运动式创新”、“助长浮躁”、“新大跃进”、“政府解决不了就业,就让大学生创业”、“拿纳税人的钱做创投基金,打了水漂谁负责”等说法,不一而足。

有一篇名为“创业是个什么鬼?”的报道,其主旨是在全民“砸锅卖铁”创业的狂热与迷失之中,我们需要来一桶冰。文章写道:

创业正成为一场全民运动,每个人耳边都会传来同学李雷和韩梅梅、同事马加薪、隔壁老王一夜暴富的创业传奇。

人人都想成为中国合伙人,你要是穿得不像一条技术狗,手上没几本商业计划书,不背一台苹果电脑坐在咖啡馆里,不摁两下PPT,言必称痛点、O2O、融资,你都不好意思跟人家打招呼。

现在就连上个厕所都要“互联网+”了,浮躁、炒作、过度包装、欺骗、伪概念,弥漫在创业圈,90%的大学生创业失败,许多人不到一年就死在创业路上——被情怀作死、被团队分歧内耗死、被投资人虐死、被一根筋的思维蠢死、被巨头欺负死、被市场鄙视死、被键盘侠骂死……

我也是个“互联网+”时代的创业者。对这些质疑,一开始我觉得没必要回应,因为指责大众创业的人本身基本不是创业者,不是敢担风险者,更多属于“风险中性者”或“风险厌恶者”。但作为一个老媒体人和新媒体创业者,我觉得还是有必要坦率说出自己的看法,也是和那些大众创业的质疑者们再商榷。

“为什么苏联可以让加加林走进天空,却不能让人民吃上可口的面包呢?”这是20世纪80年代在复旦选修经济课时,老师提出的问题。

老师的答案是:让加加林成为走进太空的第一个地球人,可以依靠国家集中资源办大事的方法解决。苏联的体制有能力聚集起优秀科学家集中攻关。而面包问题是需要分散决策来解决的。每个地方人的口味都不一样,老人、孕妇、儿童的口味也千差万别,只能靠无数分散的供应商去逐一满足,不可能由国家研制出某个超级配方统一解决。

苏联的解体有诸多原因,但不能解决面包问题,可能是最根本的。

一个国家要发展,在某些领域可以采取集中化的计划体制;在经济发展初期,也可以通过产业政策的引导,鼓励“拿来主义”,走借鉴、模仿、引进之路。国家的集中决策和产业引导有一定合理性。但历史也证明,在具体产业选择、项目选择上,政府并不比某个市场中的企业更聪明。谁都无法提前知晓消费者需求的变化,而只能通过市场机制,在千万个买家和卖家的交易互动中摸索和把握。今天这样,明天那样,永在变化之中。市场经济之所以越来越复杂,是因为人的需求越来越复杂,越来越个性化。

经济越往前走，模仿空间越小，越需要自己创新。而创业、创新往往都是在一次次尝试中包括对错误的调整中实现的。甚至有时是误打误撞找到了一条路。这扇门被关掉，别的地方又开了一扇窗。因为是分散决策，有输有赢、有起有落很正常，每个经济人也会及时改变。谁也不会傻到明明碰到南墙，头还硬往上撞。失败和调整不是什么浪费，而是必须支付的创业、创新成本。不走市场配置资源的道路，指望政府有个超级大脑洞悉一切，不仅不可能，也是给政府过高期望和过大压力。政府应有的职能不在这里。

二

2014年全国“两会”，李克强总理参加团组讨论时，曾回忆自己的“知青”岁月。当年他在安徽凤阳插队，当过生产队的“头儿”，也当过大队支部书记。当时他每天起得很早、睡得很晚，生产队每个人的生产任务，这个人插秧、那个人挑担子，都安排得无一遗漏。但村里人还是吃不饱。生产队缺粮严重的时候，甚至需要拿大队的公章，给村里的妇女儿童开“逃春荒”的证明。结果呢，承包制一推开，生产队基本不管了，农民自己种田，想种什么、该种什么，自己来谋划，温饱问题几年内就解决了！改革确实是最大的红利，因为它调动了千千万万人的积极性，激发了市场的活力，也释放了社会的创造力。

年轻时的记忆对李克强的影响非常深远。《求是》杂志刊登的他的文章，也讲到这段故事。

我不知道十年、二十年后的人们在叙述始自20世纪70年代末的中国经济史时，会不会得出这样的判断：这是人类历史上一次规模最大的创业潮，它在一个人口最多的国家发生，而且持续了五六十年。

有人说，国家解决不了就业问题才让大学生去创业。解决“就业难”，各方都要努力，但今天难道还要国家分配工作吗？要知道改革开放是被逼出来的：在农村，是“饥饿驱动”——吃不饱肚子，农民自己解决，就有了承包制；在城市，是“失业驱动”——回城知青那么多，没有就业岗位，只能从开饭店发廊、买卖手表服装、做家具搞维修的小生意起步。一部改革开放史，也是一部中国创业史。

创业不易，要是能投胎在锦衣玉食之家，一切需要呼之即可满足，估计没多少人要创业。但是，天下最多是平民，而百姓要改变命运，让自己生存得更好一些、更富裕一些、更自由一些，创业无疑是通途。这种朴素的力量是如此强大，以至再苦再累，一代代的创业者还是跳进了商海。这一跳，中国和市场经济的恋爱就开始了，而且永不分离。

大众创业，就是把每个人改变命运的自由选择权交给自己。它是一个新提法，但并不是一个新现象，而是贯穿过去30多年的经济主旋律。

如果说，改革开放始于放开、下放这“双放”，那么今天的“双创”(大众创业，万众创新)，可以说是在新的历史起点上，对“双放”的继承与再发展。中国要创出新红利，靠创业；要超越“模仿的陷阱”，靠创新。“双创”既是经济活力之源，也是转型升级之道。

三

20世纪的美国，曾有过“咆哮的二十年代”。从“一战”后苏醒过来的人们认为，现代科学能化一切为可能，经济与技术有无限潜力，火车、汽车、电话、无线电，新式消费品，基础设施扩建，股票投资，人口激增与城市化，这一切使人们坚信一个截然不同的时代即将到来。

时空切换，100年后中国的“双创”大潮，以庞大的市场为基础，以互联网为抓手，以新兴消费和新生活方式为依托，势如江河浩荡。这个过程中，政府只是推手不是主体。主体是每一个普通的创业者。2014年，中国新增1293万户市场主体(含私企和个体工商户)，2015年新注册企业基本上每天1万户。虽然新主体们也要摸索,不可能在短期内成为经济的主导力量,但假以时日,他们必将成为托升中国经济的新支柱。

创业的本质,是发现那些能够更好地满足消费者需求的机会,并付诸实践。在实践中,创业者会"生成"书本上学不到的知识。越多人创业,新生成的知识越多,并逐渐形成连锁反应和网络效应。创业机会不会随着创业者的利用而枯竭。相反,每个机会都会碰撞和创造出另外的机会。从深层次看,经济增长的引擎不是投资与消费,而是有助于将创业者、企业家的机会进行"资本化"的制度环境和文化环境。创业创新精神,而非任何种类的资本,才能为经济增长提供最为根本的驱动力。

"双创"也在倒逼改革。历史上,凡是产权制度薄弱和法治缺失的地方,创业者都会倾向于向管制者寻租,从事"非生产性活动",或者转向地下经济,甚至自我阉割,让创业精神窒息。可以断言,如果中国这场人类历史上的最大创业潮能推动民族的伟大复兴,那也一定需要一场宏大而深刻的制度变革作为支撑。管多就会管死,放开才能搞活。以敬民之心行简政之道,中国才能抒写出波澜壮阔充满活力的新篇章。

中国已经提出,必须把创新摆在国家发展全局的核心位置。优化劳动力、资本、土地、技术、管理等要素配置,激发创新创业活力,推动大众创业、万众创新,释放新需求,创造新供给,推动新技术、新产业、新业态蓬勃发展。

从经济学角度看,今天中国的思路不是不断做大资产负债表,从而继续被传统发展模式锁定,而是做大做强人力资本,通过发挥每个人的积极性创造性,创造鲜活的、有效的新供给,适应新需求,引领新需求。在这个过程中,经济资源将更多地向新兴力量配置、向创造者配置、向未来配置。只要资源配置处于不断优化之中,就一定能走出除旧布新的时间隧道,迎来新的海阔天空。

从"双创"经济学,还可以导出"双创"社会学、"双创"教育学、"双创"政治学……无论哪个方向,无论哪些领域,都需要以"双创"精神寻求突破,摆脱既有窠臼的束缚,创造前所未有的增量。唯此,明天才能更好,我们才能更好。

"双创",是今天我们每个人都可以从中汲取力量的精神基因。

本届政府面对中国经济的增速下行和结构调整,面对历史积存的包袱和既得利益的惯性,虽有万千勇气,现实中的施政之路也难免有诸多无奈。我认为国家提出和大力推动的"双创"经济将载入史册,长久流芳。

我是一个创业者,我的创业感受或许浅薄,但我相信无数创业者都会深深铭记这个"双创"时代。中国经济不只是大船经济,也是千帆经济,不只是大树经济,也是万木经济。"万类霜天竞自由",创新型国家才能建成。

创业创新千条路,可以先学再创,边学边创,合作众创,每个人都有参与路径。创业创新的精神,应该得到全社会尊重,在全社会弘扬。

作为创业者,我们可能失败,可能遇挫,但当我们遇到"双创"的历史性机遇时,我们很骄傲做出了这样的选择——宁可倒在迈向未来的路上,也不愿寄生在对过去路径的依赖里。

这是一个有5000年历史的民族,而今天我们的使命在于,通过创业创新创造,许中国一个更美的未来。

中国“四创”：新资本十大趋势

“你知道的，大半年前我对中国经济的前景还比较悲观，但现在变了。我认为三到五年后中国经济会上一个新台阶。理由就是，很多新资本正在积极投向中国。”

在香港四季酒店大堂咖啡厅，当相貌俊朗、神采奕奕的Alan开完一个电话会议，下楼坐在我对面时，他的乐观扑面而来。

Alan和Philip的创业故事

Alan曾是eBay中国的市场总监。2007年和eBay的两个同事在硅谷创办了易传媒(AdChina)，回到中国后迅速发展成领先的整合数字广告技术平台，2015年初卖给阿里巴巴。Alan套现了一大笔钱，回到硅谷陪伴太太和4个孩子，两儿两女，最大的和最小的相差10岁以内。

不久前Alan给我发微信，突然说要把套现的全部资金的95%都拿出来投资，不喜欢拿着很多钱过日子。“我跟太太商量了一下，她也同意，留点够花的钱就可以了，也不需要给孩子留下什么钱。所以就把

‘富余’的钱全部投到我喜欢的大机会里头去,全赔了也无所谓。”

我回了Alan一句:“中国的希望就是有你这样创业精神的企业家啊!”

Alan回复我:“像我们这样的人,使命感太强,不做事就觉得是在浪费生命,总是在驱动自己不断前行,中年退休享受安逸感觉就是在自残。”

Alan投资并担任董事长的一个二手房交易平台在2014年底成立。2016年3月的成交额已接近100亿元,全年预计成交额接近2000亿元。而从易传媒走出的其他创业者,公司估值上亿美金的也已经有好几个。“前一段我们聚会,发现易传媒原来的高管除了两个人,其余都自己创业了。”

Philip是这些创业者中的一员。他曾是易传媒副总裁兼移动广告平台总经理。他离开后创办了众包物流平台达达。达达2014年6月上线,一年半估值已经超过10亿美元,是典型的独角兽,2016年4月和京东旗下的“京东到家”合并。Philip说自己在创业初期看到了一个机会,就是O2O的物流环节的核心痛点在于最后3公里的配送,他希望天下的O2O没有难做的生意,于是借鉴滴滴、优步的做法,让社会上已有的配送员在APP上注册,用众包方式撮合配送员和来自商家的订单。目前达达只有700多员工,但整合了130多万名众包配送员,在40多个城市为几十万家商户服务,75%的订单可以在30分钟内完成,99%的订单可以在接单1小时内完成。

“你一定要研究一下,这么多钱这么多创业者结合在一起,对中国的未来意味着什么。”Alan很迫切地对我说。

创新、创业、创投、创富

为了回答Alan的问题,我做了更多的采访和梳理,意识到“中国遭遇资本寒冬”的说法很不准确。新资本仍在以前所未有的激情在中国投资,在“中国主题”上投资。无数充满生机和内在活力的种子已经播下,并正蓬勃地生长。

创新、创业、创投、创富,新资本正驱动中国经济形成一种向前向上的新的经济循环,对冲旧经济、旧循环,打开新一轮上升空间。

歌斐资产和投中信息在2016年4月12日联合发布的《2015中国PE/VC行业白皮书》显示,虽然近期高估值项目遭腰斩的案例频频曝光,但2015年项目平均估值仍高达33倍,甚至超过2011年所谓“全民PE”时期。2015年PE行业投融资数据均创历史新高:全年共有1314只私募股权基金完成募集,募集金额达到1177亿美元,全年共投出2123个项目,投资规模达到821亿美元。截至2015年年底,正式注册的PE管理公司超过2.5万家。

清科集团创始人倪正东提供的数据显示,2015年中国天使投资者募资达到203亿元,共投出101亿元。今天天使投资机构管理的资金总量是2010年的50倍,一年的天使投资金额是2010年的20倍。过去5年是中国天使投资发展最快的5年,速度远远高出VC、PE。

上述数据表明,虽然O2O、P2P市场出现了一些明显问题,但整个天使投资、VC、PE并未退潮。一级市场正处在一个历史性的、可持续的大牛市,汹涌澎湃,方兴未艾。

趋势一:生态化投资

生态化投资,是指在产业上下游、生态圈、生态链、流量入口、互联网和传统产业结合部等进行投资,形成协同、互补、借力、互惠等多种效应。BAT和小米是最突出的,但实际上,生态化投资的思维和实践已经非常普遍。马云的生态化投资像“下围棋”,子与子之间一开始看不出联系,越往后越能清晰地连成一片。马化腾多次讲,腾讯就做两件事:一做连接器,二做内容产业。之外就是大量投资生态周边的企业,投资具有未来感和科技感的企业。目前这些企业的总市值已超过腾讯本身。百度也利用对搜索数据的分析,大力投资高成长、有前景的公司。百度最近的组织变革,让李彦宏把更多精力放在互联网金融、无人车、人工智能等创新业务上,关注内容生态、服务生态、金融生态的布局和建设,也表明了百度对生态化投资的高度重视。小米最近发布的数据显示,小米过去两年多时间已投资了55家生态链新公司,29家是从零开始孵化,20家公司已经发布了产品,7家年收入过亿,2家年收入破10亿。生态化投资,能够帮助被投企业进入更高起点和更快跑道,分享整个生态的阳光雨露,降低失败的风险。

趋势二:投资人的VIP化

投资人的VIP化,是指用愿景和信息技术驱动未来的新型投资人的出现。如果自1997年张朝阳从他在麻省理工学院的导师那里得到20万美元风险投资算起,以互联网为代表的新经济一直依靠银行之外的新资本驱动。20世纪末期的BAT如此,2010年之后的小米、美团、滴滴打车也是如此。而一个明显的趋势是,一批创业过、具备企业家精神、技术背景出身、个人已经很有钱的投资人将在新经济舞台上扮演重要角色。比如像去哪儿网的创始人庄辰超,当年易趣的创始人邵亦波,易传媒的创始人Alan,当然也包括沈南鹏、雷军、田溯宁、吴鹰、王兴、张一鸣等。今天的很多投资人自己就是企业家,是技术男,不差钱,所以一开始就会投一些有创意的大项目,而且成功率也大大提高。中国新经济特别伟大的一点就是让一批身怀科技、胸有愿景的名校生和科技人员找到了用武之地,而且发了大财。他们解决问题的方式是技术。我举个例子。今天的广告投放越来越通过程序化交易平台自动完成,当用户登录某个网站时,程序化广告竞价平台会告诉广告代理公司“他是谁”,依据的是他过去在哪些网站上点击过什么,如果广告代理公司认为这样的用户符合广告主的要求,就会出价,广告竞价平台的原则是价高者得,然后把广告展示给用户。整个过程在0.1秒甚至更短时间内完成。这是一个谁有更好技术谁就赢的年代。靠技术真正实现了边际成本递减和边际收益递增。技术驱动对投资拉动的代替,是中国经济真正的希望所在。

趋势三:平台和个体的合体

平台和个体的合体,是指将平台优势和高差异的个体优势相结合,快速在专业细分领域崛起。在电商领域的天猫、淘宝、京东,内容领域的微信、爱奇艺、今日头条、喜马拉雅FM、沪江网,有千万级别的店在开,有千万级别的人在生产内容。商业和内容产业的格局、结构正在发生惊天动地的变化。平台有巨大的外包作用。以内容产业为例,平台相当于把排版房、印刷厂、邮局和二渠道、投递统统"吃掉",内容生产者只需专注提供高差异的内容。平台也有巨大的外部性,它的流量、用户基数、支付等都可以为内容生产者所用。正是在这样的背景下,我们看到了淘品牌的此起彼伏,看到了罗辑思维、一条的速成,看到了网红遍天下,看到"要么投资平台,要么投资平台所需"成为基本的投资逻辑。迈克尔·波特竞争理论的"三板斧"是低成本、高差异、聚焦,在平台经济时代创业,这三条可以一起实现——借助平台低成本进入市场,坚持高差异定位,始终聚焦于提升核心竞争力。

趋势四:创业者的裂变式出现

创业者的裂变式出现,是指从现有新经济公司里不断裂变出新的创业者,创立新公司。人力资本是一种"会流动的资本",投资人带着金钱和经验,盯着现有新经济体系中那些有可能溢出的人才。而现有体系中总有一些不甘寂寞者,他们看到了太多成功的示范,他们也要尝试。在阿里巴巴工作了10年的王刚在2012年离开阿里,他孵化投资的第一个项目就是滴滴打车。程维和他在阿里共事多年,知根知底。王刚说,他们几个人本来想一起做一个集团公司,但操作难度太大,融资也不顺利。他转变思路,“支持每个曾经带过的兄弟做CEO,以博取更多的商业机会”。由于团队没有懂技术的人,滴滴打车痛苦了很长时间。直到2012年底,程维请来百度的研发经理张博,才补齐了技术的短板。中国只有一个马云、马化腾、李彦宏,但是BAT里会有无数人怀揣着“我也要成为马云、马化腾、李彦宏”念想的追梦者,他们出走、裂变、组合。如果在高空俯瞰这些图景,你会看到每天都有很多蚂蚁爬出现有体系,自由组合成新的蚁群,搬运粮草,搭造新的蚁穴。蚂蚁们之间丰富的正式非正式交流,则创造出信息、知识和资金充分分享的环境。

趋势五:投资创业群体的职业化

投资创业群体的职业化,是指投资者和创业者的职业化、专业化程度不断提高,社会对投资者、创业者的专业服务环境日臻完善。今天来看历史上的创业者,从0到1都曾经历过许多曲折。很多中途落败者不是能力不行,而是不熟悉当时的融资环境、中介服务环境、人才市场、技术条件。他们也缺乏比较好的人际网络的支撑,无数英雄都曾慨叹时运不济。而现在,海内外的各种资金很多,投融资服务非常发达,中介服务机构多如牛毛,从EMBA教育到各种知识服务、社群服务到众创空间如雨后春笋,一个硅谷、以色列的新模式不出几天就会出现在中国的网站和朋友圈里。今天的新创业公司无论从创始人背景、团队构成还是各种外部支持上,比起早期的创业者都优越了很多。他们的股东能够提供的知识、经验和人脉支持也比当年要强很多。社会对于新经济、互联网的认识和日常应用与以前也大为不同。今天的创业者比BAT时代可能更早、更快地取得成功。

趋势六:资源配置的全球化

资源配置的全球化,是指中国资本在全球范围配置资源,服务于中国新经济的发展。今天每个飞往旧金山、洛杉矶、纽约、特拉维夫的航班上，可能都坐着中国的投资人和企业家。他们不仅是去学习参观，而且是去投资。在硅谷设立投资机构或者联合投资机构的中国资本越来越多。直接投资美国具有创新性的中小企业，设立基金投资欧洲的消费品品牌，购买以色列的高技术，这些案例不胜枚举。阿里已经在美国投资了多家互联网公司，2015年11月，马云在接受彭博财经频道采访时说："我希望我们的团队投资美国高科技创业公司，帮助他们实现增长。不仅投资，还要帮助他们有朝一日进入到中国市场。这是一个巨大市场。"这和复星集团"用中国动力嫁接全球资源"的投资思路异曲同工。如果说复星更多的是投资成熟行业中"便宜的好公司"，还有明显的套利思维，那么BAT这样的新资本投资的则是引领未来的新技术。他们看得更高、更远。也是在这种背景下，凯文·凯利、彼得·蒂尔在中国甚至比在美国更受欢迎。

趋势七：资本结构的多元化

在创新驱动的时代，投资于新经济的资本类型多元而丰富。蚂蚁金服的B轮融资，全部是"中字头"的国有资本。虽然"国进民"的结构让不少人叹息，但也说明，国有资本也开始青睐新经济。深圳创新投资集团的创始人靳海涛说，2001年时马化腾曾找过深创投融资，找过几次，但深创投并没有投资，原因是"看不明白"。他倍感遗憾："如果当时投了，每年平均挣900倍。"几年后，他投了民营企业乐视。深创投最早是政府设立、国资主导的。现在的资本结构已经非常多元，是中国数一数二的创新投资集团。根据数据显示，截至2015年底，由政府引导基金所管理的投资额度已经超过1万亿元。2015年是政府引导基金增长最快的一年，政府引导基金和母基金的发展非常迅速。资本结构的多元化不仅表现在国资、民资、外资齐上阵这一方面，还表现在投资基金构成上类型也越来越丰富，比如保险业资金的参与，资金方不仅投资某公司,还会和公司一起成立单项基金,投资于公司更加擅长的领域。

趋势八:跨国公司的资本本土化

互联网源于美国,但历史上美国有代表性的互联网公司在中国折戟沉沙的比比皆是,从雅虎到ebay,从MSN到谷歌。原因当然各不同,但照搬母国做法、业务缺乏快速响应能力,是其落败的重要原因。而目前的情况正在发生根本性变化,美国互联网公司的中国业务越来越倾向于在中国独立成立公司,独立融资,让其成为和美国并立的业务单元。比如领英的股东除了母公司LinkedIn,还有中国的红杉资本和宽带资本。Airbnb在中国的资本结构也类似。Uber在中国单独融资。高瓴引入的梅奥医疗也会和中国本土资本合作。源于美国的全球领先互联网公司在中国的新一轮发展,将给市场带来新的活力和创新。

趋势九:资本整合和企业家创新同时发生

在数量意义上的互联网红利衰减的背景下,由资本驱动的行业整合正在加剧。过去一两年,美团和点评,携程和去哪儿,滴滴和快的,58同城和赶集,蘑菇街、美丽说和淘世界都合在了一起。更早些,优酷和土豆,爱奇艺和PPS,搜狗和搜搜,京东和易迅,腾讯文学和盛大文学,携程和艺龙,也都完成了整合。高瓴、红杉、华兴,这些领头羊式的资本在整合过程中发挥了巨大作用,BAT往往也是重要推手。马化腾在2015年的乌镇大会上说,他和马云都认为,腾讯和阿里不仅竞争,也在合作。一些整合是必要的,他们都会推动。这在滴滴和快的的合并中表现得非常明显。与此同时,有合必有分,王兴主导意味着张涛的离开,程维主导意味着陈伟星的离开,但"张涛们"不会偃旗息鼓,还会卷土重来。企业家精神不会消失,只是暂时休息。即使老兵会休息,新一代又会起来。企业家创新和资本整合的变奏将伴随着整个新经济的全过程。

趋势十:离人越来越近

中国新资本的投资方向,不是重化,不是房地产,不是基建,而是和人的需求高度相关的社交、信息、文娱、健康医疗、出行旅游、理财、教育、购物、社交等全场景的生活,以及为实现这些生活所需所要求的新基础设施和新工具,比如大数据、云计算、物流、支付、机器人、VR、人工智能、5G等。从物质消费到非物质消费,以人的自由全面发展为中心,追求个性化体验,整个投资方向与服务、内需、人高度相关。

新循环将超越旧循环

中国新资本驱动的新经济,是一种崭新的经济循环。

在需求侧,服务于人的不断增长的有效需求;在供给侧,企业自主负责,灵活响应市场变化,没有"国企病";在资金供给端,资金主要来自于天使投资、VC、PE,是投资者愿赌服输的钱,不是储户存款,不会引致银行体系负担。

在发展模式上,由于创新驱动和技术驱动,边际收益递增(想想BAT赚钱后的利润增长速度吧),如果方向对头,越发展效益越好;在企业素质上,走的是阳光化的市场之路,所以新经济公司的创始人从颜值、神情到知识、言行等各方面,比过去那些不得不泡在牌照里、酒桌上的企业主,健康和明亮得多;在文化上,新经济注重人力资本,关爱人,激励人;在外部性方面,新经济公司的新模式,比如共享经济(提升社会信任)、平台化、随需立供、个性化、以数据为基础等,对所有产业(包括农业、制造业等各行各业)和全社会都有借鉴意义。新资本驱动的新经济,是社会进步和人的发展的促进力量。

相反,旧经济和传统模式,更多的是与投资拉动、行政干预、微观主体不自主负责、银行融资加扭曲的资本市场加民间高利贷三轨并行,联系在一起。这种模式有历史贡献，大大改善了中国的投资环境，但也让中国始终走不出有高增长、没有高质量、更有难以为继的高负债的泥潭。我在以前的文章中提到，2015年年底中国中央和地方国有非金融企业的总负债为83.5万亿元，占全社会融资规模存量的三分之二，中国现在一年的名义GDP增量，基本被形式利息(全社会负债余额乘以平均利率)吞食，中国的资本形成占GDP的比重是全球水平的两倍。如果再这么下去，低效低质、落后过剩的产能以及投机性资产的泡沫，将把整个银行体系拖垮，把财政搞垮，把中产阶层的钱袋子搞瘪，最后让中国落入陷阱而不能自拔。

即便改革再难，中国一定会走上新的道路，因为走旧路就是死路一条。新资本、新经济、新模式是一种向上提升而不是向下沉沦、向前涌动而不是被过去锁定、因变化而生而不是死水微澜、生生不息而不是陈腐守旧、创新价值而不是毁灭价值的新生力量和变革力量。程维曾说，滴滴每三个月就是一家全新的公司。BAT的创始人也说过，要是一年不变，对公司来说就是灾难。

更多的中国资本正在全球进行扩张，远远不限于新经济。2015年中国经济增速“破七”，但对外直接投资却增长13.3%，接近1400亿美元。希望走出去的所有中国资本都能像投资新经济的新资本一样，秉持市场规律，投资创新与未来，而不是傻得只有钱，到处乱洒钱。

虽然在发展新经济和新资本方面，中国还有很多体制机制和观念的束缚，特别是服务业方面还有很多牌照禁区和壁垒，但是只要是春风，一定会“吹过玉门关”。以人为本的潮流必将冲决各种障碍，新循环必将战胜旧循环，引领中国超越既往，绽放明天。

不必为失速而叹息，要为原则而坚持

——我所认同的经济价值观(上)

当“秦朔朋友圈”的朋友看到这篇文章时，我在西班牙的巴塞罗那准备参观2016年巴塞罗那世界移动通信大会(Mobile World Congress)，以及与充满新闻热忱的深圳卫视团队一起到欧亚几国采访“中国企业走出去”。这是继2016年1月美国CES之旅后我又一次出长差，目的是以更广阔的视野服务广大读者。

一年之计在于春。2016年2月19日，有两个重要的论坛举行，一个是“中国经济50人论坛”2016年年会，主题是“深化供给侧结构性改革，全面提升发展质量”；一个是黑龙江亚布力的“中国企业家论坛”，主题是“企业家：信心与动力”。2015年我去了亚布力，2016年参加了“50人论坛”。

为什么说这两个论坛重要？我先说“50人论坛”。按照论坛学术委员会委员樊纲教授的说法，它完全是一个非官方的学术组织，目的是使一些学者能够经常交流沟通，而不像美国的总统经济委员会那样是政府机构，也不像法国总理府搞的“经济40人”和德国科学院的“智人团”

那样多少有些“官方色彩”。可是看看论坛中像刘鹤、周小川、楼继伟、郭树清、杨伟民、陈锡文、马建堂、易纲、江小涓、吴晓灵这样的名字,谁会认为它的影响只是一种学者的学术影响?

再看亚布力,经过多年积累,它已凝聚起一些最闪亮的中国企业家的名字,这个每年正月十五前举行的论坛往往会在企业家群体中引起强烈反响。2015年的明星是当红的雷军,2016年是马云和刘强东。

企业家精神与微观主体的平等

“50人论坛”和亚布力论坛的主题有点遥相呼应。深化供给侧结构性改革,全面提升发展质量,靠什么?靠企业家信心与动力。

应《亚布力论坛》杂志之约,我写了一篇题为“从中国富豪到中国企业家——展望21世纪华商之道”的文章。谁是发展经济的主体和关键?不用争议,就是企业和企业家。文章的四个小标题分别是:“企业家精神能创造财富,财富买不来企业家精神”;“中外历史都证明,危机时期企业家精神尤其重要”;“为什么企业家精神比制度环境更重要”;“扪心自问:昔日曾经蓬勃高扬的内在动力还在吗?”。

在文章结尾,我写道:“我相信21世纪的全球商业,会进入‘华商世纪’,一大批中国企业会成为世界级企业,中国企业家会涌现出一批世界级企业家。在中国历史上,先秦诸子奠定了中国哲学的基础,即儒、法、道;7世纪和9世纪奠定了中华文化的基础,如唐诗、宋词、科学发明、书画与理学;在21世纪,我希望中国企业奠定中国在全球商业文明中的辉煌地位。这需要时间,更需要远见、理想,尤其是对过去不健康基因的反思超越,需要在价值创新之路上永远追求和奋进。而没有企业家精神,这一切都是幻影。”

在“50人论坛”的三分钟发言中,我选择的角度是“内容产业的供求变化”。我讲的主要内容是:第一,从需求侧来看,2012年到2015年,中国的电影票房从170亿元增长到441亿元。中国的互联网广告收入，2012年是753亿元，2015年第四季度就是621亿元（据易观数据）。相比之下，从2012年到2015年，传统报刊的收入下降了60%以上。在不少地方，所有报纸的利润加总为负数。这说明，不是内容产业本身没有前途，只是发生了结构性变化。第二，从供给侧来看，内容的供给主体分为两类：国有和非国有。这些年，对于国有的内容生产部门，给予了包括行业准入（不许别人进来）、转企改制企业所得税全免（6年+6年）、定向资助、信贷优惠、资产重估（如上市）等多方面支持，但总体上并没有延缓其财务衰退和影响力下降之势。而对于非国有的内容部门，所给的支持主要就是准入，相信他们，允许他们干。其结果使中国的电影、电视剧、音乐、互联网、自媒体等领域企业风生水起。第三，内容生产领域的产能过剩不一定是坏事。比如微信平台有1100万个订阅号，很多读者订了都来不及看。虽然过剩，但并没有什么坏处。因为生产者各负其责，内容生产也不消耗物质资源。只要生产者没有给利益相关者造成损失，并能自主负责，此类产能是否过剩就无须去管，而且过剩压力下还可以倒逼生产者提升竞争能力和产品质量。最后的结论是，在供给侧改革中，微观主体不需要什么支持，只要身份平等就行了。

内容产业涉及意识形态，讲究社会效益优先，但我认为，市场规律也发挥着巨大的作用。如果没有市场，又哪来社会效益？

中国案例：飞信与微信

我所在的小区，很多家庭的院子都种上花草树木。微信群里大家经常交流的话题也是草又枯了、要换什么草种一类。而在小区的公共空间特别是岔路口长的树和草，没人关心，却长得特别雄壮有力。它们遭受风吹雨打、日晒雨淋，不被娇惯，反而长得最好。自己院子里的草，长在院墙里，天天被人关心，反而长不好。

“50人论坛”的企业家理事刘志硕举过一个例子。他说:微信为什么没有在三大电信运营商那里诞生？他的理解是,我国移动通信代替有线电话的速度是世界奇迹,无线通信网络的投资也是世界之最,但在国有垄断的体制下缺少创新。在微信之前,神州泰岳公司也推出了一款产品叫“飞信”,一度占有很多人的手机,具有微信的雏形。但是由于神州泰岳拥有深厚的“搞定”国有运营商的能力而缺乏自我创新动力,在创新迭代中迅速被微信取代。

而马化腾他们的公司文化是什么呢？他1993年深圳大学计算机专业毕业后在国有单位工作(如润迅),业余时间不安分,经常“炒更”。1997年他发现了源于以色列的通信软件ICQ,决心把它汉化,就拉来同学张志东一起弄,到1999年先后又拉了三个朋友成立了腾讯,是为“腾讯五虎将”。因为缺少资金支持,他们4次想把公司卖掉,出价只有60万元(比注册资金多10万元)。为拉用户到社区,马化腾甚至自己扮成女生表情来引流。最终借鉴了丁磊对外融资的办法,靠改了六稿、20多页的商业计划书,获得了IDG和盈科数码的200多万美元,这才活过来。这种一出生就面临死亡的经历使腾讯不敢停滞,而是不断自我折腾,怕被颠覆,看到外面有什么好东西就“抄”就“买”,为拿到移动互联网的“船票”,内部组建了三个独立团队相互PK,这才逼出了微信。

有一种公司文化叫“父爱主义”——拼爹的文化;有一种公司文化叫“国际歌文化”——从来就没有什么救世主,全都靠我们自己。它们基因不同,长出的生命也就不同。

威尼斯案例:为什么先兴后衰

凡是促进自由和竞争的制度,就能带来勃勃生机;凡是走向垄断和独专的制度,就会窒息经济活力。这样的例子在经济史上实在太多。拿近世之初资本主义萌芽期的意大利来说,从制度学派经济学家格雷夫到阿森莫古和罗宾逊,很多学者都研究过威尼斯的兴衰问题。威尼斯曾是欧洲航运和商贸中心,1330年人口11万,是当时伦敦人口的3倍,但14世纪后却衰退了。这是为什么?

香港两位著名经济学家——香港科技大学的雷鼎鸣和香港大学的王于渐都曾在《信报》撰文发表看法。他们援引阿森莫古和罗宾逊合著的《国家为何衰亡》(*Why Nations Fail*)一书的研究指出,从10世纪开始,威尼斯就有极为包容的贸易制度,不是贵族的人也容易成为商人,自由贸易,社会流动性很高。威尼斯创造了"有限责任合伙关系"(colleganza)制度。在商业合约中,一个合伙人主要出资,守在陆地上,另一个资金不多但可以出力,出海押货。海运中损失的货价由两个股东按投资比例分担,盈利则按colleganza合同约定分享。这一制度让那些既无资金、又无抵押的年轻人也能出海致富,跻身上游。

与此同时,威尼斯还发展出一套支持商业发展的法律和司法架构,并促使政治制度日益开放。威尼斯终结了经常插手商人业务的总督制,建立了"大议会"(理事会议)作为立法机构。理事会议的提名委员会负责每年提名100名新成员加入会议,理事会议还负责建议总督人选。新总督就任时须宣誓限制权力。在开放竞争型经济与包容性政治制度下,威尼斯的独立司法和经济立法也得到发展,现代银行的雏形也宣告诞生。

但是,当既得利益越来越多之后,理事会议开始趋于保守。对那些通过colleganza等渠道致富的新的年轻人,理事会议担心分薄现有成员的利益和权利,总想关上大门不再接纳。1286年,理事会议推出保守的"关闭条例",已有议员身份的家族几乎可以永久当议员,新来者则被拒之门外,连colleganza合同也遭到禁止。由于不少商人十分不满,理事会议为平息纷争,将议席扩至1500席,但并未改变其小圈子的性质。1314年,威尼斯索性将贸易国有化,由官方船队包办贸易。1324年后,个人要参与贸易必须向政府缴纳重税,长距离的贸易变为贵族专利。

在不利于自由经济的制度下,威尼斯的经贸重要性日渐萎缩。1492年好望角发现后,威尼斯更无法维持其航运中心的位置。

雷鼎铭教授的结论是,不受利益集团的影响,坚持自由开放的市场,不胡乱使用权力偏帮某些集团和行业,才是发展之道。王于渐教授的结论是,当贸易国有化之后,封闭、垄断和独专的政经制度,使威尼斯由盛转衰。

今天我们回顾历史上发生在威尼斯的这场以开放而兴、因封闭而衰的"国进民退"案例,仍让人唏嘘不已。

中国不会倒,信心不能倒

从2008年全球金融危机开始,对于"中国向何处去"、"会不会硬着陆"的恐慌,我在《第一财经日报》写过太多文章,不好意思再说。

2010年,我和当时的渣打银行(中国)首席信息官、澳裔金融家林大卫(David Lynch)交流,那天我们站在30多层的楼层攀谈,他突然指着陆家嘴中央绿地说,这里就是世界的中心。那一刻对我的触动是,作为财经媒体人,我们看到的现实更多的是金融改革的艰难和种种无奈的妥协,故而常常失望,但外国银行家基于全球视野,却认定中国代表希望。我由此写了一篇感想,说我们必须接受失望,因为失望是现实的;但我们更应拥抱希望,因为希望是无限的。当然,这一切不是靠幻想,而在于创新与实干。

2015年8月11日人民币"闪贬"后,全球市场出现过一轮恐慌性、交叉性下跌。我在当年8月26日为《第一财经日报》写过一篇社论,题目是"信心不能倒,中国不会倒"。社论说,全球市场危机的根由是长周期增长动力不足,全球人口增长率下滑导致潜在增长率下移,日益严重的贫富分化制约了需求增长,过去几年过度依靠量化宽松的货币刺激、结构性改革收效微弱,同时"量宽"又不断制造着资产泡沫。试想,全球

"真实经济"(real economy)增长乏力,而股市、房地产等资产却不断创出新高,这可能持续吗?从本质上说,全球市场的调整势所必然,迟早要来。我们不认为中国因素是"全球利空"因素。事实上,中国能维持7%左右年增长且经济的可持续程度在提高,恰恰是对全球市场未来的一个支撑。没有这样的中国,全球市场的灾难可能要深重得多。社论提出,在整个经济的金融化、虚拟化程度不断提高,金融和实体经济以及投资者、消费者心理的互动性越来越强的今天,如果集体性地丧失信心,任由恐慌蔓延,只会一步步陷入恶性循环。最后,我写道:"中国市场不会倒,经过风雨调整和结构改革,中国经济将更加坚韧有力。"

一些朋友问我文章中的正能量来自哪里。当然是基于实事求是的判断和研究。比如人们谈到人民币贬值,不少人惊慌失措,想卖了中国资产买美国资产,甚至有人要办移民。其实,过去十几年,人民币是世界上唯一对美元大幅升值的国家。"50人论坛"成员、北京师范大学的贺力平教授指出,从经济、贸易、投资三个角度看,中国已经是世界最重要的经济体之一,不是第一也是第二。2005年7月19日汇改,美元兑人民币是1:8.11。按名义有效汇率,即使不扣除物价因素,按贸易加权的人民币指数,从2005年7月到2014年4月也升值了40.5%,按照实际有效汇率(剔除物价水平)则升值了50%。这种单边的大幅度升值预期推高了几乎所有人民币资产价格,导致虚业大热,现在适当调整一下,回到市场决定的均衡水平,不仅合理,而且必要。当然,由于汇率"关系万千重",不可能搞"自由落体运动"。但是,扪心自问:需不需要对中国经济这么没有自信心?作为全球工作最勤劳的人种之一,我们真的有点杞人忧天了。

来看中国经济2015年的一些现实数据:

GDP总量虽然"破七",但GDP增量超过0.5万亿美元,仍为全球第一。

经济结构正在改善,消费对GDP增长的贡献率已经接近66.7%,

2015年单位GDP的能耗下降了5.6%,高新技术产业的增加值增长了10.2%,新能源汽车产量增加了1.6倍,工业机器人增长了42%。

中国的一些基础设施已经全球领先,铁路运营里程超过12万公里,居世界第二,高铁运营里程1.9万公里,居世界第一。

2015年,中国对外直接投资增长了10%,居民出境游增长了12%,境外消费增长了20%,从国际市场进口的大宗商品的实物量和占全球的份额也在继续增加(原油进口量增加8.8%,大豆进口量增加14.4%)。

2015年,中国居民的新增储蓄存款超过4万亿元,自2008年以来居民储蓄累计增加35万亿元,中国的外汇储备在2015年年底仍在3.33万亿美元以上,稳居世界第一。

2015年外商对中国的直接投资为1262亿美元,同比也增长了5.6%。

2015年,中国每天新登记的企业超过1.2万家,各类众创空间和科技孵化器以20%的年增速度在增长……

中国经济的问题多不多?多。严重不严重?如果继续下去会很严重。但是,中国经济不是无药可救,不是老年病号,而是有基础,有潜力,有希望的。从十八届三中全会的“深改”决定到最近提出的“供给侧结构性改革”,也指明了方向和路径。问题是要真正改起来,动起来,人人自己努力起来,而不是面面相觑问别人在干什么,问别人有什么政策扶持和信贷优惠。恕我直言,在今天这样的物质资本和人力资本条件下,如果中国经济搞不好,那不要怪别人,只能怪自己,只能归因于我们集体告别信心而选择惰性,集体告别奋斗而选择“搭便车”和多占便宜少干活,集体告别努力创新而选择随意应付、出工不出力。

经济转型升级,原则重于一切

经济发展,转型升级,真的很难吗?有人说,知易行难。在我看来,真知也难。现在谈政策的人太多,谈"民心"的太多,谈经济原则的太少。不按原则办事,不按规律办事,这才是中国经济的最大问题。

我所认同的经济发展和增长方式,是如同库兹涅茨所定义的:"一国的经济增长,可以定义为给居民提供日益繁多的经济产品能力的长期上升,这种不断增长的能力建立在先进技术以及所需要的制度和思想意识的相应调整的基础之上。"这里的基本逻辑是:制度与意识的调整,能使我们朝着促进技术进步和全要素生产率提高的方向努力;进而促进商品和劳务提供能力的提高;进而提升国民的生活水平。

在我看来,供给侧结构性改革,就是今天我们整个经济界乃至全社会都要仔细体会、凝聚共识的"制度与意识的调整"。当中国的人口、资本、土地、资源等生产要素的约束性不断增加,生产要素投入量出现递减时,真正的出路只有一个,就是提高生产效率,包括改进资源配置的效率、支持知识资本的积累和技术创新、向管理要效益,等等。改进资源配置,就要打破对资源自由流动的各种阻碍,如条块分割、城乡分割、部门分割、垄断性分割、身份分割、用权力分配资源,等等。

只有通过旨在提升资源配置效率的改革,才能使我们社会中的大多数劳动力都有积极性从事更具创造性的劳动,特别是生产性劳动;也能使大多数劳动力从事有价值的经济活动,努力提供更具竞争力的产品与服务,创造有效供给和优质供给。所谓"有价值的经济活动",就是要符合"创造大于消耗"的原则和"净现值"原则。前者是说,整个社会中,创造财富的力量要大于消耗财富的力量,要让创造者、劳动者得到正面激励。后者是说,一种投资,只有当其收益率高于资本的机会成本、净现值为正时,才是值得耗用资本去投入的。

我对中国经济的真正担忧是,资源配置原则、供求均衡原则、创造大于消耗原则、净现值原则——这些能够保证健康与可持续的经济增长的原则,在现实中并不能完全通行,有些地方扭曲得还很厉害。2016年1～2月,人民币新增贷款和社会融资都创造了历史上的"天量",广义货币供应量与经济产出的比率(M2/GDP),其势头直逼2009年“4万亿”最为蓬勃时的第三季度的情况。我们当然可以理解其中的一些特殊性,比如因为存贷比限制取消,很多银行表外资产回归表内;因为人民币贬值预期,很多企业将美元计价债务转为人民币计价债务,等等。但让人恐惧的是,刚刚建立起来的在供给侧结构性改革中不怕短痛的意识,可能瞬间消失,继续通过“放水”来促增长。须知每一次“放水”放的都是“债”,当一个社会的新增经济产出和企业利润无法覆盖债务负担时,那会发生什么呢?

我也担心,结构调整中的短痛不要化为巨震,调整确实要有“度”,要有底线。但是,如果我们的结构改革是一种人人开心、至少人人安心的“无痛疗法”,我在经济学中并没有找到这样的捷径。相反,经济学的一条基本原则是,天下没有白吃的午餐。

常识也许是中国经济最好的指引

——我所认同的经济价值观(下)

2016年2月20日,我从北京飞巴塞罗那参观移动通信大展,再到德国小镇金根参访中集集团收购的德国最大消防车生产企业齐格勒,最后去慕尼黑机场准备飞米兰。这趟欧洲之旅,仿佛又是夹在两个世界之间。微信上的国内世界,吵吵闹闹,烟雾弥漫,大家真的太关心中国经济和社会了。而身边的世界,人与自然非常和谐,虽然经济、社会问题也不少,不过非常安静,大部分人就是好好做一份工,好好生活,即使失业也可以好好生活。

我们都希望过好生活。作为一个媒体人,我向往的是安静的书桌、不断的学习、交流,加上独立的思考。但现实里,有些是非争议,你想置身事外也不可能,因为中国的经济和社会发展,确实关系到我们每个人如何生活。

简单系统、复杂系统与蚂蚁世界

“为什么我们建一个大型钢厂很有经验，而搞一所好大学很难？为什么我们扩大城市的规模很有经验，而提升市民的幸福感很难?”这是2014年我和搜狐创始人张朝阳聊天时他提出的问题。

在本科从清华大学物理系毕业的张朝阳看来，我们在简单系统方面很擅长，而复杂系统方面还存在不少问题。简单系统的特点是封闭可控，系统内各部分的相互作用很弱。其思维假设是，存在一个完美均衡的世界，就像一个盒子，输入一套指令它就开了。简单系统习惯于自上而下的垂直管理，因为效率很高。

而复杂系统的特征是，系统内的个体都有一定的智能性，会对局部信息做出“自适应”的反应，比如股民买卖股票、出租司机根据路况做调整。复杂系统的元素数目很多，且存在强烈的耦合作用。复杂系统是非线性的，内部还有很多子系统，而且有不同层次与规模，子系统之间在互动中共同进化。

简单系统就像部队的一个班，有班长，条令明确。复杂系统则像生命体，像大学，像城市交通，像无数人汇成的市场，它有秩序但常常又是混沌的。就像蚂蚁王国中的每只蚂蚁，研究已经证实，它并不是根据“国王”的命令来统一行动，而是根据同伴的行为以及环境的变化来调整自身的行动。

复杂系统的思维假设是，通过众多个体间的相互作用和自我学习调整，系统的智能化水平会提高，自组织程度会越来越复杂，也越来越高级。复杂系统和自组织里的“秩序”，更像是教堂里的无形氛围，它并不是某个人才拥有的“超强大脑”，而是一种平等、默契、共守的意识和准则。复杂系统的动能，依赖每个独立个体对局部信息（因为没有谁能拥有全部信息）所做的真实反应，以及相互间的作用。秩序存在于真实反应和互动中。

我和你,从个体来说,都像一只蚂蚁那么微小。但神奇的大自然赋予了我们一些强大的本能,让我们在世界各地都能存活。我们群集而居,小而精悍,非常恋巢;我们相互合作,明确分工,寻找食物,照顾幼体;我们的身体能发出“信息素”,交流沟通;我们“手脚”里的强大肌肉能让我们举起超过体重100倍的重量;我们是建筑专家,也是超级记忆专家,视觉参照物一记就是一生。我们是复杂无比的系统,也是能够灵活响应各种环境变化的进化过程。

事实上,只要遵循着自然的、普遍的规律,我们就能过好自己的生活,就像春夏秋冬,不管什么样的天气变化,我们自会适应。就算一开始没有适应,我们也能马上学会适应。这是常识。但正是遵循了常识,大道无言,却让复杂系统有条不紊。

经济规律并不复杂

让我们回到经济层面。也有很多常识和规律支持着人类,在最近几百年里创造出之前几千年累积起来也远远不及的价值。权衡取舍、机会成本、边际、激励、贸易、市场、劳动生产率,这些观念没有多么复杂,但却造就了那么神奇的物品、服务和生活。你想生活得更好,就要生产得更好。你要生产得更好,就要不断进入能有更高产出的部门,同时在竞争压力下不断提高生产效率。哪里是更好的部门呢?这要靠价格信号去引导。亿万农民工仅凭一句简单的召唤“这里能多挣钱”,就不远千里迁移到加工生产线、建筑工地和物流环节中,就是劳动力价格水平的信号在起作用。

在我看来,经济最基本的规律是:每个平等竞争的经济主体,在真实的价格信号引导下,努力创造更高的产出,为自己带来更好的生活。

如果不是这样,非要用另外一种逻辑和体系,结果只能是吃苦头。

比如粮食问题。财政部部长楼继伟说:“2014年,我国粮食生产1.2万亿斤,但各级财政大量补贴。这种补贴是一种从种子到餐桌的全程补贴。比如说,东北应该是漫山遍野大豆高粱,但是补贴后的玉米成本是六毛钱,国家再按八九毛钱收购。这相当于二次补贴,所以农民都改种玉米。但玉米市场价格被人为抬高,玉米加工企业大量亏损,又在争取国家补贴。补贴变成指导资源配置。”粮食问题当然不是纯粹的市场逻辑就能解决的,但市场逻辑是基本逻辑。大家都指望财政部减税,但如果财政支出中有大量补贴,有很多支出并没有带来什么经济和社会价值。楼继伟管的钱袋子出多进少,哪有什么减税空间呢?除非大搞财政赤字,相当于向所有人征一道“通货膨胀税”。

再比如汇率问题。最近关于人民币贬值的讨论十分热烈,我感到难以理解的是,一些经济学家言论背后的假设也是“贬值等于不好”。这和经济学常识完全是两回事。因为从根本上讲,一国的劳动生产率是决定一国货币对外价值的基础,如果劳动生产率能相对地快速增长,单位货币包含的价值就会相对提高,本币对外币的价值也会相应上升。中国从2005年7月19日汇改到现在,人民币对美元实际有效汇率升值近50%。人民币升值已经把中国劳动生产率提升的价值完全体现出来,甚至是一种过度体现。因此,客观上存在一定的贬值压力。只要对比一下美国经济复苏和中国经济下行的情况就很清楚,非要硬挺,其结果就是央行要花大量外汇储备,卖出美元买进人民币。根据余永定、张明等学者的测算,2015年这笔开支就超过5000亿美元,2015年11月到2016年1月的三个月内,中国的外汇储备每月缩水接近1000亿美元。如果短期资本外流没有减缓,央行继续干预汇市,外汇储备将继续缩水。

汇率也是一种要素价格。符合经济规律的做法,是坚持市场化改革方向,允许更大空间的自由浮动。同时向社会讲清楚为什么要浮动以及人民币贬值的空间并不大。中国还有大量经常项目盈余,也没有完全放开资本账户,浮动带来的影响是可控的。这是合乎常识的做法。就像一个人，午饭吃得太饱，晚饭应该少吃一点，现在的情况是，很多人说你不能少吃，你还要固定吃多少。何苦充这样的胖子呢?

转型需要新范式，核心就是按规律办事

2012年7月，我在《第一财经日报》连续写过5篇短文，总题为“转型需要新的思考范式”，核心就是希望按经济规律办事。今天来看，依然吻合现实。故缩写如下，也是我的经济价值观。

计划手段很难得到好果

既要稳增长又要调结构，既要稳投资又要防止增加新的过剩产能，既要扶持中小企业又要防范金融风险……类似讨论随处皆是，给人左右为难、颇为无解的感觉。爱因斯坦曾经说过：“我们面临的重大问题，没有办法靠制造这些问题的思考方式来解决。”20世纪50年代后期“崇拜”粮食产量，各地亩产大跃进，最后却经不起“三年灾害”；80年代“崇拜”工农业总产值，村村点火处处冒烟，产值上得很快很大，最后却是大量积压、“三角债”如山、银行坏账惊人；90年代后，各地招商引资的激烈竞争，又把不计成本、不顾代价、不考虑能不能持续的“GDP崇拜”推到一个新高度。

问题不可怕，可怕的是解决问题的方法，或成为加剧问题的诱因。比如一些地方和部门不遵循市场规律和客观条件，不是在市场的自然演进中适度予以调节，而是主观先行，越来越依赖政府之手去配置资源。产业方向、区域方向、投资方向、补贴扶持与转移支付方向，都由政府说了算。稳增长、稳投资是为了稳就业，但资本和技术密集型的投资项目，对就业能有多大带动？与其增加此类产能，不如通过就业方面的稳定基金和对劳动力培训的补贴，对失业群体给予基本保障，时着力提高劳动者技术水平和素质，创造新人口红利。

对问题企业和危机企业,一定的政府帮助有其必要性。但凡是危机皆由政府出面解决、甚至用财政和政府信用兜底的做法,很不可取。中国的市场经济立法已基本成型,如《破产法》"对于企业法人不能清偿到期债务,并且资产不足以清偿全部债务或者明显缺乏清偿能力的"的情况,已有明确规定。这些市场经济的法治原则如果形同虚设,我们实际上就还是在走"大政府包揽一切"的老路子。政府就算累趴下也解决不了所有问题。

总体上说,市场是一个灵活的、快速响应的、迅速调整的自组织演进生态,而机械的、主观计划的手段,即便出自好心,也很难得到好果。

提高GDP的财富转化率和带给人们的幸福程度

一个GDP总量逼近全球第一的国家,为什么还会有国人选择移民、送子女去海外读书?GDP不完全等于社会财富,而拥有财富才能安心幸福。

GDP是一定时期(如一年)社会生产的全部最终产品和劳务的价值。它是流量概念,反映每年新增产出的总量。财富则是存量概念,是每年产出的GDP存留下来、积淀下来的总体价值。一个社会只要拼命生产,GDP就会增多。但只有当更多产品和劳务能够沉淀下来,转化为一种社会财富的积累,人们才会感到踏实。比如,著名的"城市良心"——巴黎下水道工程,历时100多年建成。当初这个工程每年都创造GDP,同时它经年不衰,又转化为能持续发挥作用的社会财富。在发达国家越是历史悠久的庄园、建筑,越是昂贵。它们早已不产生GDP,但却是财富的象征。而我们呢?有些地方大兴土木令GDP增加,由于设计不合理、质量不过关、规划不科学,不断拆来建去,又使GDP增加,但这个过程,往往也是损失财富的过程。如果GDP增长快,但财富得不到有效累积,我们就会感到不安。如果GDP增长慢,但却具备可持续的价值,人们也会感到太平。

GDP的创造过程，应该有利于可持续的发展和社会财富的不断累积。所以，不要再给自己那么高的增长压力，“以速度论英雄”。我们要思考的，是提高GDP的财富转化率，提高GDP带给人们的幸福程度。好的发展，一定是更经济、更有效率、更贴近人和服务人的发展。

提高和人的全面发展更为相关的“价值构成”

不妨做个假设——今天，即时通信工具QQ、搜索引擎百度和新浪微博突然都消失了，中国人的生活将会怎样？几乎无法想象，也无法度量其损失。但若以收入来算，2011年腾讯公司284亿元的收入，只相当于中国钢铁企业排行榜第34名的水平（第33名为江苏西城三联控股集团，收入287亿元）；2011年百度公司145亿元的收入，只相当于钢铁企业排行榜第55名河北新金钢铁有限公司的水平。那么，如果中国的钢铁企业少了几家，会有什么影响呢？

答案是，减少一些过剩产能，整个行业日子会更好。当很多地方为GDP数量殚精竭虑、大干快上、盲目硬上时，可能没有想过：GDP不一定越多越好。相反，一些GDP产出不大的公司、机构、工具和服务，和人们生活的联系会更紧密也更重要。一部好电影和好的电视节目，可以让数以千万的人好好享受生命中的几个小时；类似“网络公开课”、“谷歌翻译”、“维基百科”那样的产品，因为免费几乎不产生GDP，但它们却构成了亿万人“学习型生命”的一部分。

很多中国人热衷于买房子，是因为他们找不到让心灵充实的“房子”，精神世界的“房子”，生命成长的“房子”，能力提升的“房子”。他们囤的房子越多，被物役成“房奴”的程度越深。房地产的过度膨胀，只能说明，我们在那些和人的发展更为相关的精神、文化、知识、健康、传播、自由、潜能、环保、幸福等方面，发展得相对欠缺。这些领域的GDP虽然不高，却因为带有“正外部性”和“循环转移价值”，可以发散出无数和生命连在一起的温暖与光芒。

如果能加强从GDP角度到国民幸福角度的思考，努力提高经济中和人的全面发展更为相关的“价值构成”，则我们不需要太高增速，也能享受好的生活。

努力改革创新，让下降曲线变得平缓

要实现转型，必须坚持市场在资源配置中的基础性作用，提高GDP的财富转化率和价值含量。我们不能再走牺牲环境、滥用资源的生态赤字型道路，也不应再走竞争条件不平等、基本保障和分配不公平(如城乡、区域、劳资、国企民企等)的低包容性道路。

从另一个角度说，探求经济增速下降背景下的新发展道路，也是因为在客观上，中国经济的潜在增长率已呈下滑趋势。资本贡献对中国GDP增长的作用已开始递减。人口老龄化，总和生育率降低，使人口红利正在衰竭。最后，全要素生产率的贡献也在下降。过去30多年全要素生产率的提高，有一半来自资源配置效率的提高(如农村人口向非农产业转移)，其余来自技术模仿带来的技术进步、分工专业化和管理的加强等。随着中国和发达国家的技术差距越来越小，“模仿红利”也在收缩。

如果潜在增长率的下降是不可避免的，我们能做的，不是用行政手段扭曲资源配置，生硬和低效地去刺激经济，而是要追求发展方式的好和优，同时努力改革创新，让下降曲线变得平缓。比如通过完善养老保障体系，延续较高的储蓄率和投资率；通过提高农民工的市民化和教育水平，打破行政性垄断；通过市场进行优胜劣汰，让资源向那些有着更高产出效率的地方和部门转移，以提高全要素生产率。

转型必须坚持一些基本原则

当中国的人口、资本、土地、资源等生产要素的约束性不断增加，生产要素投入量出现递减时，毫无疑问，真正的出路在于提高生产效率，包括改进资源配置效率,支持知识资本积累和技术创新,向管理要效益,等等。而要转型,就必须坚持如下一些基本原则。

资源配置原则。必须打破对资源自由流动的各种阻碍,如条块分割、城乡分割、部门分割、垄断性分割、身份分割、用权力分配资源,等等。

供求均衡原则。要使得产品和服务的供方,能自由便捷地开展创造活动;要使产品和服务的需方,易于得到想要的满足。供求双方的信号传达应该畅顺,供求之间的交易要有法治化的信用保证。

创造大于消耗原则。要实现经济增长和财富积累,必须使社会中创造财富的力量大于消耗财富的力量,必须使创造者、劳动者得到正面激励。

净现值原则。一种投资,只有当其收益率高于资本的机会成本时(净现值为正),才是值得投入资本的。

总而言之,只有当一个社会中的大多数力量都有积极性,从事更具创造性的劳动特别是生产性劳动,努力提供更具竞争力的产品与服务的时候,经济增长才是健康,可持续的。

今天,我们的行为是否符合这些基本原则呢?你是在创造社会财富,或者是为那些创造财富的经济主体提供帮助?还是在消耗社会财富,或者是给那些财富创造者制造各种麻烦、束缚和不公平待遇,让他们精神不自由?又或者给他们设禁区、让市场交易无法治保障?你占用了经济的资源、社会的成本,有没有取得经济净福利和投资净现值?这就是常识!少讲空话,少讲大话,只需问自己,你的行为合乎不合乎经济常识。

让人民生活得更美好,就是最大的根本

从2009年起,我在关于"中国经济的下半场"的多次演讲中呼吁,中

国要将自身的潜力现实化,必须在政府、市场、公民、社会四个维度上恪守一些基本原则,具体包括:在政府层面,坚持“有效管治前提下的最低消耗原则”;在市场层面,坚持“健康运行前提下的最大活力原则”;在人民层面,坚持“责权利对等前提下的最大自由原则”;在社会层面,坚持“以公平正义为导向的最大包容原则”。

由此出发,我所认同和坚持的推动经济发展的中心思想是:发扬企业家精神,焕发内生动力,通过市场化改革和创新,持续创造有价值的产品和服务。而要落实这样的思想,又涉及“竹林”宜养不宜砍(对民营经济,要自由进入、平等竞争、稳定预期、减轻负担、保护产权),涉及国有经济再调整(增加公共分享,2010年国有企业上缴红利只占全部利润的5%左右;从“国有国营”进行市场化改造,转向混合股份制),涉及建设统一市场和贯彻法治原则,等等。令我感到欣慰的是,这些基本想法和全面深化改革的决定完全一致。这也是我对中国经济未来充满信心的原因之一。

在这篇长文最后,我想和大家分享的是:人民究竟需要什么样的产品和生活?或者说,我们的经济究竟要为怎样的生活方式去生产?

我想借用中国领导人的话作为结束:

关注人的价值、权益和自由,关注人的生活质量、发展潜能与幸福指数,最终是为了实现人的全面发展。(2006年胡锦涛在耶鲁大学的演讲)

我们的人民热爱生活,期盼有更好的教育、更稳定的工作、更满意的收入、更可靠的社会保障、更高水平的医疗卫生服务、更舒适的居住条件、更优美的环境,期盼孩子们能成长得更好、工作得更好、生活得更好。人民对美好生活的向往,就是我们的奋斗目标。人世间的一切幸福都需要靠辛勤的劳动来创造。(习近平2012年在中共第十八次全国代表大会的新闻记者招待会上的讲话)

这才是中国最大的政治,除此之外都不是。

风动，幡动，心动不动？

——从“权威人士”谈中国经济说起

一切从心起

1300多年以前，《六祖坛经》有这样的记载：“时有风吹幡动。一僧曰风动，一僧曰幡动。”议论不已。惠能进曰：“非风动，非幡动，仁者心动。”

同一个自然现象，风吹幡动，有人说风动，有人说幡动，有人说心动。一定有对错？不一定。关注物相的，说的是动与静，是谓“通俗表相说”；关注因果的，说的是物相为何而变，是谓“原因追究说”；大彻大悟的，则直指人心，见性成佛，摧陷廓清，发聋振聩，是谓“悟者悟语”。

本案中的“悟者”慧能，让我们开悟的是：一切从心起，心不起则一切不起，心不动则一切不动。故说心动。

经济悟语

2016年5月9日,《人民日报》刊登长文《开局首季问大势——权威人士谈当前中国经济》。这是继2015年5月25日《五问中国经济》和2016年1月4日《七问供给侧结构性改革》后,权威人士第三次为中国经济把脉。无“僧徒繁琐章句之学”,无官样文章空话连篇,洞察要害,直指关键。

通观三篇宏文,看得出,权威人士对中国经济有信心,有底气,也有担心。最大的担心是,各级政府不能以平常心面对增速回落,不能以坚毅果敢的决心推动结构改革和转型升级,而以焦虑心态稳增长,用“大水漫灌”的扩张打强心针,造成短期兴奋过后经济越来越糟。

在“五问”中,权威人士说,增速回落是经济进入新常态的一个重要特征。无论国内还是全球,总需求收缩的局面短期内很难改变。结构调整是新常态更本质的特征,不必太纠结于一两个百分点的起落,归根到底要靠创新,靠转方式调结构。

在“七问”中,权威人士强调,供给侧结构性改革就是要充分发挥市场在资源配置中的决定性作用,矫正以前过多依靠行政配置资源带来的要素配置扭曲,进一步激发市场主体活力。

在“问大势”中,权威人士再次强调,在新常态下,最需要优化资源配置,培育新动力、形成新结构。供给侧结构性改革必须作为主攻方向,投资扩张只能适度,决不可主次不分。不能也没必要用加杠杆的办法硬推经济增长,股市、汇市、楼市的政策取向是回归各自的功能定位,它们不能简单地作为保增长的手段。

举凡经济热点,权威人士都一一定位,宛如拈花点化。

看全球,经济仍处在低增长、低通胀、高失业、高负债的“新平庸”之中,主要经济体都在维持宽松政策。欧洲央行和日本央行采取负利率,

欧洲央行存款利率 - 0.4%，日本央行存款利率 - 0.1%（2016年5月数据）。美联储2016年2季度也没有加息，继续维持联邦基金利率0.25%～0.5%不变。相比起来，中国主动放弃需求端的强刺激，宁可忍受阵痛，也要在供给侧杀出一条改革之路。这是对未来负责的明智之举。

分歧之辩

权威人士论经济立场清晰，态度鲜明，虽然表达上留有分寸，但丝毫没有拖泥带水、含糊不清。其中一些观点有的放矢很有针对性，比如“经济运行的固有矛盾没缓解，一些新问题也超出预期。很难用‘开门红’、‘小阳春’等简单的概念加以描述”，“我国经济运行不可能是U型，更不可能是V型，而是L型的走势，不是一两年能过去的”，“房子是给人住的，要通过人的城镇化‘去库存’，而不应通过加杠杆‘去库存’”，等等。从政府部门到专家学者议论纷纷。这是指向谁？高层在经济政策上是不是有分歧？

风乍起，吹皱一池春水！

最近通过集中阅读多篇党中央、国务院在经济领域的文件和讲话，我得出如下基本看法，和大家交流。

第一，高层在中国经济发展方向、基本路径等重大问题上的观点是统一的。这些观点可概括为：一个目的——经济增长说到底是为了让人民生活更美好，“有活干，有钱挣”；三大原则——解放和发展社会生产力的原则、市场在资源配置中起决定性作用的原则、调动各方面积极性的原则；一条主线——通过政府改革，矫正要素配置扭曲，激发市场主体活力。

第二，面对多年未遇之变局，几代集聚之问题以及全球化、市场化、技术变革、社会分化的诸多冲击，今天没有谁一拍脑袋就有方案。对具体问题的看法有侧重、甚至有分歧很正常，未必是坏事，话语全统一才不正常。

第三,目前供给侧改革遇到的困难与障碍,主要是思想观念、体制机制、社会沟通等。这些问题是系统性问题,而且相互缠绕,并非某项政策不力、某些官员不作为所致。

第四,中国经济的供给侧结构性改革要成功,“功夫在诗外”,必须依托于国家治理体系、法治体系、社会体系等方面的全面改革。

以上四条,我将逐一略陈己见。

大局无分歧

为什么说高层在重大经济问题上的见解是统一的?这是由今天中国经济决策的基本模式决定的。

中央财经工作领导小组是中央政治局领导经济工作的议事机构,是经济领域的核心领导和决策部门。重大经济决策离不开中央统一领导。比如关于“十三五”规划建议,就是中央政治局决定,在中央政治局常委会领导下承担建议稿起草工作。

在“十三五”规划建议说明和省部级干部学习贯彻五中全会精神专题研讨班上,习近平指出,“十三五”时期我国经济发展的显著特征就是进入新常态:增长速度要从高速转向中高速,发展方式要从规模速度型转向质量效率型;经济结构调整要从增量扩能为主转向调整存量、做优增量并举;发展动力要从主要依靠资源和低成本劳动力等要素投入转向创新驱动。

习近平指出,需求侧管理,重在解决总量性问题,注重短期调控,主要是通过调节税收、财政支出、货币信贷等来刺激或抑制需求,进而推动经济增长。供给侧管理,重在解决结构性问题,注重激发经济增长动力,主要通过优化要素配置和调整生产结构来提高供给体系质量和效率,进而推动经济增长。当前和今后一段时期,我国经济发展面临的问题,供给和需求两侧都有,但矛盾的主要方面在供给侧。

上述精神,为中央所制定,也是中央之要求,不存在另外的路径。2015年7月底,国务院第100次常务会议召开之后,有媒体统计了100篇新闻通稿的高频词,以观施政重点。结果发现,“改革”出现420次,“市场”出现310次,“创新”出现280次,“落实”出现199次,“民生”出现130次,“信用”出现73次,“简政放权”出现65次,“透明”出现38次,“互联网”出现25次,“中国制造”出现13次。而媒体从会议的内容主题着手,统计如下:45次会议部署简政放权,25次会议部署减税降费,21次会议部署环境保护,19次会议部署医疗卫生,16次会议部署农业,15次会议部署铁路建设,13次会议部署棚户区改造工程,9次会议部署社会救助,4次会议部署大学生助学贷款,2次会议部署网络提速降费。

从2015年7月底至今,每周一次的国务院常务会议又举行了几十次。2016年5月18日会议的主题之一,是持续推进商事制度改革,营造有利创业创新的市场环境。比如下一步要在全面实施企业“三证合一”基础上,再整合社会保险和统计登记证,实现“五证合一、一照一码”,降低创业准入的制度性成本;要扩大“三证合一”覆盖面,推进整合个体工商户营业执照和税务登记证,实现只需填写“一张表”、向“一个窗口”提交“一套材料”,即可办理工商及税务登记。

李克强总理在2013年3月17日十二届人大一次会议闭幕后回答记者提问时指出:“现在触动利益往往比触及灵魂还难。但是,再深的水我们也得蹚,因为别无选择,它关乎国家的命运、民族的前途。”“把错装在政府身上的手换成市场的手。”他在2014年11月5日主持国务院常务会议时指出:“能给市场做的要尽量还给市场。”他在2015年3月15日十二届全国人大二次会议闭幕后回答记者提问时指出:“高手在民间,破茧就可以出蚕,市场活力的激发需要政府去清障搭台。”李克强的主导思想,就是减权限权,充分发挥市场作用,激发亿万群众的创造活力。这也正是供给侧改革的精要所在。

在我看来,在党中央和国务院这个层面,中国经济发展和供给侧改革的大方向是明确的,清晰的,不存歧义,在这方面做猜测毫无意义,只会自乱心思和方寸。

具体有侧重

大局无分歧,对具体问题的侧重点有没有可能不一致?而不一致是不是就是坏事?

2016年3月20日,国务院副总理张高丽在中国发展高层论坛2016年年会上表示,1～3月上旬主要经济指标在向好的方向发展,一季度将能够实现开门红,今年攻坚克难,可能明年就海阔天空。而权威人士对第一季度的看法是"很难用'开门红'、'小阳春'等简单的概念加以描述"。显然,说法是不同的。

怎么理解这种不同?如看讲话全文,张高丽并未回避问题。他说:"我们一点都不回避中国经济面临着下行的压力。"而在全国"两会"之后首个国家级的大型国际论坛上,在国际货币基金组织总裁拉加德作为外方嘉宾致辞的背景下,更多强调"好的方向",希望数字向好当属常情(当然以不搞"数字出官"那一套为前提)。

今天的经济和市场,就其规模之大、变化之快、互动之强、参与者之复杂,没有哪个政策制定者敢轻易下判断,敢说是常胜将军。前美联储主席格林斯潘就以说话含糊不明著称。他退位时才在《动荡年代——新世界中的冒险》一书中说:"我非常高兴不必再费尽心思想出官方陈词来应对各种事情,终于可以发出自己的声音了。"他在书中几乎批评了和他同时期的所有总统。对"美联储长期将利率保持在低水平才孕育了次贷危机"的批评,他辩解说,虽然他也知道有些次级贷款者是有信用污点或是低收入的,给他们贷款会增加金融风险,但他认为那仍然"是一个正确的决定","即便可能因通过降低利率而催生我们最终必须承担的某种通胀泡沫，不过我们愿意冒这个险”。

经济永在权衡之中。市场原以为现任美联储主席耶伦会开启加息周期，结果，她的最新说法是“不排除在极端情况下采用负利率”。而在一些关键时刻，比如2008年美国金融危机时要不要救雷曼兄弟，2013年夏天中国债券市场钱荒时央行要不要释放流动性等问题上，政策决断力的重要性甚至超出政策细节本身。这都是权衡，求全责备易，现实决策难。

中国的供给侧改革在权衡什么？短期与长期。改革有阵痛，但不改革就是长痛。

即使是同一个时点，同一个经济，不同的人往往也有不同的看法。索罗斯说中国过度负债，和美国金融危机前很像，硬着陆“基本不可避免”。巴菲特说“我还是非常乐观，中国经济不会有太大问题”。国际评级机构穆迪2016年将中国的信用评级展望从稳定下调至负面。另一家评级机构惠誉则维持稳定，因为非常相信“中国有充足的行政和金融资源来避免经济增速放缓至破坏性的近零水平”。全球最大资产管理公司贝莱德的CEO芬克最近表示看好中国经济，说中国领导人寻求经济转型的努力令他敬佩。这种转型一些发达国家要用50年，其间还会经历若干次衰退。中国领导人比许多其他国家的领导人更有前瞻性。但同时，他也表示：“我们所有人都不能不担心增长速度减缓背景下债务堆积如山的问题”，“改革还应该再积极一些，现在国有企业还是数量过多，而且过去三四个月再度出现了信贷爆炸的迹象”。

过去几年，作为中国经济50人论坛的企业家理事，我有机会当面听很多财经官员和经济学家的内部研讨。我发觉，在几乎所有的重要问题上，增长、通胀、就业、进出口、劳动力、土地、利率、汇率、资本市场、财税改革、国企改革等等，都没有完全一致的看法，有些很细微，有些很显著。就拿经济增速来说，有人主张“不以增速论英雄”，说难道增速下来一两个百分点，人民就会失去对国家的信心？但也有人说，印度增速已经超过我们了,印度有7.5%,我们再低的话政治上是不可取的。

怎么看待这些不一致?我觉得利大于弊。弊在于,有些当断该决的事情会犹豫拖延,会被既有的路径和利益锁定。而利在于,以中国如此之大的经济体量和韧性,多吸收一些不同的看法,会减少风险,决策更稳妥。不犯大错,久久为功,就可大成。

有人认为权威人士不关心增长速度,反对搞政策刺激。这是一个似是而非的判断。权威人士反对强刺激,但并非不关心增速和不主张运用政策。在2015年的"五问"中,权威人士说,虽然增速有所回落(2015年一季度GDP增长7%),但这是一个让人"不难受"的速度。"我国经济发展基本面是好的,有世界最高的居民储蓄率和最大的宏观经济政策空间",只要把握好,就出不了大问题。可见拥有政策空间并非坏事,只是不能过度运用,违反客观规律。2016年的"问大势",权威人士的说法是,经济运行的总体态势符合预期,有些亮点还好于预期。"从一季度形势看(注:一季度GDP增长6.7%),我们希望稳的方面,稳住了,有些甚至还出现意想不到的回升","我们希望进的方面,也有了新进展"。最近各部委围绕"稳中有进"释放信息,提振社会信心,源头在此。有人说这些权威声音和权威人士看法不一,实为谬误。

在"十三五"规划建议的说明中,习近平特别讲了"经济保持中高速增长"的问题。他指出,中高速增长目标的主要考虑是,"确保到2020年实现国内生产总值和城乡居民人均收入比2010年翻一番的目标,必须保持必要的增长速度。从国内生产总值翻一番看,2016年至2020年经济年均增长底线是6.5%以上。从城乡居民人均收入翻一番看,2010年城镇居民人均可支配收入和农村居民人均纯收入分别为19109元和5919元。到2020年翻一番,按照居民收入增长和经济增长同步的要求,'十三五'时期经济年均增长至少也要达到6.5%。"为什么不是"较高"而是"中高"?因为"随着我国经济发展进入新常态,产能过剩化解、产业结构优化升级、创新驱动发展实现都需要一定的时间和空间,经济下行压力明显，保持较高增长速度难度不小”。

不计代价、不顾质量的政策刺激不能再搞了，但是，没有人说过中国不需要中高速增长。事实上，如果是有质量、有效益、没水分、可持续的增长，当然快比慢好。

供给侧改革难在哪里？

从全面深改到目前的供给侧改革，确实遇到了不少困难，给人们的印象是“雷声很大雨点不大”。原因究竟是什么？是现行经济政策所致，还是传统观念和体制机制等束缚所致？

权威人士指出的经济的固有矛盾和暴露的新问题有：民营企业投资大幅下降；一些市场化程度较低、产业低端、结构单一的地区，经济下行压力还在加大；就业问题凸显，社会矛盾有所加剧。

这些问题症结何在？很简单，就是没有真正给予民营企业应有的地位和平等竞争的条件，民营经济发育不良的地方经济压力就大。地方政府推出的PPP（Public-Private Partnership，政府与社会资本合作）项目，民企之所以不感兴趣，除了回报率不高外，还有一个重要原因就是投资时间长，担心政策没有连续性。“不问姓社姓资”，搞市场经济，是中国经济上一轮增长的活力之源。我坚信，何时“不问姓公姓私”，真正做到“姓公姓私”的财产权都不可侵犯，权利平等、机会平等、规则平等，消除对非公有制经济的不合理规定和隐性壁垒，民企的投资意愿就将扶摇直上。目前一些新经济亮点多的地方，都是市场化程度高、政府服务相对好的地方。而“不问姓公姓私”，又谈何容易？

权威人士多次提到要调动企业家、创新人才和各级干部的积极性、主动性、创造性，非常正确。因为经济活力来自于企业的创新活力，来自企业家精神和企业家才能的绽放。但现在到底是什么情况？民企担心“历史清算”，背负着“制度性原罪”，常常六神无主。国企领导人呢？

待遇越来越“行政化”,工作内容越来越“政治化”,连读EMBA也成为一种“不堪”,似乎他们是不需要经济激励、不需要再提高人力资本价值的“精神超人”。这可能吗?公平吗?当我看到工商银行行长易会满2015年薪酬54.68万(同比降幅49.79%),中国银行行长陈四清2015年薪酬61.33万元(同比下降43.38%),建设银行行长王祖继2015年薪酬36.46万元(对比上年度行长张建国下降67.79%),交通银行行长彭纯2015年薪酬52.57万元(同比下降47.83%),宝钢股份总经理戴志浩2015年税前报酬总额21.6万元(同比下降88.6%),我的忧虑远大于钦佩。这是要做怎样的示范?释放什么样的信号?宝钢股份董秘回应,戴志浩属国资委管理的领导人员,执行央企负责人薪酬模式,其个人薪酬由上级管理部门按有关规则确定。那董事会薪酬委员会是干什么的呢?都由上级管理部门说了算,企业家的内生热忱和创造性会增还是会减?我并不担心易会满、陈四清们的思想觉悟,我担心的是,企业家这种会流动的资本,未来将越来越少往国企、央企流。让市场决定资源配置,让国资委、组织部决定最重要的人力资源配置,这不是畸形又是什么呢?

权威人士指出,房地产泡沫、过剩产能、不良贷款、地方债务、股市、汇市、债市、非法集资等风险点增多。这些问题确实存在。但原因呢?

中国一线城市的房价快要雄冠全球。一个重要原因是这些地方的建设用地指标不足,住宅用地占建设用地之比很低,容积率也偏低。这些问题不解决,地价还会上涨。上海周浦镇拍卖的一块土地楼面价为一平方米43607元,如果扣除保障房的5%和自持的15%,实际可售面积的楼面价为一平方米55000元,一平方米不卖到八九万元都要亏本。有人惊呼过不了几年,上海内环以内的住宅价格要涨到每平方米20万元以上。如果不从用地指标这个根本问题上拓宽思路,我们就等着这一天早日来临吧。

中国存在大量的产能过剩问题,但同时又有很多供给不足。比如教育、医疗、卫生、媒体、金融等服务业,进入方便吗?想进的进不去,资本又逐利而居，不可能投资产能过剩行业，那不到资产领域兴风作浪又到哪里呢？中国的消费已经进入文化驾驭物质的新阶段，但在泛文化、泛媒体领域，很多活力都被传统管制方式所禁锢，这怎么能实现高于潜在增长率的增长呢？

地方债务高，原因又是什么？拿广州来说，因为要把2010年亚运会开幕式办到珠江上获得"政治效应"，光治水就花了几百亿元，匆匆花掉，一时见效。2008年广州水投集团成立之初负债率为26%，2011年末资产负债率上升到86.4%，债务总额达到351.4亿元。广州政府财力雄厚，一年可以财政补助22.6亿还债，但从2013年到2029年预计也要还上17年。这还只是"水投"，更大的负债还有"城投"。全国各地类似的情况很多。

股市这个很多"好学生"进不来、"差学生"退不出去的地方，监管者不敢在泡沫明显时警告市场，市场惨烈下跌了又不许提"股灾"，却习惯于把供给侧的鲜活力量——无论是当初的国际板还是后来的战略新兴板、注册制、中概股回归，一句话就停。明明知道"市场散户化"的问题所在，但从来不认真和散户力量理性沟通，而是散户一叫一喊，供给侧改革就停。

凡此种种，就像马克思当年所说的"活的化石"一样顽固。这些观念、习惯、体制的顽石，最可怕的是它们都可以给自己找到某种"政治正确性"使得任何的供给侧结构性改革，都会大打折扣，都不容易成功。只有"放放水"才皆大欢喜。不管是谁具体管经济，面临的难题都一样。

人人都是改革的参与者

要实现全面小康的"中国梦"，在经济领域，供给侧结构性改革必须成功。跳出经济看经济，只有从国家治理体系、法治体系、社会体系等方面推进全面改革，供给侧改革才会真有希望。否则，很可能出现这样的情况:本届政府说已经提前兑现了"取消下放行政审批事项三分之一以上"的承诺,但营商者依然牢骚满腹。何也?官本位、一刀切、随意干预的新形式、新花样多了去,旧的取消的,新名堂又此起彼伏。

对市场主体是"法无禁止即可为",对政府则是"法无授权不可为"。而现在有些"禁止",是计划经济的残余物,禁得莫名其妙。

让我们回到权威人士振聋发聩的三篇宏文。我认为最重要的,还是"必须牢牢把握住中国特色社会主义政治经济学的几个重大原则"。一是坚持解放和发展社会生产力。任何束缚和阻碍社会生产力发展的言行都背离社会主义本质要求,必须坚决反对。二是坚持社会主义市场经济改革方向。深化经济体制改革的主线,是让市场在资源配置中起决定性作用。这是生产力能否解放好、发展好以及供给侧结构性改革能否取得成效的重大原则性问题。三是坚持调动各方面积极性。人是生产力中最活跃的因素,必须充分调动人的积极性,充分调动中央和地方两个积极性。

以上三条,合规律,合国情,合人心。凡与之偏离者,都可弃之,或置于从属地位。

经济发展有其自身规律,人的行为有其动力来源,都和本性相关。亚当·斯密说:"饮食男女是人类生存攸关的欲望,但表达这些欲望的词语,无一不引起人们的鄙视。同样的,驱使人们把东西互相交换的本性,尽管它是技艺、贸易和分工所建立的基础,不被看作是可嘉的。"事实上,在以商业为基础的文明社会中,人的欲望是整个社会的发动机。它驱动人们从事商业活动,深化分工,改进工艺,最终实现财富增长。法国思想家爱尔维修说:"欲望会鼓动一个国家,唤起它的工业,激起它的商业,扩大它的财富和势力;而这种欲望的停滞,我敢说将会置若干国家于死地。"

顺乎人性,经济发展就有了动力。亚当·斯密说:"一切人都要依赖交换而生活,或者说,在一定程度上,一切人都成为商人,而社会本身,严格地说，也成为商业社会。”在这个时候，最重要的是公正的法治，保证对所有交换者、交易者一视同仁。斯密认为，最神圣的正义法律就是那些保护我们邻居的生活和人身安全的法律；其次是那些保护个人财产和所有权的法律；最后是那些保护所谓个人权利或别人允诺归还他的东西的法律。文明社会的法律原则就是：为个人的生命财产与经济活动服务。

中国有巨大的增长潜力，如果以平均受教育时间为指标，中国人力资本质量仍在提高。中国经济应该有更强的动能，人们应该有更强的信心。如何看待今天的动能不足？我想引用斯密在240年前谈到中国时的一段话总结：

中国似乎长期处于静止状态，其财富也许在许久以前已完全达到该国法律制度所允许有的限度，但若易以其他法制，那么该国土壤、气候和位置所可以允许的限度，可能比上述限度大得多。一个忽视或鄙视国外贸易、只允许外国船舶驶入一二港口的国家，不能经营在不同法制下所可经营的那么多交易。此外，在富者或大资本家很大程度上享有安全，而贫者或小资本家不但不能安全，而且随时都可能被下级官吏借口执行法律而强加掠夺的国家，国内所经营的各种行业，都不能按照各种行业的性质和范围所能容纳的程度，投下足够多的资本。在各种行业里，压迫贫者，必然使富者的垄断成为制度。富者垄断行业，就能获有极大利润。

这段评述放在今天，仍让人深思。我们的人民是全世界都少有的勤劳奋斗的人民，进取心非常顽强，如果有更好、更可靠的制度环境和社会文化支持，中国应该有不可限量的更大发展。全面深化实施、全面依法治国能落实多少，供给侧结构性改革就能走多远。

就此而言，人人都是改革的参与者，责无旁贷。

一个努力降低制度性交易成本的科长、处长，一个愿意推进政务公开、打通“信息孤岛”的局长、厅长，一个能够经常走到群众中、和他们开诚布公交流的县长、市长，一个鼓励学生独立思考的校长，一个始终不忘对利益相关者负责的企业家，一个不私相授受，唯上级意志是从的法官，一个对眼前匆匆走过的公民不随意刁难的民警，一个更多站在顾客立场、让他们少跑一次少些麻烦的管理部门的办事员……每个人都在推进供给侧改革。

当我们的股民不是带着投机主义情绪“博傻”的时候，当我们的市民不是用庸俗的市侩哲学去钻一切公共品供给的空子甚至以“闹”为工具的时候，让民众能够从身边的自然环境和社区环境做起、做负责任的文明人的时候，当我们的网民不只懂得宣泄和讥讽、也能够平心静气地“以仁心说，以学心听，以公心辩”的时候，我们就是在推进供给侧改革。毕竟，这是我们的国家，是我们的社会。天下大事必作于细。我们是成员，也是主人。

世上没有一成不变的环境。风动、幡动都是寻常。但是，我们的信心、决心、恒心，要岿然不动。

每个人都是时代大变革中的一分子。供给侧结构性改革需要领导人的远见，更需要坦诚、互信、理性、彼此尊重的社会沟通和人人参与，才能把改革的精髓和深刻含义传递到方方面面。回顾中国38年的改革，是在一些利民主义的大原则制定好之后，发动人民群众，依靠人民群众创造出来的。今天，对每个政府成员来说，相忍为国、让利于民，以减权限权激发社会创造力，就是为改革添砖加瓦。而对每个社会成员来说，为社会创造的价值多于对社会的索取，就是为改革践行义务。

人不可能将分子合在一起造出一棵树。但是，如果有爱和相信的种子，有阳光雨露的滋润，人就能自由自在地生长。我们都可以成为有效的、可靠的甚至是了不起的产品与服务的供给者。无须外部的、体制化的强制指挥和思想灌输。我们要的只是“让所有创造能量无拘无束”、只是“要允许创造性知识自由流动”(伦纳德·里德语)的国家治理、社会组织和法律保障环境。

别太在乎GDP增速,能生活得更幸福就好

我们正处在人类有史以来生产能力最强、财富总量最高的时候,每年的全球产出都在净增长。可是人们的幸福快乐似乎并没有因此而增,甚至有弱化、恶化之势。这是为什么呢?

一个原因是,经济虽然仍在增长,但增速大大下降。国际货币基金组织2016年10月19日发布的《世界经济展望》最新报告指出,英国脱欧导致的经济、政治和制度的不确定性,使世界经济面临的下行风险上升,预计2016年、2017年全球经济增长分别为3.1%、3.4%。请看十年前的数字:2004年全球增长4.9%;2005年增长4.5%;2006年增长5.1%,2007年增长5%。增速明显下了一个台阶。

伴随着全球经济放缓的,是2008年的美国金融危机和2010年的欧洲主权债务危机。今天来看,"金融危机—经济危机—就业危机—社会危机—国家危机—地缘政治危机"是一个次第展开的大脉络,全球始终没有摆脱阴霾。中国虽然是全球增长领头羊,也难逃大势影响,从2010年第二季度开始,增长率一路向下。顺带说一句,民粹主义、孤立主义、反全球化、反自由贸易和强势领导人在许多国家的崛起,都是经济社

会危机的副产品。

人们的幸福感弱化的另一个原因,是贫富分化会带来相对的“被剥夺感”。人们往往不满足于自己状况的绝对改善,而会和别人进行比较。比如,按照中国住房和城乡建设部部长陈政高的最新说法,现在中国城镇人均住房建筑面积已经达到33平方米以上,农村人均住房建筑面积达到37平方米以上。我们对比一下发现,1978年这两个数字分别是6.7和8.1,1988年是13和16.6,1998年是18.66和23.3,2008年是28.3和32.4——改善是惊人的。但人们还是不快乐,特别是发现其他人早买、多买了房子,并因此多长出来几百万、上千万元的“财富”后。

经济增速下降,贫富分化加剧。这是我们不快乐的根源。

在这篇文章里,我会换一个角度,针对“增速下行,是不是一定意味着幸福快乐的下降”,给出一些观察与思考。

有些GDP的下降,会让人更开心

2016年10月24日我主持爱奇艺的“大头圆桌会”节目,见到了老朋友潘石屹。他们一家四口现在全都在波士顿读书。老潘和张欣在哈佛大学肯尼迪政府学院读一个项目,两个孩子都在名校安多福。老潘说他上午上课,下午学英语,晚上做作业,还要当“接待站”接待国内来的朋友,比做生意还累。

老潘在节目里说了好几次,人要好好锻炼身体,不要靠吃药、做手术维持健康。他说:“科技在进步,比如很多手术是无痛的,做一次增加一次GDP,但是因为无痛你就愿意做吗?”他还说,很多建设都是拆了建、建了拆,每一次都创造GDP,但毫无必要。

当晚我飞回北京,第二天见到正在中央党校县委书记培训班学习的一个老乡。他跟我分享了县委书记们的生活现状,其中一条就是几乎不在外边吃饭应酬,更不要说娱乐消遣了。

类似情况还有很多，比如对污染严重企业的关停。以往存在的某些经济活动的式微，这会导致GDP的下降，但会让人生活得更健康，环境也更好。

有些GDP很难统计，但创造了很大价值

我在“大头圆桌会”上还见到了摩拜单车的创始人王晓峰。他以前是Uber上海的总经理，离职后创建了智能化的摩拜单车，满足城市里短途出行的需求。大量的出行其实都是3到5公里以内的，如果能够改骑自行车，方便，省地方，同时零碳。他们把移动互联网、共享经济和自行车结合起来，创出了一个新模式。人们只要登录App，就可以搜寻到停在最近的摩拜单车，按照半小时1块钱或者5毛钱的价格，扫码即走，随骑随停。

不少人质疑摩拜单车将来怎么盈利。王晓峰说，他相信只要能够真正解决社会的痛点和问题，就一定能找到相应的商业模式。目前靠分时租赁的价格肯定挣不了钱，即使考虑到活用299元的保证金（随时可退）也很难挣钱。

现在让我们比较一下，如果像以前那样，将共享单车作为“政府工程”会怎么做？无非就是层层下令建停车位，采购单车，大力宣传为老百姓办实事。GDP上去了，但后来就不了了之。而摩拜单车是由风险投资来投，光一个智能锁就研究开发了半年，里面有很多技术诀窍，不用政府出一分钱，已经有上百万人次骑行。

为百万人创造了出行方便这种价值的摩拜单车，你怎么计算它的GDP呢？

免费应用不创造GDP,但让生活更方便了

我们的生活中有越来越多的免费应用。一个公司的服务,越是能够被更多人免费使用,公司在资本市场上的价值就越高,从谷歌、Facebook到腾讯、阿里都是这样。

可是GDP是按照市场交易的价格来衡量的。一个杯子卖5块钱,两个杯子就创造了10元的GDP。免费不创造GDP。腾讯、阿里的年收入够大了,都已过了千亿,但按照收入规模,都进入不了中国50强(注:按照《财富》杂志2016年中国500强排行榜,腾讯排57位,阿里排62位)。

因为免费应用的普遍化,我们的生活比以前任何时候都方便了,而这个过程也在消解很多原来的中间环节,因此减少了这部分供给所带来的GDP。也就是说,那些让我们生活得更好的价值,没有计入GDP,GDP不因此而增长;而相对落后的供给方式的消失,反而使GDP减少了。实体经济时代设计的衡量经济价值的统计方式,今天充满了在判断上的无力感。

我在20多年前就写过关于"社会成本"(social cost)的文章。社会成本是指企业按照成本原则不会计入但由社会来承担代价的那种成本,比如污染。今天,大量的免费应用几乎已经遍布我们的社交、生活、消费的方方面面。我觉得这是一种"社会收益"(social benefit),而且非常民主化。移动互联时代,人人都有条件分享到智能与便捷。这种社会利益的增加和对个人的赋能作用,如何靠传统的GDP计算方法衡量呢?

有些消费和投资投向境外了，但表明中国人活得更好了

GDP可以衡量一个经济体在一定时间内的生产成果。GDP中的D，是Domestic的缩写，是国内、境内的意思。一旦国民出境投资和消费，这些活动的成果就会计入别的经济体的GDP，而不计入本国的GDP。

按照国家旅游局的公报，2015年中国公民出境旅游人数达到1.17亿人次，比上年增长9.0%；出境旅游花费1045亿美元，比上年增长16.6%。

据商务部数据显示，2015年中国游客在境外消费约1.2万亿元。中国游客被称为“行走的钱包”。随着海淘兴起，现在不“行走”也能当“钱包”。一项关于奢侈品消费的调查显示，2015年中国消费者的奢侈品消费达1168亿美元，买走了全球46%的奢侈品，其中910亿美元在国外发生。

按照教育部公布的数据，2015年中国有52.37万人出国留学，同比增长13.9%。其中国家公派2.59万人，单位公派1.60万人，自费留学48.18万人。中国出国留学的自费比例高达92%。

我们再看看投资。2015年中国对外直接投资（非金融类）创下1180.2亿美元的历史最高值，同比增长14.7%。“十二五”期间中国对外直接投资规模是“十一五”期间的2.3倍。2015年末，中国对外直接投资存量首次超过万亿美元大关。

这些消费和投资都投到境外了，变成了境外的GDP，但恰恰说明中国人过得更好了，中国企业更有实力了。也许用不了多久，中国的GNP（国民生产总值）会超过GDP（国内生产总值）。

服务型经济中GDP会被漏算更多,但服务业会创造更多机会

在中国的国民经济中,第三产业比重越来越高,去年占GDP的比重达到50.5%。这是第三产业GDP占比首次过半。第三产业和第二产业相比有一些不同的特点:第二产业以制造业和规模以上企业为主,容易统计;而第三产业从业人员多,中小微企业多,市场主体经常增减,服务方式非常多样化,在全世界的GDP统计中都是一个难题。

前两年,英国、意大利已经把一些特殊行业或特色行业纳入GDP统计,因为你无法否认它们确实代表了一些经济活动。美国的GDP统计也做了调整,把政府、企业和非营利机构的研发费用支出,以及有关娱乐、文学及艺术原创的支出,都作为固定投资进行统计。以前研发只被算作经营成本,比如苹果公司,它的终端产品的增加值被计入GDP,但研发支出没有算入。如果研发费用也被计入,以2007年为例,可使美国GDP增加2%左右。

中国的服务业在以前相对滞后,目前则快速增长,但由于GDP统计原则是计算当年的新增产值,而且要以市场交易价格为依据,所以很难涵盖广泛的家庭经济活动(比如保姆、园艺、家教等家政服务)、非正规经济活动(不仅是指特种行业,也包括大量无证经营的商业活动,点对点无须开具发票的服务)。这方面的活动当然一直都存在,但今天和昨天相比无疑增加了很多,主要是因为人们越来越习惯服务外包。

更多的服务外包,会创造出更多的工作机会。有固定工时的,也有零工的,难以像以前计算规模以上工业企业数据那样简单和方便。

新经济是"个人本位时代",这方面的GDP统计还很不到位

市场正在成为中国经济资源配置中的主导力量,非国有经济创造

了新增就业的95%以上。在大众创业、万众创新、共享众创、平台经济等等的影响下，中国涌现出越来越多的市场主体（主要是私企和个体工商户）。

个人走出“单位”，自主负责，就成了经济主体。这样一种巨大而深刻的变化，传统的、笼子式的统计思维是无法适应的。

都说中国经济下行，可是看看飞机场的拥挤程度，又觉得不是那么回事。那些搭乘飞机去谈生意、做项目的人，很多都是新的市场主体。我创业一年，已经飞出了东航、国航两张金卡。这都是新增的经济活动，但很可能都不在传统的、以法人单位为主要对象的GDP统计中。

2014年9月，我在《第一财经日报》写过一篇文章《用5年时间实现市场主体过亿》，那时中国的市场主体是6000多万户。根据国家工商总局新闻发言人2016年10月17日的发言，2016年前三季度中国新登记市场主体1211.9万户，比2015年同期增长13.7%，平均每天新登记超过4万户。目前全国各类市场主体达到8371.6万户。两年前我的预测离实现之日真的不远了。

市场主体中个体工商户占大头（户均人数2.8人），但新设企业也不少。2016年前三季度新设企业为401万户（户均人数7.7人），平均每天新登记企业1.46万户。虽然每天歇业的也有四五千户，但每天净增1万户企业，这种活力放在全世界看仍是首屈一指的。而且新增企业有相当比例都是新产业、新业态、新模式。

在这浩浩荡荡的个体经济洪流中，固然有大数据、云计算、物联网、新能源、基因工程等高大上的东西，也有开网约车的、美甲的、当网红的、做自媒体的、当健身教练的、炒几道拿手家乡菜做外卖的、出租客栈的、在农村搞有机农业的、画卡通游戏的、帮宠物治病的。这些“零工经济”里的交易是弹性灵活的。同时和以前有一个很大不同，就是他们能够和一些大平台合作，例如BAT、微博、美团以及各类视音频网站，等等。个体和平台一起成就很多新的“合体组织”，比如只有几个人或十几二十个人的自媒体的收入利润可能超过办了多年、有几百人的传统报纸。

传统的GDP采样与核算,很难覆盖这些更多是服务性行业的新型组织和零工个人。如果服务经济规模越来越大,那GDP核算的误差就会越大。

我再多说一句。正是由于"个体本位时代"的来临,如同万千细流奔涌,创造了更多渠道,所以虽然中国GDP增速不断下行,城镇失业率并没有上升。

存量资产的优化能创造很大价值,但提供的GDP未必很多

GDP是一个流量的概念,计算的是当年的新增价值,它不衡量流量变成存量后的效果。

我多次说过中国GDP产出的代价问题,按照2016年7月发布的第65版《BP世界能源统计年鉴》,中国能源消费占全球的23%,能源消费净增长占全球的34%,而中国GDP占全球的15%。也就是说,中国的消耗更多。这就好比一辆车子,只算速度,不考虑油耗。

如果我们的经济增长更多回到以人为本、注重人民的幸福体验的出发点,那么就更应该关注绿色发展的问题,改善民生的问题,上学、就医的问题,等等。如果不把民生的保障问题解决好,GDP增长再快,人民的幸福感也提不上去。

幸福快乐的体验,在很大程度上还要靠专业的管理和内涵的优化。

2016年10月23日至29日,我坐了5班飞机,全部晚点,甚至还有一次取消,情况最好的也迟了差不多两个小时。中国的机场之大、之新,可谓世界无双,让旅客走路之多晚点之严重,也很突出。每当晚点和取消航班,旅客和机场、航空公司交涉的时候,我就在想,这其中当然有不可抗力,但为什么他们预案、沟通做得这么差,服务做得这么不专业?

消费者和用户的体验，在很大程度上是服务方的专业主义的问题。我很担心各行各业在花大力气抓政治政风的时候，忽视从专业角度提高服务质量。这样下去，各种隐忧会非常多。中国应该大力倡导“专业主义的市场经济”！

中国的GDP是世界第二，年年增速也远超发达经济体，但是GDP转化为社会存量资产和财富之后，能不能运营好、有效率、满足顾客体验，这是很大的问题。一场大雨就让一个城市露原形，这样的例子还少吗？

存量的优化是要在各方面花心思去耐心、努力完成的，但是不像盖个新高楼大厦那么能创造GDP和政绩。

中国经济的总量已经这么大、增量规模已经是世界第一，没有必要对增速下行那么在意，反而要认真想一个问题：这么多的GDP，这么高的增速，为什么人民的幸福感、安定感还是不够？

最后，让我简单总结一下这些观察和思考。

一、中国的社会经济发展正在出现很多新现象、新特征。符合人本主义方向的而不是大兴土木的市场经济在兴起，科技人本主义、网络人本主义在兴起，这都需要有新的眼光去认识和理解。

二、传统的GDP考核和评价有很大局限性。它不能刻画中国新变化的正面意义而强化了所谓“下行”的压力，由此可能带来不必要的刺激，比如房地产。这种刺激对GDP有些拉动作用，但资产泡沫化、财富分化恰恰使得人们的幸福感更差。

三、如果整个经济是贯彻了以人为本的方向的，是使人们生活得更方便、更健康、更积极、更创新、更环保的，我们大可不必对中国经济那么担心。很多“下行”是统计滞后和不完善的问题。旧经济的下行，本身就是改革希望达到的方向。如果不是贯彻以人为本，而是搞硬刺激，统计数据再好，也是在给未来种下苦果。重要的不是产业政策问题，是人的问题，是如何提高人的主观能动性和福祉感的问题。

四、为什么一定要控制资产泡沫？因为它不是真正的新东西、好东西，而是有可能导致严重的社会心理焦虑等感受的“定时炸弹”。

中国经济有很多问题，但是从一个不间断的观察者、提问者的角度，我看到的主流是，中国人创造和享受的正向价值在不断提高。旧经济在消解，这部分被记录在GDP下行中；新经济在崛起，并增加人的福祉，这部分没有被充分核算。旧思维让我们增加了本不应有的焦虑，并恶化了对经济和消费的预期，从而进一步影响经济增长。这就是我的主要判断。

问题需要正视，但也需要客观冷静地审视，并从时代的进步中汲取力量和信心。

迎接新商业文明时代

从富兰克林看美国的“根文明”
——文明寻思录(上)

8月中旬的费城异常炎热。这是我第二次来到费城。上次是在2000年，走马观花似的逛了半天。这次趁着在沃顿商学院学习一周，有机会深入地走进费城这座最具历史意义的美国城市。

1776年7月4日，《独立宣言》在费城签署，宣告北美13个殖民地脱离英国，成为独立的合众国。1787年，《美国宪法》在费城举行的制宪会议上通过，并在1789年最终获得各州批准，这是世界上首部成文宪法。美国自此告别松散的邦联状态，走上联邦国家之路，华盛顿被选为首任总统，国务院也宣告成立。1790年至1800年，费城一度是美国首都。2015年11月，费城当选美国第一个世界遗产城市。

但费城引发我最大兴趣的并非政治，而是和这座城市紧紧相连的一个名字——本杰明·富兰克林。他是费城的标记，以他的名字命名的林荫大道宛如费城的“文化脊柱”，旁边是科学博物馆、图书馆、天文馆、自然科学院等。富兰克林是当时世界上最出名的美国人，他写的格言体《穷理查德年鉴》(*Poor Richard's Almanack*)是北美大陆销量仅次于

《圣经》的著作,虽然只有短短几万字。

《独立宣言》的起草人杰斐逊说过:“在我的一生中,能让我佩服的人有三位:第一位是本杰明·富兰克林,第二位是本杰明·富兰克林,第三位是本杰明·富兰克林。富兰克林出生时比我们中最穷的人还要穷,但他拥有不以自己的穷苦为耻的勇气,并凭借这勇气成为他生活的时代和国家中最伟大、最出色的人。”

为什么重读富兰克林

我看过《富兰克林自传》和《穷理查德年鉴》。斯人有斯书,都是“美国梦”最典型的代表。这次我又带上艾萨克森写的《富兰克林传》和一本《美国简史》,边读边走边想。想的终极目标,当然还是中国的明天怎样才能更好。

我无法不想到中国。宾夕法尼亚大学是富兰克林在1740年创办的。一砖一瓦,一草一木,那刻着朴素哲理的名言小道——很多都是200多年前的句子。我想到了历史和传承。两三百年的历史,只要延续,并不算短,历历在目。五千年的文明,如果轮回式地破坏,也会无迹可寻。

我无法不想到中国。1723年,一个衣衫褴褛的17岁少年逃离家乡,在费城下船,在街上游荡,买了3个面包圈充饥。而1790年离世的时候,他给费城留下了北美最早的公共图书馆、给穷人看病的医院、自愿消防队、保险互助会,还有路灯、巡逻、邮政等市政系统。很容易地,我会想到公民的社会责任。事实上,富兰克林的公益之举深刻影响了美国人的行为。但同时,我又在想,如果没有个人先于社会、社会先于国家的意识,而把一切都当成国家的事,由国家来安排,个人能有多大空间真正去参与社会的建构和服务呢?

我无法不想到中国。我们在沃顿那几天,中国发生了一件司空见惯的“奇事”,一个演员的离婚声明在社交媒体上很快就火爆到超过10

亿次的点击，以至于微博网络要增加几百台服务器以承受剧增的访问量。一位明星的坏新闻在社交媒体火爆传播，备受关注，这无可厚非，但我们是否真的到了要把如此多的时间消耗到花边新闻上的地步？社交媒体是真实社会生活的映射，而我每天从里面看到更多的，不是沉着而是浮躁，不是执着而是随意，不是幽默而是搞笑，不是优雅而是粗鄙。一种“无根状态”在蔓延——惶恐、焦虑、不满、谁都无奈。贫弱者无根，中产者无根，即使超级富豪，听听那份随意和狂妄，他们有文化的根、谦卑的根、安定的根吗？

这个时候重读富兰克林，语言朴实无华，道理简单易懂，却有些夏日遇清泉、严冬见暖流的感觉。富兰克林一生发明了很多东西，但他最重要的发明是自己——人是应该有追求的，人是应该通过学习不断提高和完善的。在人生的路途中，“服务公众最为神圣”。从少年时当印刷工、赶着马车送报纸开始，富兰克林就不屑于世袭贵族们的浮华生活与特权，而相信普通人的智慧，相信个人的品德是可以培育的，相信中产阶级是一个新国家的力量源泉。“建立中产阶级品德和价值观之上的美国认同”，这是他最为看重的愿景。

“人们要怎样才能活得有益于社会、正直、受人尊敬、坚守道德且有意义呢？”这个问题因富兰克林而不再是问题。他不仅是民主的先驱，更是人们皆可以仿效的人格榜样。他的墓碑上只有一个称谓——印刷工，那是他的第一份职业。他和妻子合葬在一起，几个平方米大小，地面只刻着两个名字。但就是他，成为美国历史上最被认同的人格符号。他不是先贤祠中冷冰冰的大理石雕像，而是活生生的人。他毕生实践和传播的价值观，已永远融入社会。这就是文明发生的机理和过程。

我在寻觅中国的“根文明”。它在哪里？在哪里断裂，从哪里接续，又将通往哪里？在中世纪晚期，东方是欧洲人心目中的“理想国”，《马可·波罗游记》中的中国见闻让他们心旌摇荡。针对“理想国”的贸易路线因此开辟，封闭的农庄经济也开始让位给冒险的远航，以及以货币和信贷为基础的资本主义经济。富兰克林曾说,中国是“世界上历史最悠久,经验最丰富,也是最聪明的民族”(the most ancient, and from long experience the wisest of nations)。1776年,托马斯·潘恩发表《常识》、亚当·斯密发表《国富论》、美国建国。同年的中国为清乾隆四十一年,中华帝国仍在隆盛之时。但短短半个世纪之后,这个帝国就沉沦了。沉得如此之快,像一盘散沙散去,以至于今天我们还在感叹:为何我们的文明那么脆弱?为什么它没落时,人民并没有合众为一去捍卫?

我在寻觅中国的“根文明”,那种把我们真正凝聚在一起的根本力量。奥巴马2009年首次访华期间在复旦大学的那次演讲中说:“我认为每个国家都应该勾画自己的道路。中国是一个古老的国家,它有着博大精深的文化。相对而言,美国是一个年轻的国家,它的文化受到许多不同的移民的影响,也受到那些引导我们民主的建国文件的影响”。在这篇文章中,我会讲述我所理解的由富兰克林这样的人奠基的美国的“根文明”,我也会给出我对中国的“根文明”的祈愿——这是一个集体寻找的过程,也是一个集体创造的过程,而我相信它终会浮现。没有这样的根,我们必会迷失,不管从表面看多么有力量。

他给美国文明注入了什么?

如果说欧洲文艺复兴时期出现了达·芬奇这样的“百科全书式人物”——不仅是绘画巨匠,还精于天文、物理、医学、建筑、军事、水利和地质,那么,富兰克林就是北美大陆上的“百科全书式人物”,至今无二。

他是科学家和发明家。他做过云中取电的“风筝试验”,创造了正电、负电等概念,解释了北极光现象,发明了避雷针、自动绞肉机、双聚焦眼镜。他喜欢做手工,从乐谱架到摇椅、高架取书梯和游泳的蛙蹼,都自己设计和制作。

他是政治家。他是在《独立宣言》、《美法条约》、《美英条约》、《美国宪法》这四部文件上唯一一位都签上自己名字的人。他呼吁各殖民州团结起来对抗英国:“我们必须抱团,否则会分别被绞死。”在杰斐逊起草的《独立宣言》上,留有他改过的闪光一笔,生命权、自由权和追求幸福的权利是“不证自明”的。

他还是文学家、实业家、外交家,是美国第一个驻外使节。他给美国文明注入了令这个国家发展更持久的文明元素。

平等主义

在美国国父级人物中,富兰克林是唯一一位平民出身的。他10岁前上过两年小学,就因家贫辍学在父亲的商店打杂,12岁又去哥哥的印刷所当学徒,伙食标准只有普通工人的四分之一。他一直依靠自学—通过结识的书店学徒在夜里把书偷借出来,彻夜阅读,清晨归还。30岁担任宾夕法尼亚州议会秘书后,尽管事务繁忙,他仍天天坚持学习。他先后掌握了法文、意大利文、西班牙文及拉丁文,创建了“共读会”和“北美科学学会”,有近百位诺贝尔奖得主出自后者。

富兰克林高度肯定经济独立的重要性,认为经济独立才能免受强权压迫。他说:“空口袋很难立直……如果你还不了债,你的债权人有随意剥夺你的自由的特权,使你终生身陷囹圄,或者把你卖作奴隶!”

在富兰克林身上,充分体现了像詹姆斯·亚当斯所说的“不论家世和背景,每个人依靠自身的能力和成就,都有机会能获得更好、更富裕和充实的生活”的平等主义气质。和美国精神中那种“坚信上帝的选择,救赎只有获得上帝的怜悯”的特征所不同,富兰克林代表的是“救赎可以通过自我的努力工作来实现”的方向。他相信社会流动性而不是固化的阶层,反对源于出身的特权。他秉承中产阶级道德而非神学道德,反对任何贬低普通民众的思想。

也正是基于这样的立场,晚年的富兰克林提出废除奴隶制,将废奴作为最后一项公共使命。去世前一年,他在公众演讲中说:“那些不幸福的人,长久以来一直就被当作畜生对待,太容易在人类的普通标准之下沉沦了。锁在他身上的链条也束缚了他的智力,损害了他内心对社会的归属感。"他的请愿书遭到了奴隶制拥护者们的尖锐批评,有人说《圣经》对奴隶制进行了认可,更多人认为一下子给几十万黑奴自由对社会冲击太大,既不实际也不安全。但他始终认为:"人类都是由万能的上帝所创造的,与其关怀下的万物一样,生而平等,并都可以享受自由"。他的平等主义成为美国精神的重要组成部分。

有道德的资本主义

在所有对富兰克林的批评中,认为他奉行金钱万能、缺乏信仰和深刻思想的占了大多数。的确,在《穷理查德年鉴》中,富兰克林把金钱的重要性看得无与伦比。他说:"世上只有金钱可以甜过蜜糖","钱包轻,心情重;钱包空,霉气重","人穷样样缺"。但在追求物质财富的过程中,富兰克林一直教导人们要完善自我,勤奋节俭,脚踏实地,食不过饱、饮不过量。他的著名的"13条美德"包括:节欲、沉默、有序、决心、节俭、勤奋、真诚、公正、节制、清洁、平静、纯洁、谦卑。《穷理查德年鉴》中的大量格言都和这些美德相关,例如:"勤奋自有福,不用上天赐";"懒散是最大的挥霍";"劳动使人光彩,懒惰使人生锈";"细心花销,可养百家";"毫微之损,毫微之获,不可放过"。

在《穷理查德年鉴》的前言"致富之路"中,富兰克林说人生的目的是利用世俗方式追逐名利的成功,但是,致富的目的则是为了人类社会的进步,因为它可以提高社会福利,完善社会道德。他坚持:"不要出卖道德去买财富,也不要出卖自由买权力";"如果你损害良心,良心就会向你报复";"只要怕干坏事,别的就都不用怕了";"贪心和幸福永不会碰面,它们又怎能成为熟人?"

富兰克林式的资本主义,是有道德约束的资本主义。他有强烈的道德观,宾夕法尼亚大学的校训就是"法无德不立"。他认为大学不应该培养那些只会赞美上帝或为了自己的利益而学习的书呆子，而应该培养学生“造福人类、国家、朋友和家庭的志趣与能力”。

包容和妥协

在富兰克林的时代，北美殖民地和欧洲宗主国、殖民地各州、各种信仰、各个阶层之间，充满了矛盾。凡涉及现实利益，分歧往往多过共识，且常常朝令夕改。富兰克林在这个大变局中起到了稳定器的作用。他富有前瞻性，1754年提出了第一个北美殖民地联盟方案。但他不极端，即使方案通不过也不怨天尤人。因为他的公正和协调能力，他一直被殖民地各州公推为去英国与英王以及议会进行谈判的代表。独立战争爆发后，他又出使法国争取援助。在当时的情况下，“《独立宣言》只是宣布我们独立，真正重要的是使宣言变成现实，而要达到这一点除非我们能够获得外国援助并与之结盟，否则殖民地的反抗事业几乎没有成功的希望”。他在法国和英国之间斡旋，最终将法国拖进了反英力量之中。

富兰克林是善于沟通的大师。他用周旋于各种关系的方式游走于世界。他的灵活应对变化的能力可能源于苦出身和在商界的打拼。从当印刷工开始，他就告诉自己要避免武断，要用谦逊的口气来表达个人意见，比如不用“一定”、“无疑”这样的词，而是说“我想”、“我猜想”、“因为什么理由，在我看来这件事好像是”等有探讨和商量语气的语句。他主张谦恭，认为对上级谦恭是职责，对平辈谦恭是礼貌，对下级谦恭是高尚。他非常重视通过群体来使个人发挥更大的力量。他成立的“共读社”每周五晚聚会，每个社员要轮流提交一两篇有关道德、政治或自然哲学的论文，大家讨论；每隔三个月要提交和诵读本人的一篇作品；辩论要以诚恳的探求真理的精神为指导，而不是争辩求胜。为了防止情绪过激，如果表达肯定意见和直接抗辩的时间过长，就会被宣布为“非法”并处以小额罚金。

有人指责富兰克林“是一个妥协者而非一个有原则、具有英雄气概的人”,艾萨克森就此评论说:“富兰克林坚信,要谦卑地倾听所有不同的观点。对于他来说,这不仅是一个实用的优点,也是一种道德准则。它建立在每个人都应该受到尊重的原则之上。例如,在制宪会议期间,富兰克林就愿意对自己的一些观点做出妥协,从而在最终产生了一部几近完美的宪法的过程中起到了关键性的作用。如果制宪会议中的代表都是那些死守自己立场不肯改变的斗士,会议就无法取得这样辉煌的成果。妥协也许不会造就伟大的英雄,但可以促成民主。”

一个人就是一块文明的基石

无论在校园,在美国宪法中心,在医院,在图书馆,都有富兰克林的雕像,那梳得整整齐齐的卷发,和智慧的大额头。

他并非完人。艾萨克森所写的传记说他是“有缺陷的伟人”。他有一个私生子,在巴黎出使期间有不止一个情人,在给情人的书信中有很多挑逗之词。传记并没有为尊者讳,但也没有因为这些缺陷否认他是美国历史上最伟大的人。

他的一生,对美国意味着什么呢?

艾萨克森说:“终其一生,富兰克林一直通过自己的思想和行动,为这部宪法所珍视的民主共和奠定坚实的基础。”当他还是个年轻的商人时,就教育自己的同伴要做品行高尚、勤奋、负责任的公民。随后,富兰克林又试图让他们加入各种各样以互利和社会公益为目的的社团,如共读社、图书馆、消防队、互助巡逻队和民团等。他还创建了不同的网络,从邮政服务到北美殖民地哲学会,建立各殖民地之间的联系,对一个兴起的国家进行整合。最后,在18世纪50年代,富兰克林又推动各殖民地通过联合获得力量,一起为形成国家认同而努力。”再往后,他又致力于新共和国法律文件的制定。

《美国精神》一书则这样评价:“富兰克林将清教徒的美德和启蒙运

动的启发完美地结合在一起，并摒弃了清教的缺陷和启蒙运动的狂热。”他反对暴君，也反对暴乱。他多元而实用，随和而包容，更像是科学中的爱迪生而不是牛顿，文学中的马克·吐温而不是莎士比亚。

文明的基石是什么？不是不断更迭的政治口号，而是让政体与政治的正当性真正得以确立的那些准则，以及践行准则的人格。是准则和人格共同造就了文明的品格，造就了“根的文明”。这种“根文明”在契约精神和法治的保障中，经由一代又一代人的创造性努力，得到延伸和发扬。

我所理解的富兰克林，就是美国“根文明”上的一块重要基石。他不相信人类的福祉可以是天上掉馅饼，“而是由平日里所获得的小进步日积月累而成的”。他的价值观的确简单，没有提过灵魂的庄严、原罪和上帝的神佑，而是一句话的信条：“帮助他人就是最好的侍奉上帝。”他喜欢可感知的世界，是一个实用主义者，但也毫不妥协地坚持那些对塑造新国家至关重要的准则。他从未向专制的权威妥协过。他是“权力和权利不是基于继承，而是基于品质、道德和努力工作”这样一种新秩序的化身。

当他去世后，当时最著名的诗人菲利普·弗瑞诺写了一首悼念的诗，其中有这样的诗句（郑先生译）：

帝王们垮了一批换一批，
寻找继承者很容易。
举世无双的富兰克林啊，
很少人能指望比得上您！
您横扫了暴君的威风，
使九天的怒雷回避！

文明的力量，才是本源和终极的力量。让政体得以成立的宪法准则是重要的，更重要的是毕生去践行准则的人——一个这样的人就是一块文明的基石。

从四十年的路找五千年的根

——文明寻思录(中)

中国的“根文明”在哪里?

一花一世界,一叶一楼台。中国的“根文明”在哪里?让我们先看看前辈学人的探索。

思　想

有人关注思想。儒家的四书五经,诸子百家的《道德经》、《庄子》、《墨子》、《韩非子》、《孙子兵法》、《黄帝内经》……这些中华元典包含着与《吠陀》、《佛经》、《理想国》、《形而上学》、《圣经》等其他民族元典所不同的思想。它们是中华民族对宇宙、国家、社会、家庭、人生等命题的原创性的价值思考,是中国文化的基础文本和精神源泉。元典所具有的哲理化而非实证性、开放性而非教条化的原型结构,让后人既可以“我注六经”,温故而求其本,也可以“六经注我”,常读常新,因着不同的时空、条件、角度而具体化，而并没有绝对一成不变的解释。这就是所谓“《诗》无达诂，《易》无达占，《春秋》无达辞”，“所有的历史都是当代史”（冯天瑜，1994）。

文　化

有人关注文化。唐诗、宋词、元曲、明清小说，琴棋书画，音乐戏剧，宗教习俗，民间工艺，传统节日，还有中国瓷器。当然，最重要的是汉字和汉文学。闻一多在比较《诗经》中的《周颂》、《大雅》与《吠陀》中的《黎俱吠陀》、《旧约》里的《希伯来诗篇》以及希腊的《伊利亚特》和《奥德赛》的区别时说：“四个文化猛进的开端都表现在文学上，四个国度里同时迸出歌声。但那歌的性质并非一致的。印度、希腊，是在歌中讲着故事，他们那歌是比较近乎小说戏剧性质的，而且篇幅都很长，而中国、以色列则都唱着以人生与宗教为主题的较短的抒情诗。”诗，似乎没有在第二个国度像中国一样发挥那么大的社会功能，“一出世，它就是宗教，是政治，是教育，是社交，它是全面的生活”。

生活方式

有人关注“百姓日用而不知”的生活方式，例如中医、中式服装、太极阴阳、中国武术、婚丧嫁娶、中式建筑、中国美食。生活即价值，和更加注重冒险、探索自然的西方不同，中国生活的背后，是福、禄、寿、平安、团圆等现世价值。

思维方式

有人关注思维方式。金岳霖说：“中国哲学非常简洁，很不分明，观念彼此联结，因此它的暗示性几乎无边无涯。”陈来提出中华文明的哲学基础有六大特征，分别是关联宇宙、一气充塞、阴阳互补、变化生生、自然天理、天人合一。中国的宇宙观是连续的、动态的、关联的、整体的。每一事物都要在“他者”中显现自己的存在和价值。

道德与科学

有人关注道德、修身与处世。仁义礼智信,天地君亲师,三纲五常,孝与慈,礼乐之道,中庸,格物致知与修齐治平。中国有四大发明,有鲁班、张衡、祖冲之、沈括、李时珍、徐光启、徐霞客、宋应星,但发明更多是为了社会功用和人伦日用。《论语》讲到了54处自然,最后都回到对道德的强调。我们简单和西方做一个对照。爱因斯坦将西方科学的发展归因于两个基础,即希腊哲学家发明的形式逻辑体系(在欧几里德的几何学中)和通过系统实验探索因果关系(在文艺复兴时期),而中国“满足于靠经验而获得的数学”但缺乏“证明的艺术”(莱布尼茨语)。成中英在谈到西方科学的文化认知基础时说:“犹太教及基督教传统的超绝神学,与德谟克利特原子论的机械式模型相辅相成,共同造就了作为现代科学的基础的因果律标准模型……若没有这些文化传统作为科学知性的基础,西方科学就不可能产生。”

历　史

有人关注上下五千年的历史,从夏商周到元明清,从秦皇汉武、唐宗宋祖到孙中山、毛泽东。在这漫长的过程中,既有“奉天承运”的皇权、家天下、大一统、郡县制、科举、“外儒内法”与“礼本刑辅”、重要经济资源的国家专营,也有从封建到帝制再到近代以来向着“一切权力属于人民”的民主方向的努力。而如果把中国和外部关联在一起,则既有天朝大国怀柔四海的威仪时光,也有不断遭遇外来冲击的严峻挑战与艰难回应。中国历史上的治理模式是成熟有效的,但政府权力全部被官僚把控,官僚有权侵夺普通公民自由的那种政治制度也使得中国备受“周期率”之苦。王亚南指出,秦帝国改变了中国封建社会的形态,之前的领主制决定的是“非集中的贵族统治”,之后的地主制决定的则是“集中的官僚统治”。虽然辛亥革命在形式上推翻了官僚政治所依附的封建君主专制,但由于未能变革封建地主制的经济基础(尤其是在广大农村),中国的官僚政治也并未消亡,只是结合城市经济形态的变化,从旧的官僚政治转变为新的官僚政治,在经历了抗战举国动员体制之后变本加厉(王亚南,1948)。

地 理

有人关注地理疆域。“中国”一词,从最早指代商、周的中心地区及重要的诸侯国(“宅兹中国”),到秦、汉之后代表朝廷直接管辖的区域,一直有着“中心”的含义,而周围政权往往也乐意被当作中国的一部分。张光直指出,新石器时代晚期,中国出现了包括仰韶(甘、陕、晋、豫西)、大溪(汉水流域)、山背(鄱阳湖平原)、马家浜(长江下游三角洲)、大汶口(山东半岛)、土珠(辽东半岛)和红山(辽西、内蒙东部)在内的多个文化区域,“所有的区域文化经过一定的时间之后都更广泛地分布,而它们彼此之间的相互作用趋于深化,终于在公元前第四千纪中间形成了一个‘相互作用圈’,布定了最早的中国历史文明的地理舞台”。20世纪以来的考古发现也表明,中华文明史的源头远不止于《史记》所写的“人文初祖”黄帝,不是“一个始祖——黄帝;一条母亲河——黄河;一块发源地——中原地区”的单线逻辑,而是东西南北都有早期文明的生长点。有人认为中国数以千计的新石器遗址可以分为六大板块;有人认为中国的史前文化可以从东北的黑龙江到西南的金沙江划一条大斜线,前者以半坡文化为代表,属高原山岭型,后者以青莲岗系统文化为代表,属川泽湖泊型;有人主张以阴山、秦岭、南岭三条山脉为标志划分几个接触地带;有人坚持黄河文化仍是一个大的文化中心,中心之外存在若干个小中心;有人强调“辽河流域文化中心说”,认为在远古时期,北方的狩猎民族文化并不落后于中原文化;等等。

民　族

有人关注民族。中国是以汉族为主体的多民族国家,汉族的前身则是夏、商、周三代形成的华夏族与周边诸族融合的结果。汉以后有了“汉人”、“汉族”的说法,但诸族融合的进程从未终止。

有人关注民族的脊梁。鲁迅说:“我们自古以来,就有埋头苦干的人,有拼命硬干的人,有为民请命的人,有舍身求法的人……虽是等于为帝王将相作家谱的所谓‘正史’,也往往掩饰不住他们的光耀,这就是中国的脊梁。”

中国文明没有单一之根、不变之根

当我从文献研究中梳理出上述脉络,很难用一句话说出中国的“根文明”是什么。她多源、多元,既汇为一体,也时常“汇而不聚”,给变化留出余地,但每次离散后又会重聚。她是没有单一之根、但又根根相连交错互动的关联性或者说关系型文明。历史证明,与异质文化的碰撞融汇中,例如老庄与孔孟、农耕与游牧、诸子百家的竞辩,中华文明的根系越加壮大了。

中国是地理的,也是文化的,所谓“观乎人文以化成天下”。“天下”高于“诸侯国”,“平天下”是比“治国”更高一级的价值。天下之治,才是大同世界。同时,文化中的位势又是可以转换的,“诸侯用夷礼则夷之,进于中国则中国之”。王夫之说“天地之气,衰旺彼此迭相易也”,“中国”的文化位势的取得,并非天造地设,而一直在流变迁衍。唐代之后,中原渐衰而蛮荒的南方兴起,就是华夷变易的明证。就此而言,中国乃是没有不变之根、强调“生生之谓易”的通变文明。万物常变,阴阳消长,以易为不易。

由上,中国文明可谓没有单一之根、不变之根的关系型的通变文明,其源远流长,延续不断。

闻一多说:“四个文化同时出发,三个文化都转了手,有的转给近亲,有的转给外人,主人自己却都没落了,那许是因为他们都只勇于‘予’而怯于‘受’。中国是勇于‘予’而不太怯于‘受’的,所以还是自己的文化的主人”,“仅仅不怯于‘受’是不够的,要真正勇于‘受’。”闻一多当时说这段话,是强调要让中国的文学更彻底地向小说戏剧方向发展,“走人家的路”,他说这是一个“受”的勇气的测验,也是我们能否继续自己文化的主人的测验。

在我看来,美国和中国都是不怯于“受”的文明。美国是大熔炉,美国文明源于欧洲各国的清教徒远涉重洋,要找一个庇护与自由之所,以上帝的名义赋予人平等的价值;而中国文化的多元汇合,则源于人本身。中国文化认为,“人者,天地之心也,五行之端也”,“天地人相参”,强调人与自然、人与人的关系,强调关系的有机融洽。两种文明的区别,更多表现在对外施加影响也就是“予”的时候:美国往往表现出“道义正当性”,认为是替天行道的担责;中国则很少对外扩张,在对外事务方面往往表现出“关系正当性”,追求和谐共处,共济共生,己所不欲,不施于人。简言之,美国文明和中国文明的形成,在“受”的方面有相似性,而在“予”的方面很不同。美国刚,中国柔。美国自信、扩张,中国内敛、润物无声。

文明古国为何出现“文明无根”现象?

美国文明的创建逻辑是比较清晰的。

钱满素指出,美国文明是人类创造的最年轻的文明,它与众不同的特点来自它形成的方式,它是“英国移民,特别是清教移民,带着强烈的宗教使命感去北美创建了一种新的文明”。在美国这片土地上,没有过一位君主。殖民时期虽为英王属下,但英王也没来过。美国文明不是从原始人类进化发展而来的,它是在17世纪初,由宗教改革后的欧洲人(主要是英国人)建立的。美国文明的基因可以说是欧洲文明中的英国传统挪到北美荒野后,在适应当地环境后结出的果实。它是一批已经高度成熟的人类,带着一套高度成熟的思想,有意识地去创建的一种他们意愿中的文明。”

而中国文明,因为多元汇合,很难找到单一的、不变的“根”。历朝历代的皇权统治当然都会选择某种主流意识,比如汉武帝选择董仲舒的大一统、天人合一和德教思想,凡是不合儒术的,“皆绝其道,勿使并进”。但即使这场“儒学的官学化”运动,还是融进了阴阳、五行及道家思想,给“通变”留有空间。所以在中国,无论是历史还是现实,很多不同乃至截然相反的观点都可以找到文化的根源。

陈来指出:“中国的实体论不是去关注实体的属性、样式,而是关注实体的发用、流行。天道实体就在人性之中。”换言之,中国人把“实体”都功用化了,比如“天”:中国的“天”不抽象,不和人隔绝,讲天人合一。比如“仁”:既是人认识的实在对象,也是个人拥有的东西。所以同样的“价值”,中国人在不同的时间和空间背景下会讲出不同的含义。

多元汇合,加上缺乏抽象的、外在的、恒定的绝对价值,则在某种意义上,我们就会面临着“历史无根论”的挑战。不像年轻的美国,“根文明”的逻辑简单明了,在中国,不同背景(如城乡背景、文化背景、阶层背景)的人,对中国文明“从何处来,到何处去”的理解很可能迥然不同。拿基本价值观来说,美国理想可以用《独立宣言》中的一句话来表示,就是“生命权,自由权和追求幸福的权利”。在中国,要说清楚、理解清楚社会主义核心价值观,真的并不容易。

所以,我们这个历史悠久、文明延续的国度,反而会存在文化自信力的不足和文化认同的挑战。我们的文化确实复杂微妙,但相对就会缺少简易直截的力量,表现在文化的产品与服务上甚至体现不出优势。想想美国流行文化和韩流对我们的影响,再看看我们自己的文化产品和服务的真实扩散能力吧。

每当我读中国典籍，就觉得世间一切尽在其中。那些哲思格言的精微程度远超富兰克林的《穷理查德年鉴》。但看看身边，从政法到经济到社会到家庭到个人，有着大量不文明甚至是匪夷所思的不文明且难以除去的现象，我又常常自问：五千年文明的根去了哪里？因为太过久远，丢失了吗？

一个文明古国，却会出现“文明无根”的现象，实在让人叹息！

我觉得一个重要的原因是，中国文明和中国的朝代更迭一样，经常被自我的或外部的破坏所打断，她的确富有自我修复能力，但不断的破坏与复苏，也如一层层的伤疤，慢慢不见了底色。比如，陈来从儒学角度指出，20世纪的中国儒学经历了四次挑战：一是1901年清政府《兴学诏书》倡导建立新学堂、1905年结束科举制度以及蔡元培主掌教育部后废祀孔、删经学；二是1915年开始到1919年，新文化运动兴起，高扬批判、反思、启蒙的旗帜，“打倒孔家店”；三是革命与“文革”；四是20世纪80年代的启蒙思潮和90年代的功利主义的市场化运动。

美国1776年建国，“根文明”的逻辑明了，拜国运所赐，美国文明一直跟随美国国家实力的增长而成长，随美国成为世界中心而“中心化”，扩延至世界。中国的“根文明”，因其多元、多源的复杂性和阐释的实用性、灵活性，灵魂在游散，元气在离散，加上近代以降国运衰退的折损，以及近代化、现代化进程中的自我扬弃（在开始阶段总是弃多扬少），最后导致“文化无根”的浮萍之感。无根，则必会生出信仰、信任、信念等危机，只是不同年代表现形式不同。

倒果为因，让今天告诉历史

我们一定是有文明之根的。既然现在不清晰，呈现得也不强烈，那么能不能换一种方式来寻根？

我想到的方式是,由今而古,倒果为因,把改革开放作为中国"根文明"的逻辑起点,从我们最熟悉、亲自参与的伟大实践中,发掘那些让我们自信、自强、自豪的力量,然后回溯中国五千年的历史长河,让今天触动历史,最后告诉我们自己根在哪里。

通俗地说,美国的"根文明"的逻辑是"国父"奠定文明,后代一以贯之地发扬文明,今天是对昨天的继承;中国"根文明"的逻辑是,昨天由今天来归因。这种归因基于这样一个假设——我们今天的一切都和历史深处的文明基因相关联。对我们今天的行动进行扫描,就是在做文明基因的测序;就是为了在历史文化的根部,找到那些默默塑造和支持我们的行为变迁的因素与结构。

如果说欧洲的文艺复兴是返本开新、以复古为解放的运动,我们今天的文化寻根,则是开新之后返本溯源的运动。这种方式不是时序意义上的,不是试图在某个历史时点找到我们的"根文明",而是一种"发生学"意义上的探索——我们更为关注的,是今天正在活生生展开的创造实践。这种实践如同测量仪、过滤器,它已经对我们源远流长的文明做出了接续、发扬或者阻遏的选择,是一个"扬"与"弃"的过程。

中国的"根文明",就在改革开放之当下。改革开放是决定当代中国命运的关键一招,是实现中华民族伟大复兴的关键一招,在我看来也是塑造中国"根文明"的关键一招。

习近平在G20工商峰会开幕式上的演讲中说,在中国,在过去几十年经历了大发展、大变化,"许许多多普通家庭用勤劳的双手改变了自己的生活。这一点一滴的变化,集合起来就是磅礴的力量"。而他对全球经济的建议——建设创新型世界经济,建设开放型世界经济,建设联动型世界经济,建设包容型世界经济——恰恰也是中国过去四十年发展经验的结晶。

一个民族的文明寻根并不是随心所欲的,装到篮子都是菜;但是,文明寻根的确又是充满主动性的选择。关键在于,这种主动性符不符合历史潮流,能不能反映客观规律。我认为,在改革开放接近四十年的今天,是文明寻根的恰当时点。

这四十年,是和平、发展与全球化的四十年。经历了近现代的屈辱与抗争,经历了革命与相对封闭环境中的初步建设,中国主动进入了全球的竞赛场。由于信息越来越透明,这场赛事相当于现场直播,人人都能看到。它比的不仅是经济实力和国家地位,也是在比国民素质、竞争能力以及对于发展、自由与幸福感。

这四十年,是中国以经济建设为中心、重视人力资本的四十年。虽然也有起起伏伏,但中国人在面对自己、面对世界时,越来越平和、自信。

这四十年,由于中国对“二战”后形成的国际规则的接受,中国和全世界大部分地方从事类似的商业活动,进行以知识为基础、以专业分工为前提的生产与服务。在这个过程中,中国做得很好。例如,1978年中国经济总量不到美国的10%,目前则已超过美国的60%。在不少领域,中国开始成为领导者之一。

有因必有果,有果必有因。对这四十年的中国变化和中国人的奋斗进行分析,一定可以在历史脉络中找到文明的根、根的文明。

这种寻根方式,不是要美化自己。事实上,中国今天存在的弊端和问题,也都可以在历史中找到相似的野蛮、蒙昧、反文明的根。但是,当文明的一面更好地呈现出来,就会更好地抑制和清除不文明、反文明的一面。

这种寻根方式,也不是要把一切都归为传统,它不是“传统决定论”,而毋宁是为了证明:身处当代的我们,有着对传统进行创造性转化的力量。通过人的积极性、主动性、创造性的高扬,我们可以赋予自己的行为以鲜活的意义,并把这种意义和文明的根系相连。当我们为自己找到了根,不仅今天会呼吸得更好,而且能为明天的征程提供更浑厚的耐力。

或许有人会说,中国今天的问题依然有很多,有些疑难杂症很难治理。言外之意是改革开放也有这样那样的问题。我的看法是,改革开放确非尽善尽美。从来不会有尽善尽美的时代。但是,改革开放取得的伟大成就已经足以让我们开展文明的总结与寻根。我完全无法想象没有改革开放的中国会是一个什么样的国度。今天我们可以心平气和地讨论历史进程中文明的接续、扬弃问题,可以平静客观地对待自己的过去,这正是改革开放给我们的底气和自信!今天进行文明寻根,正当其时!

在商业文明中更好地寻根

数千年来,特别是近现代以来,中国知识分子的文明追寻从未停止过。今天中国的伟大复兴之旅,从根本上说,是顺应和平发展潮流,尊重个人主体性,在开放的市场环境下不断向先进水平学习、提升自己素质和竞争力的结果。中国的进步与崛起,给了我们追根溯源、通过探索“根文明”进一步给自己赋能的条件。

最近我在阅读美国学者哈罗德·埃文斯写的《他们创造了美国》。该书的主旨是:美国的繁荣史是善于发明创造的人民的历史,他们对技术有着神秘的信仰,从在大平原上用风车取水的早期定居者,到互联网上的网络精英,创新、实用发明,是美国卓越背后的主要力量。创新者一次又一次被证明是大众化的推进者,他们不是靠贪婪驱动,而是怀有远大的抱负。他们把国家的政治理想运用到了经济现实中。

20多年来,我也目睹着“他们创造了中国”的历史变迁过程。从数以亿计在大地上奔波迁徙的农民工,到善于把握机会、不屈不挠的企业家,从加工模仿到创新引领,无数人的可歌可泣的奋斗故事,让我看到了创新、创造和职业精神的星光闪耀,看到了当代人的努力与自强不息、以人为本、见利思义、一诺千金、以和为贵、敬天爱人等文明价值之间的相互赋能。这种从本质上说是由经济力量而不是政治力量塑造的商业文明,以及支撑商业文明的新型人格,焕发起我长久的好奇心和研究热忱。

中国的“根文明”在哪里?就在当下,在中国人的创造性活动里。那在各行各业从事创造性活动的奋斗人格,就是今天中国的文明基石。经由他们自觉或者自发的努力,中国正被重塑,文明正被重塑,她古老而变革,历久而弥新。

对我个人来说,我在寻思中国的“根文明”,更是在探求生命与工作的意义。是这个时代给我力量,我会竭尽全力赋予她荣光。中国的文明进步,既靠根的力量,也需要每一片绿叶的力量。

怎样寻找中国的“根文明”?
——文明寻思录(下)

在《文明寻思录》的上篇,我勾勒了美国“根文明”的逻辑;中篇提出把改革开放作为中国“根文明”的逻辑起点,对今天进行扫描就是在做文明基因的测序;最后这一篇,我将提出一个对中西“根文明”进行比较的研究框架,并给出我对中国“根文明”的概括与展望。

“根文明”的两个维度

我所设想的“根文明”模型有两个维度。

第一个维度是个人主义与关系主义(群体主义)。

文明总是关涉到人与自然的关系,人与人的关系,人与自己的关系。不少跨文化研究都指出,不同国家和民族在这些方面的侧重点和优先性是不同的。印度更关注人与自身的关系,追求“梵我同一”。肇始于古希腊的西方文明更强调个人权利和个人自由,是一种个人优先的文化存在,表现在人与自然的关系上就是征服意志强、发明创造多,表现在人与人的关系上就是个体皆为独立人格,人与人之间不存在附属性。中国文化更强调群体主义，强调人的价值体现在人伦关系和社会关系之中，是一种他者优先的存在，主张仁者爱人，推己及人，以长幼尊卑和大家长文化来维护秩序与稳定。如果说西方是有教堂的文化，在中国，如钱穆所言，“一个人的家庭就是一个人的教堂”。

第二个维度是法治与人治。法治强调法律在国家治理中的至上地位，“个人可以做任何事情，除非法律禁止；政府不能做任何事情，除非法律许可”（洛克语）。人治强调的是通过对贤人智者的选拔和使用，赋予其决策权，以降低法治所需要的沟通成本。法治是将多数人的“合意”确定为规则的事前之治，而人治往往和个人意志、便宜行事联系在一起。

虽然中国古代的法家强调“法不阿贵，刑无等级”，“天子犯法与庶民同罪”，但事实上，中国更重视的是“为政在人”，重视人的作用、德治的作用。在中国的治理体系中，从明君圣主到基层乡绅，社会对他们的才德都寄予了很大希望，并习惯接受集中统一、由上而下、教化化人的治理模式。相比起来，西方更强调法治。“法律高于国王”，“国王本人不应该受制于任何人，但他却应受制于上帝和法”——1250年英国大法官布雷克顿这样的主张，是西方文化中关于法的精神的典型陈述。

以上两个维度是特质之分，本身并无绝对的优劣。而特质差异，则与自然环境、先民习惯、宗教信仰等都有关系。比如对外冒险的海洋文明更为彰显个人的主体意志，海上贸易更为注重契约的履行，而内陆农耕文明和对水利体系的维护，显然对人与人的关系协调有更高的要求。

假如从宗教信仰的角度看，一般认为西方是“双城记”，上帝之城与凡俗之城，中国则是“子不语乱力怪神”。余英时指出，虽然中国最早也是把人间秩序和道德价值归源于“帝”或“天”，赋予秩序与价值以“超人间”的属性，但“天道远，人道迩”，中国对于超越性的源头“只作肯定而不去穷究到底”，是一种“存而不论”的态度。而西方则要“打破砂锅问到底”。从柏拉图的“理想国”开始，非要造出一个价值之源的超越世界,非要逼出一个至善的“上帝”观念。“西方人一方面用这个超越世界来反照人间世界的种种缺陷与罪恶,另一方面又用它来鞭策人向上努力。因此这个超越世界和超越性的上帝表现出无限的威力。”相比起来,中国文化并不特别努力“去建构另外一个完善的形而上的世界以安顿价值,然后再用这个世界来反照和推动实际的人间世界”。中国没有“上帝之城”,没有普遍性的教会,走的是“尽其心者知其性,知其性则知天”、“为仁由己”的内在超越的道路。不是等待上帝来“启示”,而将重点放在每一个人的内心自觉,所以个人修养、修持成为关键之所在。由此我们不难理解,为什么中国更重视人的作用和人治的作用,而西方因为从“超越世界”出发,当然会对外于个人、高于个人的“上帝和法”更为看重。

“根文明”的操作性测量

确立了这两个维度后,接下来看看如何进行具体度量。

个人主义与关系主义(群体主义)是跨文化研究中最显著的维度。前者更关注个人目标、独立和自治,后者更重视社会连接和人际关系。20世纪70年代,霍夫斯塔德用likert量表(一种常用的评分加总式量表)对IBM公司的文化价值观进行研究,发现个体主义和集体主义是民族和国家的一种特性,而非个体特征。美国、澳大利亚、英国、加拿大这些地方员工的个人主义特征明显,危地马拉、厄瓜多尔、哥伦比亚、委内瑞拉等地员工的集体主义特征明显。在这之后,蔡安迪斯用5个方面的条目测试个体主义和集体主义,分别是:个体对自我的定义(独立的自我还是互赖的自我),个人目标和群体目标的相对重要性,个人态度和集体态度在决定个体行为时的相对重要性,完成任务和人际关系的相对重要性,个人对内群体和外群体的区分程度。在中国,一些社会学家和心理学家对西方使用的个人主义—集体主义量表(INDCOL,有32个条目,7点计分法)进行了测试,肯定了量表的内部一致性和良好的聚合与分离效度。

通过量表或改进型量表的测试,可以将不同国家、区域、人群在个人主义与关系主义维度上的表现定量化。

在第二个维度上,全球已经有不少组织和机构做过关于国家或城市营商环境、法治、清廉程度的调研,其中的数据和结论可以援引作为法治程度高低的依据。目前国际上比较知名的此类调研包括:世界银行的"全球营商环境报告",美国传统基金会的"经济自由度指数",世界正义工程的"法治指数",透明国际组织的"全球清廉指数"。这些报告和指数建立在根据一套指标体系所做的调研基础上,将它们综合起来,就可以给一个地方的法治或人治表现进行定量的评价和比较。(注:对这方面有研究兴趣的可以参看陈骥、苏为华的《国外经济自由度的测量与启示》、孟涛的《法治的测量:世界正义工程法治指数研究》)

"根文明"的四种类型

按上述研究方法,全球每一个区域都可以有一个两维的认定。我的研究假设是,不同国家和地区会在以下四种"根文明"类型中占据一个位置。

个人法治型

个人主义与法治的结合。这是目前西方文明的基本模式,其利在于能通过法治制约公权力对私权利的伤害,惩罚机会主义,个人自由程度较高,更适于创新。其弊在于,个人对一些社会公共需要的响应程度低,法治成本越来越高,官司旷日持久,文牍主义盛行,监督制约机制的公正性也会被党争和选举许诺所侵蚀。余英时曾说,现代化便是接受西方的基本价值,这个看法有是有非,未易一言以断,"以五四以来所提倡的'民主'与'科学'而言,西方的成就确实领先不止一步,应该成为其他各国的学习范例。但是现代西方的基本文化内涵并不限于这两项,其中如过度发展的个人主义、漫无限止的利得精神(acquisitive spirit)、日益繁复的诉讼制度、轻老溺幼的社会风气、紧张冲突的心理状态之类,则不但未能一一合于其他非西方的社会,而且已引起西方人自己的深切反省。现代化之不能等同于西化是非常明显的事实。"

个人人治型

个人主义与人治的结合。这是目前那些采取西方民主模式、个人享有较充分的投票权、但国家治理依然是人治主导的地方的情况。表面看都是自由市场经济,但强人政治和裙带资本主义无法消除,拉美、南亚、中东、非洲,都有不少此类模式。

关系法治型

关系主义与法治的结合。这是目前日本、韩国、新加坡等地的模式。这些地方通过法治限制权力,交易的可预期性程度高,同时与欧美强烈的个人主义不同,比较强调团队合作、群体主义和长幼次序,但创新性不够。

关系人治型

关系主义与人治的结合。中国在相当程度上仍处于这一阶段,一方面显示出集中统一体制、贤能精英治理、强化社会稳定等方面的有效性,但另一面,尽管依法治国被明确为国家基本方略,但现实中,那种由关系的差序决定亲疏的程度、由长官的意志决定司法的结果、民间流行拉关系找门子、经济中微观干预多和寻租制度化以及社会风气上的官大一级压死人的现象,还相当普遍,影响着社会公正和个人才能的充分发挥。

改革开放四十年，中国为什么能走上文明复兴之路？我的结论是：中国“关系人治型”的“根文明”发生了内在的变化。在改革开放、市场经济、全球化的深刻影响下，中国不断朝着更尊重个人、调动个人积极性、更重视法治的方向演进，已经不再是自上而下、等级森严的传统模式。因为改革开放是民心所向，所以“尚贤使能”的人治体系得到了人民支持，大量有为官员也为经济社会发展做出了富有创造性的努力。中国的“关系人治型”文明植入了个人主义和法治因素，而成为一种文明的混合体。

今天，当我们展开文明寻根的时候，更应发掘和激发的是中国文化中重视法治、重视个人权利的那一部分内生资源，将其作为我们的“根文明”，并赋予其现代含义，如同习近平总书记在联合国教科文总部演讲中所说的，“按照新时代的新进步，推动中华文明创造性转化和创新性发展，激活其生命力”。要“缘法而治”、“不别亲疏，不殊贵贱，一断于法”、“法不阿贵，绳不挠曲”、“刑过不避大臣，赏善不避匹夫”、“国无常强，无常弱。奉法者强则国强，奉法者弱则国弱”的法治精神，“民为贵，社稷次之，君为轻”、“天视自我民视，天听自我民听”、“天地生人，本来平等”的人民主权意识，从中都能提炼出法治和人权的文明要素。万万不可将今日之成就归结为传统人治的作用，或简单归结为群体主义的作用。唯此，我们才能构建一种更有利于中国走向文明之未来的“根文明”共识，更充分地发挥中国人勤劳奋斗的禀赋和努力改变自己命运的积极性、主动性、创造性，从而让中国明天更好。

“根文明”模型的应用

对一棵树来说，根的影响是无时不在的。所以“根文明”的模型，也可以应用于政治、经济、社会、文化等方方面面。

1. **政治**

“关系人治型”模式在中国以往的政治治理中确实行之有效,但随着个人权利意识的加强和对公平正义的重视,人治治理的实效正不断降低。更具普遍主义色彩的法治,才是中国文明发展的必由之路。

2. **经济**

“关系人治型”模式在目标明确、集体动员、机械仿效等经济条件下是可行的,甚至是高效的,但在越来越需要创新、仿效目标开始模糊、周边变化越来越快的条件下,它的不适应性越来越突出。市场配置资源需要进一步深化,对个人创新的保障必须更完备,这都要求更好的法治。

《他们创造了美国》一书提到,在美国工业革命走向繁荣的50年间,有两件标志意义的事情。第一件是1824年,大法官约翰·马歇尔终结了纽约州对蒸汽船服务业的垄断地位。他的裁决结果造成的影响超出了对航运权本身的制约,而且一并解除了美国跨州贸易活动的限制。第二件是1838年,当时的国家专利法使发明家们的利益得到保护。可见,经济发展与企业家创造力的释放,离不开法治的不断完善。

3. **社会**

“关系人治型”模式在计划经济时代的社会控制能力是十分强大的,但是随着城市化和人口流动,以及社会分层分化的加剧,今天的社会良序良治更需要广泛的公民参与和公民自觉。胡适在《再造文明》中引用易卜生话说:“社会的健康全靠社会中有许多永不知足、永不满意,时刻与犯罪分子、龌龊分子宣战的人,方才有改良进步的希望。”他认为:“文明不是笼统造成的,是一点一滴的造成的。再造文明的下手工夫是这个那个问题的研究,再造文明的进行是这个那个问题的解决。”所有这些要求,如果没有独立、理性、负责的个人主体意识的觉醒和公民责任的担当,都是无法实现的。“关系人治型”模式在社会领域的转型方向,应该是赋予公民更充分、更多元的依法参与公共事务的权利。

4. **文化教育**

“关系人治型”的模式在文化教育领域培养出了同质化程度较高、服从性较好、大局意识较强的人才,但往往也抹杀了好奇心、想象力和批判性思维,忽略了自由、独立、开放、包容的现代人格的熏陶,因此不利于创新型人才和现代公民人格的锻造。其转型方向,应该是促进人的自由全面发展。

以上探讨的是中国“关系人治型”的“根文明”的现代转型问题。在另一个方向上,西方的“个人法治型”文明也能从中国的关系主义和人治元素中得到借鉴。西方文明正在遭遇历史性的挑战,关于自由市场、私有制、资本意志、民主等神圣观念都需要被赋予新的含义,才能回应当今的各种矛盾与危机。但对中国来说,今天更应引起警惕的是,以群体价值干预和抑制个人正当权利和自由创造性的发挥。

百年探索,超越中西

我提出的“根文明”的研究方法,在社会科学中是非常简单和普遍的。这个两维模型还可以通过更多方式展开,比如世俗和超越,集权和分权,尊礼和守法,宗法和民主,德行和功利,孝治和公治,等等。

上下五千年,但中西文明之间真正相遇、碰撞、比较和汇通,不过是最近的一百七十余年。从“严夷夏之辨”到“师夷长技以制夷”,从“以中国伦常名教为原本,辅以诸国富强之术”到“中学为体,西学为用”,从维新思想家康有为、梁启超、谭嗣同、严复的“新学”到新文化运动的“全盘西化”,几乎每隔一段时间,关于中西文明比较和中国文化出路的讨论大潮就会袭来。对中国文明的这一反省和求索,贯穿了从“强国保种”到“伟大复兴”的整个近现代和当代中国史。

一代人有一代人独特的生活场景,但对文明的探索,则是每一代知识分子的责任。士志于道,而非一己之私。知识分子是那种除了献身专业工作,还深切地关怀国家、社会以至世界上一切有关公共利害之事,“有勇气在一切公共事务上运用理性”的人。士不可不弘毅,任重而道远。道者,文明之根也。

求道不易,尤其近代以来,中国遭遇三千年未遇之变局,国运注定深刻地影响学问。今天,国运正值百年之盛,我们有更好的条件理性、客观地对待自己的历史,既平视外部也平视自身,在互动中既明辨中西之差异,又明了人类之大同,前进之方向。

在我看来,要在一个恰当的时点做出无愧于时代的学问,最重要的是以客观理性的态度,跳出“左右”、“中西”的框架,克服学术研究中的泛政治化倾向。王国维在《国学丛刊序》中说:“中国今日,实无学之患,而非中学、西学偏重之患。”在他看来,真正的学问是“学无新旧也,无中西也,无有用无用也”。今天,我们真正要担心的仍是“无学之患”。这才是对国家、民族千年大计的不负责。

在中西文明的互动借鉴中,一个根本问题是“普世性”和“本土性”问题。这个问题其实并不复杂,中外学人都有过开放而理性的论断。

70多年前,哲学家贺麟提出“学术建国”的理想,希望以学术治国的理念代替武力军权高于一切的“力治主义”。他说,中华民族是有文化敏感、学术素养的民族,以数千年深厚的文化基础,与外来文化接触,反可引起新生机,逐渐繁荣滋长。贺麟提倡的民族文化复兴是儒家思想的复兴,但他也指出,“儒家思想的新开展,不是建立在排斥西洋文化上面,而是建立在彻底把握西洋文化上面”。

余英时还指出,中国文化的现代转变已离开了旧有的轨辙,不可否认地受到了西方文化的重大影响,但现代化决不等于西化。将西方现代的价值当成普遍性的，将中国传统的价值当成特殊性的(particularistic)，这是根本站不住的观点。每一个文化系统中的价值都可以分为普遍与特殊两类，既有超越地域的通性也有具体的文化个性。

美国社会学家罗伯森在全球化研究中提出了“普遍主义的特殊化和特殊主义的普遍化”的观点。他认为全球化是双重的进程，“普遍主义特殊化”指的是西方首先发展出来的政治经济、管理体系和它的基本价值引入其他地方。“特殊主义的普遍化”是指世界其他各民族对本土价值的认同，越来越具有全球影响，并且融入全球化过程中，这样它的地方性的知识就可以在这个过程中获得全球化的普遍意义。

陈来在罗伯森观点的基础上进一步指出，东西方文化都有其内在的普遍性因素，只是因为特殊的历史社会条件，西方文化的内在普遍性得到比较充分的体现，而其他地区的文化则还没有充分展开，“只有建立全球化中的多元普遍性观念，才能使全球所有文化形态都相对化，并使它们平等化”。

上述学人观点的启示是，无论西方还是中国，都存在着普世的价值元素，有些还可以相通。否认文化的普世性和共存性，会陷入狭隘的地域或民族主义；否认文化的多样性和差异性，则会陷入“一元普遍主义”的单向化。

朝向未来的中国文明演进，既不是唯我独尊，也不是鹦鹉学舌，而是要超越“左右”、“中西”、“普世与本土”等束缚，以人的发展、能力的提高为依归，与古为新，让文明之根“永远地古老，永远地新颖”(ever ancient，ever new)。

中国“根文明”的精神：以人为本，天下共和

写到这里，我想从定性角度给出我对中国“根文明”的一个概括，就是以人为本，天下共和。

和西方的造物主文明不同,中国的文明更为依靠人的道德自觉和人与人的关系来维系。以人为本是中国文化的根本精神。从政治角度看,中国本土的民本主义思想,虽然依然是在统治体系内部进行调整,和个人本位的现代民主主义并不是同一个东西。但是,民本主义中还是可以挖掘出符合现代性的人本元素,并据此为中国政治文明的发展提供内源性的支持。

推陈而出新,中国是存在通往现代民主主义的"根文明"的。"民可近,不可下。民惟邦本,本固邦宁。""天命在民","天矜民,民之所欲,天必从之","大道之行,天下为公"。从这些思想里,既可以推导出"古之为政,爱人为大","重社稷故爱百姓","行一不义、杀一不辜而得天下,皆不为也"的执政思想,也内在地包含了个人正当权利的不可侵犯性,从而带有"绝对律令"的含义,和西方近代化开端时期"风能进,雨能进,国王不能进"的理念具有一定的共通性。

而就中国文化中广为诟病的三纲五常来说,纲常之道对个人的约束也并不是绝对的。君为臣纲,但"君不正,臣投他国";国为民纲,但"国不正,民起攻之";父为子纲,但"父不慈,子奔他乡",反过来,"子为父望,子不正,大义灭亲"。可见关系主义的中国"根文明",也包含了超越于关系之上的绝对价值。

因此,我们不能先验地认为,中国的文化一定不适合个性发挥,一定缺乏超越性精神,所以法治这种源于超越性价值、对人人都平等适用的价值在中国很难通行。"以人为本"在中国历史上是一个非常开放的概念,是传统的也是现代的,是群体主义的也可以是个体主义的,是俗世化的也是超越性的。因此,我将其作为中国的"根文明"的核心概念。

在"文明寻思录"的中篇,已经提到中国文明多源、多元,没有单一之根、但又根根相连的关系特征,以及"生生之谓易"的通变特征。中国是地理意义的,也是文化意义的。战国时期的赵公子成说:"中国者,盖聪明徇智之所居也,万物财用之所聚也,贤圣之所教也,仁义之所施也,诗书礼乐之所用也，异敏技能之所试也，远方之所观赴也，蛮夷之所义行也。”这是将中国和文化昌明画上了等号。而赵武灵王（公元前340—公元前295年）胡服骑射的大胆尝试则表明，谁有长处都可以学习。“胡服骑射”利于作战，中原人就应借取，从而壮大自己。当时赵国是华夏各族中与北方戎狄各族交流最多的国家，与林胡、楼烦、东胡、义渠、空同、中山等游牧民族接壤，国民中有大量胡人和胡人后裔，由于游牧文明比农耕文明占据上风，所以赵武灵王提倡胡化，让对游牧、骑兵熟悉的胡人通过选拔进入赵国的精英阶层。胡人吃苦耐劳、重义尚武的精神也对赵国的国民心理产生了巨大影响。

从这个角度回看历史，中国的确有罢黜百家、文字狱祸的文化专制传统，但也有胡服骑射、佛教东渡的包容。在唐代，中国通使交好的国家有70多个，各国使臣、商人、留学生在长安云集成群，“南海商船来大食，西京祆寺建波斯。远人尽有如归乐，此是唐家绝盛时”。（王国维语）唐之盛，盛在不拘一体的开放兼容。

这样一种四海为怀、包容不同、平衡自信、大中至正，而不是贬损排他、唯我独尊的文化精神，我称之为“天下共和”。以人为本，天下共和，就是我对“中华人民共和国”的文化理解和文明展望。

任何理念都是知易行难。以人为本，天下共和，如果以此作为中国“根文明”的精神，则方方面面都需要扪心自问：我们有现代意义的人本观和共和观，并能将其作为一种群己规则、治理原则和生活方式吗？

如果没有，如果我们不通过文明寻根展开和历史的对话、和自己的对话、和他人的对话，并在对话互鉴中凝聚最大化共识，那么，“无根”的我们很可能陷入漂浮、困惑、迷乱、随意、偏激的思维与话语陷阱。

“每一种文明都延续着一个国家和民族的精神血脉，既需要薪火相传、代代守护，更需要与时俱进、勇于创新。”《文明寻思录》上、中、下三篇，就是我在探索中对时代交出的一份小小答卷。

历史的风口与无法打捞的“文明”

——来自开封的启示

我出生在黄河边的开封——悬河之城，在大河之南。一直到上大学，我才离开家乡。2016年春节，是我20多年来第一次回乡过年。除夕到，初五回，住了五晚。

总导演吕逸涛为除夕“春晚”打了100分。我不知道这是他对个人成就的认可方式还是对集体创作的认可方式。“春晚”遭遇了很多吐槽。但某一天，当车子绕着龙亭湖而行时，我突然想：每一段历史也许都像一枚在桌子上旋转的硬币，当它没有停下的时候，谁能说它一定会以哪一面收场呢？如果吕逸涛真的愿意“下注满分”，这个满分所指向的未来一定就是镜花水月吗？

中国仍在世界经济的风口上

这个春节，我遇到的几乎每一位久违的朋友都问我：“中国经济是不是不行了？会不会硬着陆？”每一次我都会说：“我并未看到中国经济的基本面已经逆转，除非我们集体告别信心而选择惰性与抱怨。”

中国经济无疑是存在问题的，比如在投入和产出之间的不经济、不平衡、不科学、不环保，等等。但无论是看发展趋势（1980年中国GDP的全球占比约为1.7%，1997年亚洲金融危机时约为3.5%，2008年美国金融危机时约为8%，2014年达到13.4%），还是看现实数据（2015年中国GDP增量超过0.5万亿美元，仍为全球第一，消费对GDP增长贡献率达到66.7%，单位GDP能耗下降5.6%，高新技术产业增加值增长10.2%，居民出境游增长12%，居民新增储蓄存款超过4万亿元，每天新登记企业超过1.2万家），中国仍在世界经济的风口上，机遇并未消失。

英国历史学家尼尔·弗格森5年前写过一篇文章，说世界“沿着中国轨道”，将重新回到东方。渣打银行关于全球超级增长周期的两份报告（李籁思团队2010年，祈文礼团队2013年）都预测，到2030年中国将位列世界最大经济体，经济总量达到美国的1.4倍或2倍。虽然他们在2013年的报告中注意到主要新兴经济体增长的放缓，但仍然认为“一套适度的改革措施能够令几个大型新兴经济体再次激发增长活力”，中国可能到2022年就超越美国。由于那时中国的人均收入仍将不到美国的三分之一，预示了巨大的进一步增长的空间。

我站在明清留下的开封古城墙上，想着被层层埋在地下的这座城市的命运。它的确不复有历史的荣光，《东京梦华录》和《清明上河图》里开封的历史地位早已不在。以经济总量看，如今开封只能排在河南18个地级市的中下等水平，它拥有6444平方公里土地，548万人口，2015年地区生产总值完成了1605亿元，一般公共预算收入完成了108亿元。对比一下，上海的6340平方公里土地，2415万常住人口，2015年地区生产总值完成了24965亿元，一般公共预算收入完成了5520亿元。

我的家乡应该永远无法重现北宋年间“汴京富丽天下无”的世界第一大城市的风采。但风从东方来，未来世界经济的第一大城市可能是中国的上海，而且我相信未来的中国会像今天的美国那样拥有十几座世界性城市。即使经济上如此不起眼的开封，在整个中原经济崛起、大郑州崛起、郑汴一体化的背景下，假以时日，成为有国际影响的名城，并作为大郑汴的一部分跻身世界性城市，又岂能说只是妄想?

繁华如梦，风口如过眼烟云

尽管我对中国经济的雨后彩虹抱有强烈信心，但历史一次次告诉我们，国赖忧劳而兴，因逸豫而衰。从财富的大爆炸到大冰河，这种概率也并非不存在。如若不定其心，磨其志，发其愤，防其险，属于中国的风口“移情别恋”也未可知。

中国封建王朝的最后一个盛世“康乾盛世”长达115年(从1681年平定三藩到1796年嘉庆元年)，但仅仅44年后，鸦片战争就爆发了。尼尔·弗格森在《文明》一书中有言:“文明是复杂的。文明可以在数世纪中持续存在，处于权力和财富的巅峰。但反过来，其根基又可能突然坍塌，陷入大混乱中。”他举例说，1500年时北京城生活着近70万人，伦敦人口仅5万;400年后，伦敦以超过600万的人口成为全球特大城市，北京则在1900年被八国联军攻入。

历史是最好的老师。世界史上很多跌宕起伏的段落，于今仍有启示意义。

开封有4100多年建城史、建都史，先后有夏、战国的魏，五代的后梁、后晋、后汉、后周，北宋和金在此定都。公元956年，后周的周世宗增筑开封外城，初步奠定了外城、内城、皇城的三城格局。960年，后周殿前都点检赵匡胤发动“陈桥兵变”，建立北宋，定都开封，仍延续五代之名，称东京。经北宋168年营建，开封成为全国的政经和文化中心，人口急增，百业兴盛，商业繁荣，漕运发达。“汴梁形胜甲天下，夷门自古帝王都”，“八荒争凑，万国咸通”，“人口逾百万，货物集南北”，堪称中国历史上的新辉煌。

而近年来，开封引爆国际关注度，却是以一种非常戏剧化的方式。

那是2005年5月22日,《纽约时报》评论版上破天荒地印了13个汉字,“从开封到纽约——辉煌如过眼烟云”,这是大名鼎鼎的专栏作家纪思道的文章的副题,主题是“中国,世界之都”。专栏认为:公元前2000年时世界最重要的城市是伊拉克的乌尔;公元前1500年时是埃及的底比斯;公元前1000年时没有哪个城市可以称雄,不过有人会提到黎巴嫩的西顿;公元前500年时是波斯的波斯波利斯;公元元年时是罗马;公元500年时是中国长安;公元1000年时是中国开封;公元1500年可能是意大利的佛罗伦萨;公元2000年则是纽约。到了公元2500年,上面所有这些城市都可能变成无人知晓的地方。美国在过去一个多世纪中一直是全球经济最发达的国家。但是大多数的经济预测表明,单就购买力而言,中国将在约15年内超过美国。

在纪思道笔下,公元1000年,坐落在泥沙淤塞的黄河岸边的古城开封,是世界上最重要的城市。他之所以用汉语做标题,“是为了说明汉语是许多美国人将来都要去学习的语言,而‘繁华如梦’的哲理也是美国人需要了解的。作为世界上唯一的超级大国,美国也许会认为自己在世界上这种‘一览众山小’的地位是理所当然的。然而,回望大浪淘沙般的历史长河,你会看到辉煌,特别是某一个城市的辉煌,多么像萤火般转瞬即逝”。

如果时光能够穿越,办一台北宋繁盛时期的“春晚”,我猜吕逸涛一定会在如此灿若星辰的文化科技成果中挑花眼:苏颂主持制造的水运仪象台是世界最高水平的天文仪器;李诚的《营造法式》是中国建筑学的一座丰碑;王惟一创造性地刻石碑、铸铜人,其《铜人腧穴针灸图经》让中国的针灸医学有了一次巨大飞跃;四大发明中的活字印刷术、指南针、火药,都是在宋代发明或得到广泛应用;司马光、欧阳修、王安石、苏轼、黄庭坚、范仲淹、柳永,文采辞章千年流传;张择端的《清明上河图》和沈括的《梦溪笔谈》,展示了他们的无限才华。而宋仁宗天圣元年(1023年)发行的“交子”,曾作为官方法定货币在四川流通近80年,比西方发行纸币早六七百年。在那个时代,美的体现有汴绣和朱仙镇木版年画;力的体现有杨家将、岳飞和包青天。

而在2005年,专门到开封采访的纪思道,把开封描写成一个肮脏贫穷,地位无足轻重,连机场都没有的地方,以对比11世纪的宋朝的首都开封人口超过100万、是伦敦人口数量的近70倍的历史场景。在文章最后,他道破了主旨:“如果我们一味安于小成,不思进取,那像纽约这样伟大的城市总有一天也会成为哈得逊河上的另一个开封!”

纽约该从历史上的开封身上学到哪些东西?纪思道提出:第一,保持科技领先和经济政策成熟健全非常重要。古代中国的繁荣很大程度上得益于促进生产和贸易的政策及技术的革新,包括铁犁、印刷术、纸币的发明和改进等。然而后来出现的轻视商业和贸易的观念、政策却使中国的人均收入在过去600多年里停滞不前。第二,认清狂妄自大的危险性。中国曾有的“天朝上国,无所不有”的意识形态正是衰败的原因。

今天的开封,没有一点狂妄自大的痕迹。在夜市的喧嚣中,我感受更多的是对游客的“速成式满足”。遥想北宋时光,开封的油饼店“每案用三五人,捍剂、卓花、入炉”,武成王庙前的海州张家和皇建院前的郑家,每家有五十余炉,雇工在百人以上。真是过眼烟云了!

北宋东京城,一种怎样的繁荣?

陈寅恪曾说:“华夏民族之文化,历数千载之演进,造极于赵宋之世,后渐衰微。”那么,又是什么原因,让公元11世纪前后的世界第一城市“香消玉殒”?

一般的史论大抵不出两个范畴:一是专制腐败、贫富分化、外敌入侵、农民起义,让北宋帝国衰落,也让开封告别了鼎盛期,渐渐式微;二是“成也黄河,败也黄河”,黄河让开封的元气屡屡被伤。黄河泛滥,河流淤积，河床抬高，形成悬河，太多被淹的历史成为开封最恐怖的记忆。

而春节期间我读到的一些文献给我的启示是，北宋时的东京作为全国经济中心，其自身基础并不扎实。它虽然有商品经济自发发展的一面（“亦工亦农”工匠群体的出现，在很大程度上满足了城市手工业的劳动力供给），但在更大程度上是专制权力通过对天下财富进行再分配以及官僚经济畸形繁荣的结果。用今天的学术语言来说，彼时的开封之盛，不是共容利益之盛而是狭隘利益之盛（曼瑟·奥尔森，1993），不是包容性制度之盛而是汲取性制度之盛（德隆·阿西莫格鲁和詹姆斯·罗宾逊，2014）。这种繁盛本来就不可能长久。

陈昌远教授早在1959年《史学月刊》5月号《北宋时期开封城市经济的繁荣》一文中就指出，开封的经济繁荣原因有三。

其一，魏晋以来，江南地区逐渐开发起来，东晋之后发展更快，在工商业方面可以和黄河流域的中原地区相抗衡。由于江南富庶，隋统一中国后，隋炀帝积极开发运河，以搜刮江南民脂民膏，他本人也留恋江南富庶，住在扬州而不回北方。到了唐代，大批漕运江南的粮食供给北方，安史之乱后江淮地区更成为唐帝国的生命线。五代时期，黄河流域在统治阶级混战下遭到进一步破坏，而南方局面相对稳定，形成南荣北枯的局面。北宋统一后，江南经济更显重要。统治阶级怎样把江南财富搜刮到自己的仓库里去呢？主要是依靠隋炀帝开挖的运河，而开封正扼运河入黄河重要地方（汴河连通黄河和运河），因此成为中国南北经济的枢纽。

其二，开封的繁荣是和北宋的统一分不开的。北宋统一中国后，采取了一系列的恢复发展农村经济的措施。据不完全统计，从宋太祖末年到真宗末年，不到五十年时间，全国垦地数字增加了一倍。农业的发展使农民有获得剩余产品的可能，剩余产品出现于市场，为工商业发展创造了有利条件。

其三，开封工商业的繁荣和北宋建都开封是分不开的。由于北宋建都开封,所以在开封集中了很多官营手工业作坊,集中了很多官僚和政客,这些官僚和政客的消费需要大量的奢侈商品。

陈昌远的文章表明,北宋开封经济地位的形成不是内生的,而是由江南经济的发展加上政治权力进行的财富转移奠基的。在某种程度上可以说是“官府创造市场,权力驱动财富”。

当时开封的军器制造业发达。而制造军器的机构是军器监,由赵宋政府掌握。当时开封的纺织业发达。京师专设绫锦院,有机四百张,制造琳琅满目的丝织品,专供统治者享用。与纺织相关的煮染技术业发达。官府设煮染院,煮染官家锦帛。陶器业方面,京师设“窑务”,宋徽宗时更自置“窑烧造”,烧制官窑瓷器。他喜欢书画也喜欢陶瓷,细致到亲自下诏:“本朝以定州白瓷器有芒,不堪用,遂命汝州造青窑器”,“弃定用汝”。在印刷业方面,官府国子监设有雕版处,官府诏令都以雕版印刷。由于北宋对劳役的控制开始放松,手工业中的雇工队伍越来越大。但在行业分布上,在官营手工业的丝织、铸钱、军器制造、酿酒等行业,待遇相对优厚,而人身相对不太自由,且常会出现官吏私役工匠、克扣雇值的现象。民间手工业中,雇佣劳动最多的行业为矿冶业、纺织、制瓷等,比较大的矿坑动辄用工上万,但整体的雇值水平不高,以一般杂役性工种为主(技术工种的雇值是例外)。

北宋重商,这是历史的进步。和西汉时期抑商、商人地位低下相比,北宋东京城内的富商资财雄厚,经营各种贸易。商人之子可以做官,可以出钱买官,可以当出使外国的使臣和随员。由于经商利润很高,商人常“获息十倍”,生活优越。京师很多官吏也都经商。北宋初年,京师大兴土木,需要大批木材。京师官吏便遣人至陕西,在陇右购买竹木,免税运回开封高价出卖。当时京师官吏也有开“邸店”的,有的官员甚至想把太平兴国寺改为邸店以取厚利。这种官商不分的恶果不久后就会看到。

因为大批封建贵族和军队集中于开封,需要各地物资供应,而开封恰好是汴河、黄河、蔡河、广济河四条水道相汇的中心,所以漕运也极其发达,"金谷财帛,岁时常调,千里不绝"。

以上种种可见,北宋开封经济地位重要,根源是政治地位重要,官僚工业集中,官僚政客集中,而与开封自身的地理自然环境、商业文化底蕴虽然也有关系,但关系不大。这样一种"首都向下汲取"、"官府向民汲取"的繁荣,纵然没有外力去打破,也长不了太久。

总是踏入同一条河流

在中国历史上,类似开封这样的案例并不鲜见。中国人总是踏入同一条河流。尼尔·弗格森研究过中国的明朝。这个1368年诞生的帝国延续了差不多三个世纪,不论用何种标准看都拥有全球最为发达的文明。但17世纪中期,前进的车轮脱落了。1580年到1650年,战事和瘟疫使中国的人口减少了35%～40%。

出了什么问题呢?尼尔·弗格森的答案是:"向内转化是致命的"。在他看来,明朝满足于国内贸易量很大、奢侈品市场活跃,而与此相对的是,英国积极向外转化,奠定了"全球英国化"的基础。随着17世纪晚期英国人口规模的不断扩大,海外扩张在帮助英国跳出"马尔萨斯陷阱"方面发挥了重要作用,跨大西洋的贸易为英国输入了土豆和蔗糖等营养食物以及大量的鳕鱼和鲱鱼。1英亩的甘蔗所产出的能量相当于12英亩的小麦。殖民活动使剩余人口的移民成为可能。相应的效应便是提高了生产效率、收入,增加了营养甚至人们的身高。

尼尔·弗格森考证说,到18世纪晚期,英国农民的食物包括肉类产品。而同时代的日本由于处于德川幕府时代,1640年后执行严格的闭关锁国政策,日本人主要靠单一的食物摄入,95%都是谷物。这种食物上的差异说明了为什么18世纪英国罪犯的平均身高为170厘米,而同时期日本士兵的平均身高只有159厘米。"那个时候,当东方人遇到西方人时,他们之间再也没法相互直视对方了。"

到了1793年,马戛尔尼率领远征队拜访乾隆皇帝,设法说服中国人展开对外贸易。为此他备足了德国造的天象仪和望远镜、经纬仪、气泵、电动机器,以及"有助于说明、演示科学原理的范围广泛的设备"。但年逾80的乾隆皇帝对他代表的英王乔治三世只是宣布了一个蔑视性的通告:天朝物产丰盈,无所不有,原不藉外夷货物以通有无。

"曾经是新发明的故土的中国,逐渐沦为顽固地敌视其他民族的创新的'中庸之国'。那个设计精巧的中国发明——钟表,已回到故土了,但已经过欧洲的改良、改进,而由发条和齿轮组成机械装置,运转起来也更准确了。"

从宋帝国到明帝国,这些文明衰微的案例告诉我们:如果经济产出的目的主要是为了巩固皇权的地位,而大规模有组织的经济活动和事关国计民生的工商业也都被政府控制,民间经济如果没有与官府的特殊关系、被批准和监护,很难持续发展,那么再枝繁叶茂的经济也会枯萎。中国封建历史上创造了无数财富,但大部分的工商利润都被用于王朝的行政、军事开支、皇室贵族与各级官府消耗,而没有变成进一步发展工商业的资本。由于民间商人成功的首要条件就是依附权力,得到庇护,他们即使有资本的积累,也要捐官买爵、兴建牌坊,断不会谋求可持续的投入与发展。官府对自由经济的控制与重本抑末、轻商贱商的风气互为表里,商人没有独立的存在价值,当然也就没有持续发挥其创造力的动力。

而建立在这样的制度背景下的经济和文化繁盛,总是在一段时间后,就演变成官僚队伍的不断扩张和肆意腐败、民间税负沉重、贫富分化、内乱不止、外患又来。这样的一种经济,官府可以利用盐业官营、官窑、皇家织造与民争利,利用特权从愿意和官府勾结的民间商人那里索取利益,其后果显而易见:由于经济主要是为官府和特权阶级生产(不为民也不对外),在某个局部(如首都)也许非常绚丽,但整个国家市场并不大，分工无法深化，生产力不可能得到提高（长期的“停滞性均衡”）。没有财产保护，没有专利保护，以技术发明和大规模商业应用为特征的工业革命也就不可能在中国发生。

勿忘国耻和国难

春节期间，当我漫步在开封的旅游景点和博物馆，当我翻阅历史的文献，内心一直无法轻松。

《清明上河图》是反映北宋末期徽宗年间“太平盛世”的杰作，但在有心者看来，一派繁花似锦、国泰民安的背后，是画家别出心裁、处处隐藏着社会隐患与统治阶级腐败麻木的着墨。姜小丢指出，画面中不经意间描绘了官僚腐朽，兵吏慵懒，百姓民不聊生，乞讨者比比皆是。在市井中心街区，达官贵人出行骑马乘轿，富商们的马队和官员们的仪仗十分有排场，而破衣褴褛、跪地乞讨者也散落在各个角落，城门楼外就有一个被众人围观的乞讨者，算命者身后的大树下乞丐、懒汉成群。北宋军事薄弱、军备松散，这在《清明上河图》中也可见一斑：画中的卫士形象都百无聊赖、慵懒无比，内城墙似有似无，城楼两侧低矮的土墙长满了草木，根本没有防御设施。城门楼下的争吵者和街市上的争吵者，则折射出当时的税官很辛苦，商人与税官就货物的税钱进行争吵，引得城楼上的士兵也向下张望。

俞兆鹏、俞晖在《论北宋末期的恶性通货膨胀》中指出，在中国历史上，北宋末期的恶性通货膨胀较为典型。其根源有：一是党争加剧与政治腐败。二是冗费浩大与财政危机。宣和年间全国正规部队在一百几十万人以上，冗官之多到徽宗时达到最高峰。以大观三年（1109年）和元祐三年（1088年）比，官员就增加了十倍之多。徽宗即位后，京官中有一身而兼十余俸者。徽宗后期更是大兴土木，各种靡费达到天文数字。三是剥削苛重与经济衰退。为维持国家运作，徽宗时投放的大钱、劣币、纸币数量过多，爆发了恶性通货膨胀，私钱泛滥、货币贬值、物价暴涨、社会动荡遂一一而起。

中国宋史研究会会长王曾瑜在《北宋末开封的陷落、劫难和抗争》一文中指出，开封易守难攻。但靖康元年(1126年)，金军南下开封却很快失守。主因是宋朝统治集团缺乏应对能力、腐败无能，甚至迷信骗子郭京的所谓六甲神兵。当金军来犯，宋廷按以文制武的惯例任命城墙四壁的提举官，其中南壁的李擢在金军攻城之初、设法填平护龙河时，根本“不介意”，“于城楼上修饬坐卧处，如晏阁宾馆，与僚佐饮酒烹茶，或弹琴宴笑，或日醒醉”。守城军中塞进了众多使臣和效用，作为冗员，“每使臣一员，日给食钱八百或一贯，效用三百或五百，多权贵亲戚、门生、故吏，又有朝廷缘权贵、内侍请求而至者。身未尝到，而请给论功，倍于将士……其弊不胜言，所以败国家之事也”。被财富养起来的这些官宦，直到国家有难还要发财，有多少醉生梦死之徒！

公元1126年至1127年，宋钦宗靖康年间，金军攻破开封。他们烧杀抢掠，俘虏了徽宗、钦宗父子，以及大量皇族、后宫妃嫔与贵卿、朝臣等共3000余人，北上燕京蒙羞，东京城的公私积蓄被洗劫一空。北宋灭亡。当时的悲怆，令今天的我们仍不忍卒读。据《青宫译语》记载，金王完颜宗翰的长子设也马看中宋徽宗之女赵富金，徽宗因富金已嫁为蔡京儿媳不同意，完颜宗翰大怒：“昨奉朝旨分虏，汝何能抗令？”徽宗道：“上有天，下有帝，人各有女媳。”但终究无用。在这靖康之耻的巨变中，竟有一批大宋官员和宦官“尽搜取妇女于虏人”，为金人搜刮妇女。徐秉哲一次搜捕女子1000多人，“自选端丽者”，自置钗、衫、冠、鲜衣，“令膏沐粉黛，盛饰毕，满车送军中”。不少大宋女子于车上斥骂：“尔等任朝廷大臣，作坏国家至此，今日却令我辈塞金人意，尔等来何面目。”更有烈女宁死不屈，抗命被斩。“贞节说”兴于宋，即与此相关。

开封历史上多水灾，但北宋一代，并无巨患。从太祖建隆元年到钦宗靖康二年的167年间，水灾总共20次，平均将近9年一次。其中造成房屋倒塌和人员伤亡较为严重的有6次，平均约28年一次。真正的水患，是黄河自金代濒临开封后而起。尤其是明朝初年黄河多次决口，治理黄河成为开封头等大事。开封是明代时河南的省会，崇祯十五年（1642年），李自成围困开封6个月，官军穷途末路。农历九月十五日夜，官军掘开了黄河。大水一到，城内“水深数丈，浮尸如鱼”，洪水退后，城里原有的37万人只剩下3万多人，为开封历史上最惨烈的灭顶之灾。上面这种说法为开封博物馆的官方版本。但究竟是官军还是义军决的大堤，还是都参与了，抑或是自然崩塌，学术界一直说法不一。无论如何，那都是对开封的致命一击。嘲讽的是，1644年正月，明朝的兵部尚书张缙彦异想天开，提出派人去开封打捞沉银，以补国库之拮据。崇祯皇帝批示：“其汴城捞费一事，宜专官密行。”他大概觉得此举不雅，改以修复汴城为名，去积水，捞沉银，所以要密行。“汴城不守是无河南，河南不保是无中原，中原不保则河北之咽喉断，而天下之大势甚可忧危也。”几个月后，明朝灭亡。

我在开封博物馆看到的开封历代地层剖面模型显示：“开封城，城摞城，地下埋有几座城”。在开封地下3米至12米处，上下叠压着6座城池。除最底层的战国时期魏国的大梁城因埋藏太深和勘探技术手段所限未能发现外，其余5座城池均已相继发现和初步探明。摞在最上面的是清代开封城，最下面的是唐代中原重镇汴州城，规模最大的当然是北宋的东京。

以开封的经济实力和科技条件，这些地下的“文明”是很难再见天日的。但当我想到这座城市的历史上，那些和“文明”相伴的腐败与灾难，痛苦与离奇，我宁愿所有的“城下城”都不再打捞。21世纪的今天，当我们眺望中国未来的时候，请不要美化我们昔日的“文明”。在某种意义上，她的确是辉煌的，但对芸芸众生来说，也许灾难的时光更长久，只是我们今天无法设身处地去体验而已。

创造一种以人为本、对每个人都有真实意义的新文明，这是今天我们的使命与责任。我的故乡,想到你的历史,我只愿把责任放在今天,放在自己肩上。

共创海商文明　再也不能回头的远航

——大航海时代与新航海心态

过去几年我乘过多次高铁。从上海到杭州或者南京，习惯了坐高铁。

猜一猜：乘高铁从武汉到长沙，从济南到南京，从上海到南昌，从贵阳到广州，最快要多久？答案分别是1、2、3、4——从一个多小时到四个多小时。

中国变小了，而人变快了。空间被速度改变，而生命，作为一种时空存在方式也在改变。

一

“一带一路”——丝绸之路经济带和21世纪海上丝绸之路，是空间和经济的双重概念。若干年后它将改变我们对世界的感受，以及世界对我们的感受。

在我看来，“一带一路”有可能推动一个以中国为起点、将亚欧非三大洲相连的全球最大地缘经济体的形成。未来除了“太平洋经济”、“大西洋经济”,还可能会出现规模更大的“世界岛经济”。

“一带一路”带来的经济新空间,无论对政府发起设立的基金还是对央企的对外开拓,无论对民间资金“走出去”还是对“人的全球化”,都提供了战略新机遇。当然,在所有的规律中,价值规律应在第一位。过去中国一些对外投资之所以受挫,就是因为只谈战略而忽视市场逻辑,使得不少投资最终变成沉没成本。有的对外合作项目,我们提供融资,但项目不挣钱,后续也没有补偿机制,纯粹是外援和输血。这种项目就要特别慎重。

但是,作为一个正在伸开臂膀的全球性大国,不在更广空间进行资源配置、拓展全球利益,或者受挫即止,那么中国将会错过历史性契机。就此而言,“一带一路”是一种思维方式和文化理念。它意味着在全球格局复杂变化的大背景下,作为重要经济引擎、全球化参与者、跟随者的中国,开始向牵引者、引领者的角色大胆迈进。这不会迅速跨越,而将是漫长的演进,方向是从“从世界的中国”到“中国的世界”。

610年前,古代中国创造了最后一件世界性的盛举,不亚于“四大发明”的盛举,即郑和下西洋。梁启超说,前有司马迁,后有郑和,皆国史之光也!但“哥伦布之后,无数哥伦布”,“郑和之后,再无郑和”。本来中国有可能开启大航海时代的机会却与我们擦肩而过。

600多年后的今天,中国又迎来了新的大航海时代——以资本和商品为纽带、旨在互利共赢的大航海时代。无论有多少艰辛曲折,希望我们不要再回头、再回撤。

二

“公元1500年前后的地理大发现,拉开了不同国家相互对话和相互竞争的历史大幕。由此,大国崛起的道路有了全球坐标。”这是9年前,中央电视台播出的《大国崛起》的开篇语。

在地理大发现之前，人类分居在几块隔绝的陆地上。虽然航海活动早已有之，但正是通过始于15世纪，以迪亚斯、达·伽马、哥伦布、麦哲伦等为代表的大航海和地理大发现，人类才将分散的世界连在一起。不同文明的接触与争斗，让真正意义上的世界史拉开了序幕。与此同时，一直虚弱的欧洲开始成为世界文明的中心。

对中国人来说，在欧洲大航海时代之前，中国已经处于海商年代，发起并主导了海上丝绸之路。中国的海洋贸易源于秦汉，成于三国、隋朝，兴于唐宋。因隋唐时海运的最主要大宗货物是丝绸，故有“海上丝绸之路”说；宋元时期瓷器出口勃兴，又有“海上陶瓷之路”说；由于中国的进口商品主要是香料，还有“海上香料之路”说。中国并不是只有陆商，也有海商。

海商文明在中国绵延千年。唐代诗人刘禹锡面对珠江大舶参天、万舶争先的贸易奇观，写下了“连天浪静长鲸息，映日帆多宝舶来”的诗句。南宋时，宋高宗因在南渡之初财政困窘，遂鼓励海商造船出海贸易，并按每30里一个灯塔的配置，建起灯塔导航系统。靠着海外贸易的厚利，南宋财政收入很快恢复，至宋孝宗时财政规模已经全面超越北宋。当时的中国舰队完全有实力代替阿拉伯人的印度洋制海权。

“西北之耀武功，始于汉，故称中国为汉人；岭南之聚番舶，始于唐，故称中国人为唐人。”这是清人徐继畬在《瀛环志略》中的观点。一位日本学者甚至说，唐朝是中世纪的结束，宋代是近代化的开端。

但历史就是如此吊诡：中国的海上丝绸之路在公元1405年到1433年郑和七下西洋后，突然逆转。一部海商文明史，“终于明清”！

郑和领导的大明皇朝船队有200多艘船。据李约瑟估计，1420年明朝全国船舶不少于3800艘，超过欧洲船只的总和。郑和船队穿越印度洋抵达西亚和非洲东岸的浩荡之旅，比哥伦布发现美洲大陆早87年，比达·伽马绕好望角通往印度早92年，比麦哲伦完成环球航行早114年。

再对比一下人数,郑和每次下西洋的人数在27000人以上。1492年哥伦布率领3艘船、87名水手横穿大西洋到达中美洲;1498年达·伽马率领4艘船、140余名水手绕过好望角到达印度;1519年麦哲伦的环球航行也不过5艘船、240名水手,3年后只有1艘船和18名水手回到西班牙。相比较,郑和船队的实力和补给能力是多么强大!

但中国就是没有完成地理大发现!郑和船队到过红海而未再入地中海,沿非洲大陆东岸南下,却未绕过好望角驶向大西洋。郑和死后,中国的大航海时代即告中断,已经建立的各国联系也终止。地理大发现的机遇被欧洲人把握了。

三

按照《大国崛起》的观点,郑和船队七下西洋,不是为了开拓贸易,而是为了宣扬皇帝的德威。这和梁启超在《祖国大航海家郑和传》中的说法相似,即明成祖朱棣在天下初定、国力大充的背景下,“乃思扬威德于域外”,通欧西,造航海利器,“宣德化而柔远人”。

相当多的中国学者认为,郑和下西洋的政治目的大于经济目的——无论是“踪迹建文说”,还是“异域耀兵说”、“朝贡贸易说”、“震慑倭寇说”、“建立回教同盟说”等都说明了这一点。公平贸易几乎都是被忽略和附带性的。学者时平在《从明初“大一统”观看郑和下西洋的动机》中更指出,明成祖朱棣即位后“遣时四出”,实质是向天下表明朱棣发动“靖难之役”、推翻文帝即位,是承天命合天道的,对逃居国外的反对势力和诸国宣示合法性。而郑和下西洋就是为了贯彻“天道一统”,“循西海诸国昭示恩威”,所以在郑和带去西海诸国的朝廷宣示中,有大量诸如“朕主宰天下,一视同仁,尔能恭视朝廷,屡遣使朝贡,朕用尔嘉”的口吻。

也因为下西洋的本质是搞政治,当然不可能发动民间商贸,故全部开支依赖朝廷。由于没有实惠，最后撑不下去只好停止。从学者们梳理的从明洪武元年（1368年）发布第一个禁海令，到明穆宗隆庆元年（1567年）废止海禁的历史，就会发现，正是在这两百年，葡萄牙、西班牙的大航海风起云涌。而朱棣本人对闭关国策的短暂调整，虽然开启了海外远航，但完全无法撼动“夏夷之防”和“务本抑末”的根本。有国外学者干脆提出，明朝放弃海权战略的深层原因，在于“明朝的立国原则，乃是严斥蒙元所支配的内亚影响力”，所以更习惯于固守在坚实的城墙和严闭的海防之内。朱棣的时代，虽然官方设置了市舶司供外国船只入贡和经商用，但对于民间出洋贸易严加禁绝。

斯塔夫里阿诺斯在《全球通史：从史前史到21世纪》中指出，丰富的国内资源使中国统治者对海外扩张失去了兴趣，而欧洲的统治者和商人们则由于受到国家贫穷的刺激而鼓励海外冒险。“人口压力加上国家和城市国家之间的竞争，驱动着商人们去寻找新的产地、路线和市场。他们的竞争态度与同时代的中国人截然不同。”尽管中国的商人和西欧的商人一样精明能干，“但是中华帝国的官僚体制却像东罗马帝国的政府一样，扼杀了商人从事商业活动的机会，将商业活动完全置于官府的控制之下”。

保罗·肯尼迪在《大国的兴衰》中也表达了类似的意思：中国之所以退却，除了费用和其他方面的障碍因素以外，还有一个关键因素，那就是儒家官僚集团保守思想的限制。在明朝，由于人们对蒙古人强加给他们的变革倍感憎恶，保守思想变得更加严重。在“复古”气氛里，显要的官吏阶层所关心的是如何保留和重振过去，而不是创造以海外扩张和贸易为基础的光辉未来。私人资本的积累，“暴发户”商人炫耀财富，都为上层有学识的官僚所不齿；那些官吏虽然不想使整个市场的经济陷于停顿，然而他们经常干预个体商人，没收其财产或禁止其营业。

就这样，富裕强大的中华帝国心甘情愿放弃了参与世界事务的机遇，关起门来陶醉于道德文章，而“西欧的那些赌徒一般贪婪的冒险家们却纷纷在经济动机的驱策下投身于狂热的航海探险活动。讲究仁义道德的中国人既然放弃了绕过好望角去发现欧洲的机会,追逐物质功利的欧洲人就当仁不让地绕过好望角来征服亚洲了。因此,四百年以后,当中国的国门再度敞开时,出现在国门之外的就不再是马可·波罗式的恭敬朝拜者,而是耀武扬威的强悍侵略者了。"(赵林,《大航海时代的中西文明分野》)

为什么是葡萄牙、西班牙、荷兰这样的欧洲国家把握了大航海的历史机遇?

其实,即使欧洲的冒险家们有再强烈的财富冲动和勇气,征服大自然还是需要巨大的财力支持。这是一个系统工程。关于这一点,《大国崛起》中有过介绍,欧洲出现了最早的股份公司、信托公司、银行、交易所等金融设施,从而将整个社会变成了融资对象。在荷兰,阿姆斯特丹市市长的女仆也成了荷兰东印度公司的股东,而国民之所以敢拿积蓄注资高风险的航海活动,不仅是求财心切,也是因为荷兰政府将国家信用注入了荷兰东印度公司。

欧洲的大航海历史表明,金融和商业是贯通的,只靠皇室发善心、缺乏金融支持的探险活动不可能持久。所以斯塔夫里阿诺斯说,在欧洲的海外扩张中,最重要的人物不是哥伦布、达·伽马和麦哲伦,而是那些拥有资本的企业家们。他们虽是留在国内港口的商人,但他们负责建立了很多殖民地,维持了殖民地的供给,开辟了新的市场,找到了新的土地,使整个欧洲富裕起来。

还有一个很重要的原因就是文化与科学技术的发展。斯塔夫里阿诺斯指出,文艺复兴"对人的重新强调和对人所能取得的成就的重新强调",显然比之前的中世纪的观点更能导致海外扩张。他引用17世纪上半叶土耳其历史学家舍勒比的话说,对于掌管国家事务的人来说,地理科学知识是必须掌握的,"能充分并有力地证明学习地理科学必要性的证据是那些不信真主的人。他们应用和尊重各门知识,发现了美洲大陆并占据了整个印度市场”。在中世纪后期,“非人力的动力”得到大发展,比如水车、风车、纺车、运河闸门等机器的发明运用。其中和造船有关的技术的进步,直接支持了航海扩张。

四

今天当我们回顾六七百年前的这段历史时,依然会感到沉重。中国率先开启了大航海时代,在明朝初年,中国东部沿海甚至已经出现了一些工商资本的萌芽。但在传统观念约束和皇权统治下,中国的航行没有通向地理大发现,中国的资本主义萌芽迟迟无法开花,反而被葡萄牙、西班牙等殖民者后来居上。整个世界的天平从此摆向西边。这一摆就是几百年。残酷的殖民化用血与火的方式解体了农耕时代和自给自足的状态,无论其中有多少血腥和丑陋,其对世界历史的影响和全球化的推动,都是郑和们远远无法达到的。

在六七百年前,中国有海防但没有海权意识,更不要说经略海洋的顶层设计了。中国有海商,但总是被无法预期的上谕打得灰头土脸。斯坦福大学历史学家莫里斯教授在《西方将主宰多久》一书中指出,1430年在世界历史上是一个“决定性时刻”,谁在这个时刻抓住了海洋的控制权,谁就有可能主宰未来的整个世界。“亨利王子抓住了这个机遇,而明朝正统皇帝(英宗)却将这个机遇拒之门外。”亨利王子是葡萄牙航海活动的首倡者和支持者,他在1420年前后创办了航海学校,并派船队到非洲西海岸勘探。而明英宗的选择则是再次禁绝海外贸易活动。

明成祖死后,一些大臣建议罢黜下西洋之举。郑和上书说:“欲国家富强,不可置海洋于不顾。财富取之海洋,危险亦来自海上……一旦他国之君夺得南洋,华夏危矣。”就个人而言,他无疑是有足够的海洋国土意识的,但无人喝彩。等他病死于航程之中,皇室终于不用再派出谁去冒险了。

从文化心理角度看，我不知道是不是对危险和冒险的抗拒，才是伟大的郑和远航终结的原因。梁启超说，明成祖“欲博怀柔远人、万国来同等虚誉，聊以自娱耳”，“故郑和之所成就，在明成祖既已踌躇满志者，然则以后虽有无量数之郑和亦若是则已耳，呜呼！”

如果说600多年前明成祖的踌躇满志，虚誉自娱，使中国错过了在历史关键时刻更进一步、执天下牛耳的机会，那么今天，如果没有远航全球市场的欲望和金融资本、科技知识的支持，我们仍无法保证自己究竟可以走多远。

海商之道是文明之道，政府的作用就是要为海商文明提供坚强保障，无论是制度、观念还是服务。

称霸非中国道，但没有以天下为己任、念念不忘苍生、为万世开太平的雄心，再大的领先、再多的机遇，都会从中国的肩头滑落。一个国家，无论已经向前走了多远，只要有一天想退回去，退到一个封闭的循环中，它的衰落周期就开始了。

600多年过去了，郑和下西洋、徐霞客游神州的精神，已经传灯续火，势如燎原。而郑和下西洋的教训与悲剧，我们希望历史上只有一次。

人的觉醒与中国的再出发

这是一篇我一直想写的文章，就是中国人的素质问题。一直下不了手，不仅是因为题目太大，力有不逮，还是因为，真心不希望引发“丑陋的中国人”、“中国人，你为什么不生气”那样的效果。在今天的舆论空间探讨“丑陋”，虽能引起口水四溅，但除了加剧争议和焦虑，往往劳而无功。这不是柏杨那个“纸板书”的时代，不是龙应台那个“报纸副刊”的时代，这是情绪越来越强烈、分化越来越明显的互联网时代。

但素质问题，还是堵得我不吐不快。我不想从各种陋习的恶性方面谈素质，而是聚焦于人对自我和他人的认知，由此展开讨论。

污名化

2016年6月8日我在朋友圈看到一条来自网易的新闻：《李彦宏：AI在我有生之年不会毁灭人类》。他认为互联网的下一幕是人工智能。网易新闻以跟帖出名，我并不吃惊有些帖子会质疑李彦宏，我吃惊的是十几万条帖子几乎全是负面的。对百度和李彦宏我也提出过批评，但看了这些跟帖心里很不是滋味。

人生而平等,人非圣贤孰能无过,都是在不断反思自己、超越自己的过程中进步的。我们会纠正孩子撒谎,但不会说他是骗子,而会告诉他诚实的意义。但“污名化”却是这样一种处理方式:根据某人或某一群体在某一片段上的问题,进行负面的抽象处理,遮蔽其余的特征,让污名的标签成为他或他们的对应物。历史上最典型的污名化有“黄祸论”,还有希特勒的“犹太论”。今天,在我们周围,艾滋病患者、精神疾病患者被污名化过,某些地域被污名化过,某些群体也被污名化过。官员、富豪、明星、教师、医生,警察、城管,还有各种“二代”,越来越多地进入被污名的行列。我不是说他们的行为没有缺点,但当我们习惯用“污名”去构造和编排时,情况只可能越来越污。

污名化的一个直接后果,是越来越多被污名的群体觉得自己是“弱势群体”,越来越被边缘化。现在认为自己主流且安逸的群体,似乎越来越少。“弱势”的本意,是指在求职和就业中容易或经常遭遇挫折困难的人群,如下岗职工、失业者、临时工、农民工、残疾人、大龄女性等。今天对这些人群的援助保障已大为改善,但为何各个社会群体的弱势感反而在蔓延?在我看来,主要是因为弱势感已从“就业不利”的劳动含义和“基本生活条件不足”的温饱含义,扩展为不公平、压抑、担惊受怕、无力、相对被剥夺感、公民权利保障不充分等社会含义。这种问题,当然有制度性原因,但也有整个社会文化的原因——污名别人的人越多,被污名的人也就越多,最后大家互污,见谁污谁,让谁都没有信任和信心。

污名化还会动摇职业选择的信心。我有一位朋友,夫妻都是医生,却坚决不让孩子学医。孩子出国留学,一开始没有学医,但大二转学医了,因为国外医生有地位,收入高,不会被骂,更不会被杀。如果对医生污名化的结果是学医的越来越少,将来谁给我们看病?2015年和上海一位局级干部交流,他儿子三年前好不容易当了公务员,干了一年多就提出辞职。他说:“你想清楚,公务员不是想出就出、想进就进的!”儿子回了他一句:“你以为公务员有多少荣誉感!”

一个歌手唱道:“满身伤痕才知道悲哀是互不信任。”在污名化的社会中,不知道谁可以信任。

本人化

伦敦奥运会开幕前150天,我在伦敦的圣保罗大教堂外见证了“占领伦敦”的场景。我认同占领者反抗“金融贪婪”的合法权利和贫富严重失衡时的呼吁方式,但当地人也向我介绍了另一面的情况,就是各种运动“培养”了一批职业化抗议者。这些人不少是流浪汉和无业者,谁组织游行都来。他们并非不能劳有所获,而是不愿劳动,为抗议而抗议,靠抗议为生。这是人本主义,还是本人主义?人本主义强调人的尊严和解放,不服从于外在权威,强调人人都有价值,而一切从本人喜好出发、凡我所欲皆合理、把一切问题的责任都归咎于社会和其他群体,唯独不和自己相联系,这其实与人本主义已大有偏离。

以人为本,为人民服务,这是现代政府合法性的依据。但这里的人和人民,以及他们的共同福祉和公共利益,并不等于每一个人的每一种利益。西方社会今天的一大问题,就是尼古拉斯·伯格鲁恩和内森·加德尔斯在《智慧治理》一书中指出的,陷入了“消费者民主社会”。无论政府、媒体还是市场都选择“即时的满足”,这是一种“无糖可乐文化”:它承诺给你没有卡路里的甜味,没有义务的预期权利,没有储蓄的消费,没有税收的政府。德国总理默克尔在欧债危机后多次提到的,人口占全世界7%的欧盟,创造了占全世界25%的生产总值,同时需要占全世界50%的社会支出。这凸显了“高福利”的美妙,也表明了高福利的无法持续。

今天在中国,在公民权利保障不到位的同时,本人化的认知和行为倾向也日渐突出。比如,凡涉及PX、锂电池、垃圾焚烧、核电等项目的冲突,逻辑都一样:一上就反,一反就下,即使上项目的过程越来越科学,也摆脱不了"凡闹必下"的结局。社会从冲突中学到了什么?开放的讨论?辩证的说理?知识的解析?都没有!就是一个"经研究,决定不再上马"的简单结论。那么,为什么日本、韩国、新加坡的PX项目与居民区近在咫尺却相安无事?新加坡的PX装置与居民区仅隔900米,日本横滨NPRC炼厂35万吨/年PX装置与居民区仅隔一条高速公路,美国休斯敦PX装置距城区仅1.2公里。再看垃圾焚化,澳门垃圾焚化中心选址距离澳门大学800米,焚烧处理后垃圾体积可缩减至原来的1/10,假如用填埋法,整个澳门半岛应该全被垃圾覆盖了。我真不知道,中国大城市将来的垃圾问题有没有解决之道。

中国今天的拆迁、上访、纠纷,很多是公权力的滥用,也有一些是私权利逾越法治的过度膨胀。我的很多"眼界"都来自基层干部和周边朋友的诉说:有开宝马奔驰领低保、拿保障房的;有结了几次婚离了几次婚、一个屋子装上十几个户口,等拆迁补偿的;有夫妻闹离婚跑到工厂喝敌敌畏,不小心喝死了要工厂赔,工厂觉得不合理,家属就把棺材摆在县政府外,政府再逼着工厂赔的;有生小孩后不想带,婴儿才6天就放到街道办的台子上,大家轮着带,想送到福利院也找不到母亲来签字的;有提前抢建、违规乱建、虚报面积、虚假评估,一骗拆迁补偿款就上亿的;有把拿到政府各项基金当盈利模式、内外结合一条龙年年操作的;有涉及国际性的死难者赔偿,所有其他国家的赔偿都已解决,唯独中国遥遥无期的……

社会有矛盾冲突不可怕,可怕的是没有民主、科学、法治的路径调和冲突,解决矛盾,把冲突矛盾纳入到能够表达、能够协商、能够调节、能够表决的制度、秩序和规范中。本人主义的不加节制的盛行,不断诉诸情感而不是理性,一定会通向彻底的民粹主义。虽然民主和民粹都以尊重民意为旗帜,但民主和法治是孪生兄弟,它不仅约束政府也约束公民，而且不支持伤害宪法秩序的非理性；而民粹取向，是试图用法治之外的手段获得想要的一切，甚至不惜摧毁民主本身。

以人的权利和人的发展为本

改革开放以来中国经济的辉煌成就，源于比以往任何时候都充分调动了人的积极性、主动性、创造性。过去的几十年，中国一直行进在一条尊重人的权利和价值、激发人的创造活力的道路上。在某种意义上可以说，改革开放就是人的精神生命力的复兴运动。

用这样的角度去总结过去，开启未来，是一条更开阔的道路。而今天，中国之所以还有污名化、本人化等问题，恰恰表明，人的觉醒、人的革命、人的精神复兴还不彻底。

这里，我想引用一些文艺复兴运动时的人文主义者的话，以说明人的觉醒的内涵。

关注和肯定人的价值

兰迪诺："有人对野兽、飞禽和鱼类的事情知道得很多……而对人的本性一无所知，不知道我们从何来，往何处去，以及为什么生活。这到底有什么好处？"

个人地位应来自于道德和劳动，而不是门第或继承权

阿尔贝蒂："在我们的文明生活中，只有勤劳、优良的技艺、持之以恒的工作、诚实的行为、正义和理智才具有价值。""有的人不愿勤学技艺，不愿努力工作，不愿在完成艰巨的任务中汗流浃背，那他又怎么可能赢得像别人那样的威望和尊严呢？"

科学和道德的完善程度决定一个国家人民的命运

德拉·卡萨:“人不要满足于做好事,还要研究如何把这件事做得更文雅。文雅是智慧和理智的表现。当一个人的思想活跃,情绪稳定,品德无瑕,体态端庄,语言谦逊,举止温良,以及懂得科学和明察事理的时候,文雅就放射出闪耀的光芒。”

构成人类社会基础的是法,公正是国家的灵魂

布鲁尼:“法不仅仅限制卑贱者、普通公民和富人,它也限制和约束法官、地方官吏、国王和君主,甚至对皇帝也要行使它的统治权……它保护弱者不受强者的凌辱,而在平等人之间保持和谐。”

尊重财富与市场

阿尔贝蒂:“不要藐视财富,而要防止贪婪。物质丰富之后,我们就会生活得愉快、自由。”

兰迪诺:“事实上,一个自由的市场——可以使公共的和私人的利益都得到维护,使很多人都富起来,并为那些希望依靠自己的劳动改善生活和饥寒交迫的人提供广泛的援助,帮助他们战胜好逸恶劳的习惯。”

热爱家庭和祖国

科莱努乔:“劳动之神娶勤奋之神为妻,并用八个女仆分管庄稼、牲畜、衣服、住房、商品、防务、救助和协调。这桩幸福的婚姻孕育了七个女儿,她们是:生命、才干、德行、胜利、富饶、真理和享受。”

帕尔米耶里:“人类最值得称颂的事情,不外乎为了国家的富强、城市的优美和为公众的利益而进行的活动。”

崇尚理性和知识

坎帕内拉："上帝给了人们两本书：一本是大自然，一本是写着字的书。"

巴尔齐扎："难道有谁感觉不到，一旦人们的生活缺少人文主义的艺术，生活不但变得残缺、贫乏，而且甚至比许多动物更卑劣吗？"

当这场以人为本、尊重人、弘扬人的主体性的文艺复兴运动进入到社会政治领域，自然就会产生节制君主和贵族的权力、保障公民自由的思想和制度设计。公民的自由具体包含什么呢？按照伏尔泰的研究，一是财产安全——"在你睡觉的时候你能获得保证，第二天醒来时你的财产还和昨天一样没有丝毫变动"；二是行动自由——"保证你不会在半夜三更……被人拖出去"；三是"每个人有权用他的笔向整个国家说话"的自由；四是即使涉嫌犯罪，有权按照法律程序接受公开审判的自由。在伏尔泰那里，平等并不是消除公民间存在的一切差别，而是指在国家力量的保护下，公民平等地遵守法律。

在我看来，这才是一个可靠的逻辑：现代意义的国家是为了保障人的权利、促进人的发展而产生的。今天的中国，如果能更清晰地将我们制度安排的目的，定义为"更充分地保障最广大人民的权利，促进人的自由全面发展"，而且将这一精神灌注到方方面面，那么，每个人——无论他是普通公民还是政法人员，都会对自己有更高的要求，对他人有更多的尊重，我们的整个社会也将更重视人的权利与义务的平衡。

自由、民主都是社会主义的核心价值观。社会主义应该比资本主义有更多的自由、更高的民主、更好的公民权利保障。这话没有什么不敢说、不能说的，而应该作为方方面面工作的基本理念和基本尺度。做得不好，做得不对，坦然纠正就是了。最怕的是，明明是核心的价值观，在一些地方和一些领域的实践中却被忽略、漠视甚至践踏。真正的个人主义是对个人行为负责的主义,真正的自由主义是不滥用自由的主义,真正的知识是知道自己哪里无知的知识,真正的富有是能让别人因之而分享价值的富有。这是真正觉醒的人的自觉意识。那些滥用权力的人的悲哀,是他们不知道,今天被你随意伤害的权利,也是你和你的家人的权利;今天对别人的伤害,明天可能是对你的伤害。

仁者爱人。爱人如己。爱人者也会爱环境,也会助他人,也会喜欢有知识的秩序而不是无知识的混乱。如此,中国的各个领域,是不是都可以重新找到超越、升华、提升价值的突破口?

法国历史学家基佐在《欧洲文明史》中说:“在我们称之为‘文明’的伟大事实中,似乎包含着两个要素,即其存在必须依赖的两个条件:社会的进步,个体的进步;社会制度的改善,人类智力和能力的扩展。”文明依赖制度之完善,也依赖个人之进步。而个人的进步,本质上就是要告别任何形式的蒙昧和野蛮,成为有教化、懂道德、知分寸、有尺度的人。如果不讲道理,不讲逻辑,不讲诚信,不讲知识,把特权当特色,把应该服务的对象当成奴化或敛财的工具,这只能说民蒙未启,民智未开。

中国再出发,从人的觉醒开始

中国经济和中国社会的压力现在都很大。但我认为,只要能更全面、更深刻地看到人的价值,实现人的觉醒,中国的潜力和机会就更大。恩格斯说过,要把社会组织成这样,“使社会的每一个成员都能完全自由地发展和发挥他的全部才能和力量”。这个前提,就是把人的权利和价值作为一切之本。

就数量论,中国的人口红利已经结束,劳动年龄人口的绝对数量在过去三四年已经下降了1000多万,这个趋势还将继续。在“未富先老”的情况下,要保持经济发展,必须提高人的素质。“十三五”规划提出,劳动年龄人口平均受教育年限从10.23年提高到10.8年,全员劳动生产率从人均8.7万元提高到12万元以上。从经济上看,中国已经到了无法依靠更多人去劳动,而是要依靠更高素质的人进行更有效的劳动的时期。人的能力、积极性、创造性的重要性,不言而喻。

从非经济的角度看,如果我们把人的素质约等于精神文明,那这个命题几乎是和"以经济建设为中心"同时提出来的。1979年召开的中共十一届四中全会讨论了叶剑英为建国30周年大会准备的讲话。其中说,我们要在建设高度物质文明的同时,提高全民的教育科学文化水平和健康水平,树立崇高的革命理想和革命道德风尚,发展高尚的丰富多彩的文化生活,建设高度社会主义精神文明。

1982年7月,邓小平说,精神文明建设的根本任务"主要是使我们的各族人民都成为有理想、有道德、有文化、有纪律的人民"。这"四有",写进了两个月后召开的中共十二大报告中。

权威人士在推进供给侧改革的文章中提到,处于转型期的中国,经济发展长期向好的基本面没有变,但在前进的道路上,我们必须破除长期积累的一些结构性、体制性、素质性突出矛盾和问题。请注意,问题不只是结构与体制,还有我们的素质。

中国网络的口水总量高居全球之冠。但数量不代表质量。爆粗斗狠、偏狭讥讽、蓄意渲染、上纲上线的口水,是在情绪和认知上,撕裂共识,制造"敌人"和"异类",用"站队"来区分是非。这不是人性的解放与自由,而是人格的向下沉沦。

当年的梁启超感叹"中国政治不进,国运日衰"的根本原因是"不知有公德"。在他看来,人人独善其身者谓之私德,人人相善其群者谓之公德,无私德则不能立,无公德则不能团。我觉得,中国要改善人的素质,提升人的质量,以人的觉醒为基础,实现社会的深刻和解,凝聚最大共识,才能共赴伟大复兴。如果这个机会错掉了,中国真的可能落入陷阱之中。

中国的经济有问题,但我不觉得中国的经济是问题。文艺复兴时期的一位意大利思想家说,人类社会生机勃勃的肌体不是依靠医药,而是依靠精神上的一致。同样,在今天的中国,只要相信人民,在更多的空间相信人民,并且围绕人的权利和人的发展,不断优化法治保障,重新建构起和社会有效沟通的话语体系,我们的国家就会因为人的觉醒和人的素质的提高,获得新的巨大进步。

要尊重劳动、尊重知识、尊重人才、尊重创造,促进人的权利和能力的全面提高……当尊重人成为今天中国的一种信仰,不用担心,这种信仰一定能激发起创造物质财富和精神财富的所有源泉。

中国再出发,从人的觉醒开始,从我们每个人开始,从每个人把"人"字写得更好、更真、更善、更美开始。

后 记

一切都已改变，一切又都未变

我的职业生涯很简单：大学毕业后第一份工作是在《南风窗》，干了14年；第二份工作是在《第一财经》，干了11年；现在是第三份工作，做自媒体和商业文明研究，刚刚一年。

在48岁这个本命年，像农民一样耕耘一块小小的农田，采访、思考、写作、编辑、研究，就是我现在的日常生活，也是安身立命的方式。一年间，我在“秦朔朋友圈”留下了上百篇的文章和50多期的视频。期间我去了10多个国家和地区，采访了数以百计的人，仅“秦朔访问”中写到的就有50个以上。蓝狮子和广西师范大学出版社从“大视野”中选择了一些文章，结集为《文明寻思录》出版。我希望用这个书名，每年都出一辑，“记录中国时刻，推动商业文明”。

回想过去26年三个阶段的媒体生涯，想到几件对我来说特别重要的事，和朋友们分享一下。

进《南风窗》，不是靠成绩第一，是靠一次采访

1990年春节后，我决定放弃保送研究生的机会，到改革开放先行一步的广州求职。我毕业那一年大学生特别是文科生的工作分配很不理想。我在大学四年总成绩是第一名，找工作也很难。去广东电视台、

《羊城晚报》接触了一下,也托人问了《黄金时代》杂志,都没有希望。在广州街头的报栏看报纸的招聘广告,按图索骥去了一家文化传播公司,策划、文案的工作我是能做的,但解决不了户口。

我最后找到了《南风窗》。编辑部主任谭启泰、总编辑吴迅、社长曹淳亮见了我。他们说可以给我一个题目,能写好的话,会考虑。谭主任问我:“你觉得写什么好?”我说:“写文化方面的好一些。”最后,他们让我写扶贫。

在采写过程中,到广州市政府参加扶贫新闻通气会。副市长黄伟宁讲完,我问了一个问题。他说:“刚才不是讲过了吗?”因为他讲的是粤语,我听不懂。

文章第一稿写出来,虽然整合了很多资料,也用了一些技巧,但没有通过,原因是“缺少故事性”。于是拿着介绍信到从化县采访,去了最北也是最穷的东明镇,晚上住在招待所,被跳蚤咬得睡不着,只好起身,几乎整夜未眠。

因为到一线采访,最后文章中就有了这样的细节和观察:

邹国坤,55岁,6口人,年收粮1700多斤。“除了公家帮盖的房子,我没有什么值钱东西了。”他抖了抖蓝布上衣,“这也是政府的。”邹国坤10年没看过电影。直到今天,他不知道家电是什么。他家里连个小柜子也没有。凳子支起的木板上,没有枕头,破席破被。从门上一大块空洞伸进一根竹竿,吊着几件旧衣。地锅放在砖上,炊烟呛人。“我哥住这儿。我也差不多。一天一顿粥,一顿干饭。有时也没有保证。”

当地农民前些年唯一的收入,是靠砍每100斤9角钱的木柴。由于没有市场,村里唯一的交换形式便是“借”。今天你杀猪,借我几斤。下次我杀了便还你。有的人以终生不“借”为莫大的欣慰。

我靠这篇文章进了《南风窗》。采、写、编、评是新闻的基本功。“采”

是第一位的，生活之树常青。而“采”就要到第一线。

回想我的新闻工作经历得出的结论是：什么时候能保持一个采访者的心态，认真地向外部世界提问，什么时候就能进步；什么时候自以为是、放弃提问了，什么时候就止步不前，就退步。

走政经杂志之路，不是靠个人聪明，是靠对时代关切

我在《南风窗》的前两三年，因为是月刊，又分两三个编辑组轮流操作，工作量是吃不饱的，所以下班后就经常去中山图书馆或广州图书馆看书，一直到晚上10点钟闭馆。1992年秋天，我在图书馆从一本联合国教科文组织编的英文论文选中，第一次看到关于文化产业的论述。联想到广州正在兴起的设计、广告、信息服务、流行音乐等等，就去采访，写了一篇《新工业传奇》，1993年2月在《南风窗》发表。文章结尾是这样的：

假如明天，某些家新闻、文化、艺术单位也来发行股票，假如明天，我们的信息资讯、咨询策划、广告业发展到无时无处不在，做出的一个报告也能像香港的《重建繁荣》那样昂贵——港府付给美国斯坦福研究所500万美金作全部开支，假如明天，古老的和今天人们制造出的各种艺术品、文化品、设计品以几十万几百万元的价钱成交，中国向国外的文化贸易由逆差到顺差，一件这样产品的创作收益相当于今天艺术家们的毕生收入，假如明天，在高科技发展和专业化分工条件下，人脑中的创意和灵感成为世界第一财富而引起新的争夺大战，您会惊奇吗？您消费的不再是传统意义上的工业品。或许在下个世纪，或许这个年代，或许就在眼前，您会发现新的工业，最大的消费，是文化，是艺术，是知识，是信息。

在这篇文章的基础上，1993年底我出版了第一本书《大脑风暴——

文化工业探寻》。

由于很快有了一些名声,我不断被提拔。1996年初我开始担任副总编、副社长,1997年担任总编辑,领导《南风窗》实现了向一份有责任感的政经杂志的转型。回顾这段历史,我确实投入了全部精力。有几年我在床头柜上放着纸笔,把梦中想到的“独家策划”选题,一醒来就记下来。《南风窗》也进入了一个影响力的高峰期。但是,起决定性作用的并不是个人的聪明才智,而是主动顺应了时代的大趋势和民众心理。

1998年3月,朱镕基担任总理后的第一次记者招待会上,说出了“不管前面是地雷阵还是万丈深渊”的那句话。我突然意识到:中国改革可能不再是“哪个群体都受益,只是程度不同;哪个地方都受益,只是先后不同”;改革往下走,涉及利益调整,不再全是风和日丽,也可能风雨交加。我给资深的编辑赵洁布置了一个题目,让其写一篇关于朱镕基的文章,把标题登在下期的封面上。当时,我们这样的地方媒体去写国家领导人,还是难以想象的。1998年5月《南风窗》发表了《朱镕基:把心交给中国》一文,杂志当天销售一空。

《南风窗》最早是一本新闻性、社会性、综合性杂志,我主持之后曾经朝着“学习型、成功型、潮流型杂志”和“聚焦政经、相约成功”的方向两度改版,略有进步,但没有大的起色。直到1998年5月,我才大悟:“文章本天成”。一个时代的大趋势、人民的呼声和盼望,就是媒体最大的市场,完全不用自己挖空心思、自以为是去定位。

当时我订阅了香港的《信报月刊》,看到上面有一句话:“一份富使命感的财经杂志”。我就借鉴了一下,给了《南风窗》一个新定位:“一份有责任感的政经杂志”。这是内地第一本明确政经定位的杂志。这种基因一直延续着,即使今天传统媒体备受挑战,《南风窗》依然有十几万的订户,还是这个细分市场上难以替代的。

向财经转型，再好的机会，不争取一定不属于你

从2004年到2015年，我在第一财经工作了11年，从政经转型到财经。第一财经是一个非常好的平台，给了我更广阔的成长空间。关于进入这个平台的过程，我在《第一财经日报》创刊五周年的专辑中做过说明，当时写的文章叫《往事与心事》：

2000年秋天，我还在加州州立大学北岭分校做访问学者。有一天，《南风窗》副总编张良在给我的一个电子邮件中说，沈颢、刘洲伟离开了《南方周末》，创办了《21世纪经济报道》，正在试刊，2001年将正式出版，“他们迈出了人生的新的一步。”

那个瞬间，我想，我又该做些什么新东西呢？

在广州的市场化媒体环境中真正浸润过、打拼过的人，内心深处都把做事看得比做官重要得多。大家听到谁谁升迁了，没什么感觉；听到谁谁办了一个新的媒体，听到哪个稿件产生了很大影响，自己多多少少就会坐不住，就会想：我该怎么办？

对我来说，如果想离开风险重重的一线新闻业务，改奔仕途，2000年是一个最好的机会。政府公派出国，做访问学者，趁势可以冠冕堂皇地告别写稿审稿的苦差事。年中，广东省直机关公开选拔副厅级领导干部，1990年招我进入《南风窗》的老领导曹淳亮彼时担任省文化厅厅长，觉得我刚好符合所有条件：35岁以下，留学背景，3年以上处级工作经验，等。他遂在电子邮件中告诉我：“我拟正式提名推荐你为省文化厅副厅长人选。”我在宿舍里思前想后，和《南风窗》当时的社长吴迅通过越洋电话也进行了讨论，最后决定还是留在杂志社。

2001年1月从美国回来，我雄心勃勃地写了一个杂志发展的规划，规划了差不多10本杂志，希望以《南风窗》为基础，发展出一个杂志集团。然而，折腾一两年，屡屡受挫：想弄个刊号十分困难，只是在2002年

初把《南风窗》改为半月刊，2003年4月和广西师大出版社合作创办了《新营销》杂志，但总体上，我的媒体梦乏善可陈。一度，我和张良、翁宝（时任《南风窗》编辑部主任）谈下了海南“中改院”的《新世纪周刊》，拟改名为“新世纪企业周刊”，乐百氏的何伯权愿意投资。但最后，我不知道该如何处理这个“新胎儿”和《南风窗》的关系，放弃了。

既然单靠《南风窗》实现媒体梦不太现实，而内心里又不甘守着一本半月刊了事，我便萌生了和沈颢、程益中相似的想法，希望走跨地区合作发展之路。在这个方向上，沈颢东进上海，试图合办《东方早报》；程益中北上京城，后来开创了《新京报》。

我找到当时的《广州日报》社长张德安和总编辑薛晓峰，劝他们走出广州，像南方报业集团一样打造几个全国性媒体品牌，我自己愿做马前卒去探路。听说中央电视台正在筹办《央视新闻周刊》，遂赶到北京，和具体负责人梁建增、孙杰商谈，力陈如果“广日”和央视合作，对《央视新闻周刊》将有诸多好处。但不久，央视决定缓办该周刊。

我从北京转战上海，找到学长、当时负责《新闻报》工作的裘新。因为“文新”正和“南方”谈《东方早报》的合作，裘新觉得“广日”如果能参与投资“解放”旗下《新闻晚报》的改版，也是一桩好事。围绕晚报这个项目，我们前后探讨了一段时间，后来听说裘新可能去《文汇报》，这个合作就搁下了。

2003年前后一段时间，京沪粤等地的跨媒体合作之风颇盛。4月，薛晓峰曾亲自带领“广日”方面代表团到上海考察。除了“解放”，我们也去了“文新”。“文新”少帅胡劲军表示，《东方早报》已经在和南方报业合作了，但“文新”以后还会有新项目，和“广日”也是可以探讨合作的。

时间到了2003年7月，第一财经横空出世，对外宣布投资1亿，还要进军日报，已经组成了筹备组展开工作。忙了一两年还没有收成的我，闻讯一阵怅然。眼看人家都在做大事，龙腾虎跃，我打着《广州日报》的旗号折腾了这么久，竟然颗粒无收，真有点不知去向。

第一财经问世后没几天，我和刘洲伟一起参加一个活动。记得很清楚，在《南方日报》社大院门口分手的时候，他问我："上海"文广"出了个第一财经，还说要做日报。据说是一个叫韩国强的人在筹备，是你们复旦毕业的，你认不认识？"

直到这一刻，我并没有想过，第一财经和我会有什么关系。

又过了几天，一个周日的晚上，家里来了亲戚，我改睡地铺。不知为什么，一直睡不着。黑夜里，我睁着眼望着天花板，反反复复地问自己：我已经到了天花板了吗？在那个晚上，我突然想到：何不试试和文广合作《第一财经日报》？

第二天一早，我打电话给上海的114，问"文广"的总机，转黎瑞刚总裁。他不在，我给办公室留了我的手机。下午，是广州市委宣传部的双周通气会，薛晓峰刚好坐在我旁边，我向他汇报并建议，应该争取参与《第一财经日报》这个项目。有《经济日报》工作背景的薛总表示同意，认为《第一财经日报》可以作为优先考虑的合作项目。

黎总给我打来了电话，我表示了《广州日报》的合作意愿。他说，欢迎你们来谈谈。

……

这一谈，最后我也被谈了进来，谈进了第一财经。

重归创作，可以是很小的步幅，只是不要停步

2015年的6月，我辞职了。6月7日我在新浪微博上说："在新闻一线奋斗了25年后，我内心有种强烈的驱使，希望转向以人为中心的商业文明研究，推动中国商业文明的进步，并进行自媒体的新尝试。"

但那个时候，究竟怎么起步，我并没有底，也陷入了一段迷茫期。我在《用希望连接生命与生命》的发刊词中说：

想创业不难，说出来也不难，但真伏下身从头去做，还是有很多不

适应。有冲动少行动,有方向缺计划。过去老说不喜欢天天开会,但真的天天坐在家中,事事从零做起,屋里只有夫人可以叫两声,不像在办公室想叫谁就叫谁,又不习惯。做小觉得对不住"江湖地位",做大又前狼后虎这个担心那个不放心。

在走出那段思想波折与精神阵痛的过程中,我得到了家人和朋友的帮助,终于重新建立起和社会的连接,找到了自己的存在感。

2015年8月25日,全球市场动荡,一片"唱衰中国"之声。晚上我花了两个多小时写了一篇1400字的评论——《信心不能倒,中国不会倒》,给《第一财经日报》的编辑。8月27日,我的一篇论文《新时期中国财经媒体的回顾与启示》也发表了。我在第一财经11年,各种文章、编者按、总编手记写了差不多近千篇,但从来没有这么高兴过。

9月23日,我觉得自己的状态基本恢复了,就在新浪微博上发了第二条微博:

【秦朔朋友圈将于10月16日上线】各位亲,6月7日我在微博证实辞任第一财经后,朋友们都关心我会去哪里。其实微博已经说过,未来会从事商业文明研究和自媒体探索。不会加入某个公司。我的自媒体品牌叫秦朔朋友圈Chin@ Moments,微信公号会在10月16日上线,陆续会有视频音频等产品。创业的感觉,真好!

一年的时间,我专注于内容的生产。我做过18年总编辑,而且一直是内容和经营指标一肩挑,我知道如何从规模上做大。但这一次我给自己的定位,就是把自己归零,做回一个日出而作、日落而息的农民。除了家里和办公室,机场休息室、航班、火车、酒店,都是我写作的场景。

一个新闻工作者在身体、记忆力等很多方面,"奔五"后都不再是黄金时代了。也许是最小的步幅,也可以停下来歇歇,但我不会后退,会一直往前走。

这短短的一年,也许就界定了我今后五年、十年甚至更久的工作与生活方式。我在商业文明方面的研究著作,将从明年起陆续出版。

“如果上帝不拿走你的过去,就会拿走你的未来。”这是去年10月16日,秦朔朋友圈发刊词中的最后一句话。

一切都变了,一切又都没有变。

感谢上苍,给了我新的未来,虽然拿走了我的过去。